Graduate Education Reform
at Xiamen University:
Practice and Exploration

2020 厦门大学研究生教育教学改革实践探索

厦门大学研究生院　编

厦门大学出版社
XIAMEN UNIVERSITY PRESS
国家一级出版社
全国百佳图书出版单位

图书在版编目(CIP)数据

厦门大学研究生教育教学改革实践探索/厦门大学研究生院编.—厦门:厦门大学出版社,2020.12

ISBN 978-7-5615-7980-0

Ⅰ.①厦… Ⅱ.①厦… Ⅲ.①厦门大学—研究生教育—教育改革—研究 ②厦门大学—研究生教育—教学改革—研究 Ⅳ.①G643

中国版本图书馆 CIP 数据核字(2020)第 237539 号

出 版 人 郑文礼
责任编辑 高 健
封面设计 李嘉彬
技术编辑 朱 楷

出版发行 厦门大学出版社
社 址 厦门市软件园二期望海路 39 号
邮政编码 361008
总 机 0592-2181111 0592-2181406(传真)
营销中心 0592-2184458 0592-2181365
网 址 http://www.xmupress.com
邮 箱 xmup@xmupress.com
印 刷 厦门市金凯龙印刷有限公司

开本 787 mm×1 092 mm 1/16
印张 15.5
插页 1
字数 331 千字
版次 2020 年 12 月第 1 版
印次 2020 年 12 月第 1 次印刷
定价 99.00 元

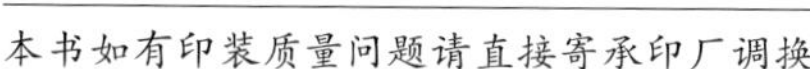
本书如有印装质量问题请直接寄承印厂调换

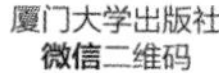
厦门大学出版社
微信二维码

厦门大学出版社
微博二维码

目　录

课程建设总结与思考

教学改革实践探索

培养模式创新

课程建设总结与思考

法学硕士学位研究生实践能力培养改革探索与实践

——以“案例研析”*课程建设为视角

黄健雄**

摘　要:法学学术型硕士研究生实践能力培养不足直接影响了人才的培养质量。在课程设置上增加一门核心课程“案例研析”,课程建设工作包含课程模式、教材建设、师资队伍、教学方法与手段、考核评估等多个方面,进而提出实践能力培养的一些举措,介绍取得的实践效果,并指出“案例研析”课程创新之处与需改进之处。

关键词:案例研析;实践能力;教学改革

一、引言

由于法学教育的扩张性发展[1],法学硕士生已经基本不是为研究作准备了。[2]法学是世俗的学问,甚至很多是实践性的、技术性的,因此单靠理论讲授是不够的。但是由于中国传统教育是文史哲主导的模式,法学硕士教育基本上是停留在理论分析和法律诠释层面,因此距离司法实践的要求差距较大。2017 年 5 月 3 日上午,习近平总书记来到中国政法大学考察。在同中国政法大学师生、首都法学专家、法治工作者代表、高校负责同志座谈后,他就法治中国建设、中国特色社会主义法治理论等问题发表重要讲话,特别是就中国特色法学体系构建、法学学科建设、法治人才培养作出了进一步的指示,为大学法学教育的改革和发展指明了方向。习总书记指出:“法学学科是实践性很强的学科,法学教育要处理好知识教学和实践教学的关系。”法治人才是具有丰富的法治知识、娴熟的法治技能,符合特定的法律道德标准,从事立法、执法、司法、法律服务等工作的专门人才。法治人才的培养需要在分歧乃至矛盾的选项之间进行协调:本土与国际并顾,技能与品德齐具,理论与实践贯通,宏观与微观兼容。[3]对法科学生而言,仅了解法学基本原理是远远不

* 课程获厦门大学研究生优秀示范建设课程项目资助。

** 黄健雄,男,福建永春人,厦门大学法学院教授。

够的，还必须通过实践，提高动手能力，才能掌握法学的真谛。“方法论给予我们的钥匙，不会因为我们转一转手就能把奥秘揭开。或许，与其说它是一把钥匙，不如说只是一个线索、一种我们若想攫取其本质优点就得亲自动手加以培养的东西。”[4]与改进完善与高素质法治人才培养目标相适应的，则需要重构课程体系。

早在2014年的学术型研究生培养方案中，厦门大学法学院就参考借鉴了国内外著名高校法学学科的经验[5]，特别是参考美国哈佛大学和耶鲁大学的课程设置[6]，增加了一门核心课程“案例研析”，作为法学一级学科硕士研究生必修课程。“案例研析”是在整合各二级学科专业案例教学的基础上创设的，明确“研”字当头，力图通过案例的收集、编写、研析与讨论，以“合作学习”为教学组织形式，加强教师与学生的互动，强化学生的法律适用和法律解释能力，加深学生对法律条款立法成因或法律渊源的理解，深化学生对法律制度的领会和法律素养的提升。教学重点在于通过案例分析和深入探讨，让学生掌握综合应用法律知识发现问题、分析问题和解决问题的方法，强调创新思维的培养，注重能力发展、参与态度和合作意识方面的评价体系，进而最终提高学生的研究能力。该课程于2014年入选教育部学术学位研究生课程建设试点，并获得课程专项经费资助10万元。经过4年多的教学实践，“案例研析”课程确立了独特的教学模式，总结出切合研究生教学的经验和问题所在，并努力针对问题提出对策，因此获得建设优秀评价，并于2016年获追加建设经费近20万元，在2019年6月入选首批研究生特别优秀示范建设课程。

二、“案例研析”课程建设基本情况

“案例研析”课程建设工作包含课程模式、教材建设、师资队伍、教学方法与手段、考核评估等多个方面：

（一）课程模式方面

该课程面向法学理论、法律史、宪法与行政法、刑法、民商法、诉讼法、经济法、环境与资源保护法、国际法、财税法10个二级学科专业的硕士研究生开设。各二级学科专业的特性决定了同一门课的不同开课模式。如国际法邀请国际高等法院的大法官前来授课，本院两位老师负责引导大法官授课后的深入探讨。法学理论、宪法与行政法两个专业联合开课，就同一个案例材料从不同专业角度进行探讨，促进不同专业间的理论互动和优势互补。刑法专业、诉讼法专业老师在与社会实践基地的共建活动中，经常邀请承办典型案例的专家、优秀法官检察官或咨询专家，在拥有丰富的鲜活案例素材的基础上，带领学生进行案件材料梳理和分析，锻炼学生的案例挖掘能力。法律史根据自身特点，以史料为案例材料，由任课老师带领学生选定《刑法志》等，逐字逐句地解读和讨论，并将讨论结果进行深化和梳理，提交人民出版社出版。其他专业则以覆盖各个研究方向的老师为主导，提供每个方向的一系列典型案例，以问题为导向，组织学生双向抗辩，并到实务单位调研或邀请实务专家到课解读等，引导学生探讨和总结系列案例背后的司法趋势和理论依据。

（二）教材建设方面

1. 法学院与厦门中院、厦门海事法院和其他基层法院合作，现已共同梳理整成多本案例研析的教材出版，如法律出版社 2016 年出版的《刑法：案例与材料》（李兰英、汪东升主编）与《海商法：案例与材料》（何丽新主编）等。物权法、经济法、法律史方面的案例研析教材也在初稿清样校对和出版中。

2. 学院专门建设了案例研析课程网站 http://lawcase.xmu.edu.cn/，利用先进、便利的网络信息技术，把老师、学生、案例三者结合起来，以现有案例为依托，增加学生自学和自由讨论的空间。老师或学生事先在该网站上提交案例，案例形式可包括网页、音频、视频和网址等。老师根据所上课程调用相关的案例，布置在线作业。学生可在线阅读案例，并在阅后发表自己的理解与看法，老师参与互动和讨论。

3. 法学院派遣学生到学院设在各法院、检察院、公司等单位的社会实践基地担任法官助理、检察官助理、律师助理、公司法务助理等，第一手接触鲜活案例，并梳理编辑，与老师进行探讨和互动，切实构建真实的案例库教学模式。

（三）师资队伍建设方面

各二级学科专业根据学科特点确定以学术造诣深厚且教学经验丰富的教师为课程负责人，以青年教师为骨干的教学队伍。每个专业的课程任课教师至少 2 人以上，大部分专业都是 4～5 人，推行教师交叉授课，即教师在教学环节中承担其最有擅长研究领域或方向的授课任务，使每个班级的同学都能接触到不同的教学风格，接受“最高水平”教学。还选派部分教师到实务部门挂职，亲身体验实务部门法律实例，理论联系实际，更深入透彻地解析案例。如周赟老师在自贸区挂职、黄健雄老师在国土与房产局挂职、陈欣老师在法制局挂职、吴旭阳老师在厦门中级人民法院挂职等。

（四）教学方法方面

将案例分析报告和参考资料事先发给学生阅读或挂在“案例研析”网站，学生课前应认真预习。根据实际情况，学生可根据案例或感兴趣的题目组成研究合作小组，由组长负责组织学生就专题进行讨论，学生之间互相切磋，定期由每个小组推选一位学生进行交流。教师根据各组情况从问题的理解，文献的查阅、分析、归纳、概念的理解、制度的分析等方面进行辅导和点评。各二级学科还鼓励学生选择典型案例，或者设置题目，通过查阅文献、设计方案、撰写综述、课堂讨论等方式参与到课程的学习过程来。

（五）教学手段方面

采用多媒体教学，以网络课程教材作为本课程的重要组成部分。在教学中，教师和学生广泛利用网络信息资源和多媒体教学手段，取得优良的效果。

（六）考核方式方面

以闭卷或开卷考和研究性论文作为考核依据，专业基础课统一命题，并在考试内容上注意采用较新颖的出题方式，如法条评析、案例分析、现场答辩等，注重培养学生分析问题、解决问题的能力及从事研究工作的能力。

三、"案例研析"课程的教学实施

（一）充分的准备和广泛的参与

在课程设置过程中，法学院参考和借鉴了国内外著名高校法学学科的经验，在建设方案的确定、教学模式的选择、教学内容的筛选、任课教师的遴选、教学方式的设计、考核方式的设计等方面，都充分听取各相关学科和老师的意见，最大限度地发挥法学教学特性和遵循教学规律。

（二）明确清晰的教学目的

"案例研析"课程是学术型研究生必修课程，基于课程性质，课程紧扣三个关键词——"案例、析、研"，在课程的设立、内容、任课教师的遴选、授课方式、考核标准等方面都以提高学术型研究生的综合应用法律知识分析问题和解决问题的能力为目标，以增强学生研究性和创造性为宗旨。课程注重在互动中加以启发、训练学生思维能力和创造力，让学生在案例的整理、分析和深入研究中，归纳出法律原则和法律制度的发展和现状，洞悉法律制度的司法走向和理论演变，以期产生创新见解。

（三）适合学科特色的多样化设计

围绕课程教学目的进行课程设计，充分尊重二级学科各专业的特色，在教学模式、任课教师的构成、教学方式等方面进行了多样化设计，保证了统一性和特殊性的结合。

（四）调动课程所有参与者的积极性

任课教师是课程的主导者。课程目标和要求以及设置等在每一学期前与任课教师进行充分的沟通与交流，让任课教师对自己的教学工作任务有明晰的认识和把握。定期召开师生交流会，及时有效地解决课程建设和教学中的各种问题和困难。设置各种必要的辅助设备和措施，保障任课教师的积极性。学生是课程建设的主力军参与。以优质的任课教师积极引导教学的进度，以前沿性和吸引力的典型案例为教学内容，以新颖生动的教学方式，保障学生积极参与教学互动和讨论。

(五)提供必要的设备和辅助手段

法学院为课程建设提供必要的设备和辅助手段。开放环形案例分析室,适合老师和学生近距离的讨论和交流。专门建设“案例研析”课程网站,利用先进、便利的网络信息技术,把老师、学生、案例结合起来,以现有案例为依托,增加学生自学和自由讨论的空间和时间。每位任课老师配备了专用的案例存储设备,划拨了专门的案例材料制作经费,并积极联系已经与实践基地合作的司法机关提供相关案例素材,保证了案例材料来源和制作需要。

四、“案例研析”课程创新之处与需改进之处

(一)课程体系的创新

将案例类课程作为一级学科必修课程,且明确以研为主,区别于传统的案例分析课。授课对象是学术型研究生,在课程的设立、内容、任课教师的遴选、授课方式、考核标准等方面都以提高学术型研究生的分析和研究能力为目标,在增强学生研究性和创造性方面努力。课程注重在互动中作为启发、训练学生思维能力和创造力的方法,让学生在案例的整理、分析和深入研究中,归纳出法律制度的演变和发展趋势,提升学生创新能力。

(二)教学模式的创新

确定适合二级学科特色的多样化教学模式。在明确了教学目的后,围绕教学目的进行课程设计,结合二级学科自身特色在教学模式、任课教师的构成、教学方式等方面进行了多样化设计,保证了统一性和特殊性的结合。

(三)教学方法的创新

案例教学适合“合作学习”模式,关键在于师生角色的成功转变,教师要由知识的传授者转变为研究过程的组织者、学生学习的指导者、合作者和个性引导者。《案例研析》采取多样化的教学和学习方式,借助合作学习的优势,努力培养和深化学生分析研究能力。任课教师教学方式不同,有的以问题为导向组织分组讨论,有的组织学生双方抗辩,有的直接带学生到实务单位调研,让学生感受到不同的教学模式。鼓励学生根据自己已经开展的研究工作选择案例,或者设置题目,通过查阅文献、设计方案、撰写综述、课堂讨论等方式参与到课程的学习过程来。这种案例导向教学模式可以提高学生学习的积极性与参与度,让学生养成创新法律思维模式。为加强任课教师的实务解析能力,学院还选派部分教师到实务部门挂职,亲身体验实务部门法律实例。课程还结合教学内容邀请相关研究领域的国内外实务部门专家参与到教学中来使学生了解法律实践的最新发展动向,如国际

法专业邀请 6 位国际法知名专家包括联合国国际法院小和田恒法官、James Crawford 法官、薛捍勤法官等，紧扣国际法理论与实践前沿问题进行授课。学生综合应用法律知识分析问题和解决问题的能力普遍得以提升。

（四）教学手段的创新

专门建设了"案例研析"课程网站，利用先进、便利的网络信息技术，把老师、学生、案例结合起来，以现有案例为依托，增加学生自学和自由讨论的空间和时间。配备了专用的案例存储设备，划拨了专门的案例材料制作经费，并积极与司法实践基地，合作提供相关案例素材，保证了案例材料来源和制作需要。

（五）考核评价方式的创新

"案例研析"课程的目标是培养学生的创新思维和自主学习能力，因此采用平时表现、开闭卷考试和研究性小论文相结合的方式进行考核。第一，平时表现。主要评估学生与授课老师课堂互动的情况，包括：基本情况（如按时参加课程的情况、上课回答问题的情况、分组讨论与案例研究的情况等）和加分情况（如学生自己组织参加与课程相关的论文竞赛、参与田野调查的情况或者能够在学术期刊发表较高质量学术论文等）。第二，撰写论文。学术型研究生的学习侧重点在于研究。本课程鼓励同学选取案例中一个小的切入点进行深入研究，撰写出一篇 5000 字以上的学术论文，考查学生对于当前学科发展情况的理解和感悟。第三，开卷或闭卷考试。任课教师精心选取学科相关最新前沿案例，要求学生透析案例背后隐藏的法学基本理论和基本制度。在老师积极引导和新颖教学方式的激励下，学生积极探索和深入研究案例中的法律问题，撰写出具有独立思考和创新观点的学术论文。

当然，在教学实施过程中，"案例研析"课程也存在一些需改进之处。例如，个别班级的教学内容前沿性比较难判断，讨论的要点不够突出，选题应具有更大的理论延展性和实务上的操作争议性，具备更大讨论分析的空间，信息量可以再扩大些；建议组织编写教学大纲和手册，列明教学目标、要求、重要知识点、各章重要参考文献、案例、法条，梳理拟讨论的主要问题，尽量由教研室讨论确定和标准化教学内容，提高课堂上的时间运用效率；教授要更注重在讨论中对主要论点及其法理、法律依据应系统分析，增强学生发言与讨论的强度，尤其是不同观点的对抗，注重总结并归纳未解决问题供学生进一步思考；要求学生提交小论文，考查学生逻辑思维、法理分析的能力；教师教学态度、师生准备情况很重要，希望老师上课能更富有激情，更多与学生互动；能够更多利用 PPT 展示课程资料和需要强调的要点，更能让学生直观感受、加深印象，PPT 应更生动丰富直观；建议加强对学生课前预习和准备工作的随堂检查，提高对当堂汇报或讨论之外的其他参与者的参与热情；建议多使用圆形讨论教室；个别课程有学生迟到、参与度不够高、互动不足、相关的知识背景不全面、不足以进行讨论和互动；可进一步探讨不同学科背景学生真正的互动和优势互补。

五、课程建设实践成效

"案例研析"课程的建设经过4年多的实践，取得了较好的教学效果，显著提高教学质量，有效促进学生创新思维的发展，并在教材收集整理和出版等方面取得了一定成果。

第一，法学各二级学科和专业创造出了适合其专业的教学模式，上课效果良好。课程负责人认真负责，在课程大纲、教学计划、考核评价等方面统筹安排，使课程成为一个有机整体；各位任课教师精心选定案例材料，积极引导和组织学生进行讨论、研究；学生充分准备，热烈响应，积极投身于讨论和撰写研究论文中，上课效果良好，受到学生广泛好评。

第二，各专业课程均录制了精彩的上课视频，制作完备的教学档案，以固定教学效果。

课程网站上收集了数量众多的经典案例，并经过老师和学生的分析、讨论和深入研究，集结了老师和学生的智慧精华。各专业陆续整理和出版这些经典案例的研析成果，包括法律出版社出版的《刑法：案例与材料》（李兰英、汪东升主编）、《海商法：案例与材料》（何丽新主编）以及人民出版社出版的《〈晋书·刑法志〉译注》（周东平主编）等。物权法和经济法方面的案例研析出版物也在整理出版中。

第三，学生不仅获得良好的课程教学，而且将课程思考结果带入学位论文写作等方面。学位论文中有不少基于案例研析模式写就的论文。如戴龙杰《业主自治机制运行之研究——以厦门市思明区若干小区为对象》，李伟杰《人民陪审员制度改革试点运行现状实证分析——以F省五家试点法院为例》，李申萍《美国同性婚姻合法化的宪法争论——以奥贝格菲尔案为中心》等。

法学是一门实践性非常强的学科，对法科硕士生进行案例教学方面的训练，非常重要，可以有效培养法科硕士生发现法律实务问题、分析法律实务问题和解决法律实务问题的能力。就课程的运作来看，普遍受到学生的欢迎，而对诸多典型、热点案例的讨论与评析使学生真正了解法治发展的现状与可能存在的问题。对于学生深刻领会法律的本质、实践运作技巧、领会法律具体制度价值平衡的真谛具有不可替代的作用和意义。"案例研析"课程建设积累了比较完整、丰富和有效的课程设置、教学模式、师资队伍、教材建设、教学方法和手段、考核方式等方面建设经验，适合作为学术型研究生课程建设样本，为相关院校的课程建设提供全方位的借鉴。

参考文献

[1]目前，我国普通高等学校中，有626所开设了法学本科专业，202所拥有法学硕士学位授权点，201所拥有法律硕士学位授权点，43所拥有法学博士学位授权点。

[2]我国法学硕士研究生毕业以后，留在教学和科研机构的比例越来越少，在北京、上海等大城市，硕士几乎无一人能够在高校和科研单位从事研究工作。目前，各高等院校，

尤其发达地区和大城市的高等院校，对教师资格的准入都作了严格限制，绝大多数学校规定只有博士学位的才能进入高等院校从教。

[3]刘风景：《法治人才的定位与培养》，《南开学报》（哲学社会科学版）2017 年第 5 期。

[4][美]本杰明·内森·卡多佐：《法律的生长》，刘培峰、刘骁军译，贵州人民出版社 2003 年版，第 51 页。

[5]关于国内法学院校对法科学生实践能力培养的探索与实践状况，请参考杨宗科主编：《法学教育研究》（第 25 卷），法律出版社 2019 年版。

[6]为美国法学院正名并使其学术地位飙升的是朗代尔（Langdell）教授。他在 1870 年成为哈佛法学院的院长后，开始对美国法学教育进行大规模的改革，包括他首创的案例教学法。此后，更多一些的法学院先后开设了“法律诊所式课程”“法庭辩论课”“律师职业道德”“律师文书写作课”等实践型课程。2000 年以后，我国的法学院多以美国法律诊所方式开展案例教学法，近年则开始实践德国请求权基础鉴定式案例教学法。

“双一流”建设背景下生态毒理学研究生课程的教学建设*

陈　荣　谭巧国　洪海征　王明华**

摘　要：研究生教育作为最高层次的教育，其质量高低对“双一流”建设能否成功影响巨大。生态毒理学是厦门大学环境科学研究的特色和优势，也是“双一流”学科建设的主要支持方向之一。因此建设好生态毒理学的研究生教学，对保障环境科学专业研究生培养质量，保持我院环境科学研究优势有重要意义。课程着眼于协调并强化学生、教材、教师三个教学要素之间的关系，针对课程建设中出现的主要问题，采取优化教学内容、丰富教学模式、多元考核方式等一系列针对性强、操作性好的教学改革措施。教研结合，教学相长，引导学生主动式学习，加强师生面对面交流，达到良好的课堂教学效果，保证课程的教学质量。

关键词：环境毒理学；研究生课程；教学改革

2015年10月24日，国务院印发《统筹推进世界一流大学和一流学科建设总体方案》[1]，明确提出要加快建成一批世界一流大学和一流学科（简称“双一流”），提升我国教育发展水平，增强国家核心竞争力，实现我国从高等教育大国向高等教育强国跨越。研究生教育作为最高层次的教育，其质量高低对双一流建设能否成功影响巨大。课程学习是我国学位和研究生教育制度的重要特征，是保障研究生培养质量的必备环节，在研究生成长成才中具有全面、综合和基础性作用。重视课程学习，加强课程建设，提高课程质量，是当前深化研究生教育改革的重要和紧迫任务[2]。

厦门大学的环境科学研究始于1982年设立的环境科学研究所，1996年设立环境科学博士点，2003年获批环境科学与工程一级学科博士学位授予点，是国内较早具备本一

---

* 相关课程获厦门大学研究生优秀示范建设课程项目资助。

** 陈荣，厦门大学环境与生态学院，副教授，系副主任，主要研究海洋环境中的抗生素抗性基因。谭巧国，厦门大学环境与生态学院，副教授，专任教师，主要研究水环境中重金属的生态风险。洪海征，厦门大学环境与生态学院，教授，专任教师，主要研究方向为人为活动干扰下的海洋生态毒理。王明华，厦门大学环境与生态学院，教授，专任教师，主要研究方向为海洋环境胁迫蛋白质组学。

硕—博培养体系的高校之一。而生态毒理学方向是厦门大学环境科学研究的特色和优势之一，早在20世纪90年代中期就开展相关研究，目前已经逐渐形成“近海环境化学与毒理研究中心”的研究队伍。2016年厦门大学入选教育部“双一流”建设高校后，生态毒理学尤其是海洋生态毒理学方向也成为厦门大学地学部“双一流”建设支持方向之一——“环境监测、污染与生态毒理”的核心内容。为保持厦门大学环境科学研究的特色和优势，保障研究生培养质量，生态毒理学课程一直列为环境科学专业硕士研究生的学位课内容。厦门大学进入“双一流”建设阶段后，该内容的教学建设也成为我院硕士研究生课程教学改革的重点之一。

生态毒理学由环境毒理学发展而来。环境毒理学是研究环境物理性、化学性和生物性污染物，特别是化学污染物对人类健康的毒害作用及其机理的科学，研究目标是探讨和阐明环境有毒有害因素对人体和人群的生物学效应和健康损害及其规律[3]。生态毒理学的研究对象侧重于非人类生物，研究层次除了个体，还涉及种群、群落和生态系统等更大尺度。环境毒理学和生态毒理学的研究结果对环境医学、环境监测、环境评价、环境管理、环境标准和法律法规制定等方面都有重要作用，因此越来越多高校开设了相关课程。近年来，对“环境毒理学”本科生课程的教学改革已经有一些探讨[4-6]，但硕士生课程的教学建设研究较少[7]。硕士研究生课程的教学与本科教学有较大的差异，为达到理想的教学效果，保障硕士研究生培养质量，本课程围绕学生、教材和教师三个方面展开一系列改革措施，不断探索和解决教学问题。

一、存在的主要教学问题

（一）学生的学习基础各不相同

由于硕士研究生来自全国各地的高校，其在本科阶段的专业方向和知识体系差异极大，甚至有的是从文科跨专业而来。生态毒理学涉及较多的生物化学知识，但每年都有相当一部分学生完全没有学过生物化学课程。同时每年大约有20%的学生在本科阶段就学习过“环境毒理学”课程。学习基础不同意味着学生学习起点和学习难度不同，对课程的教学内容需求不同。

（二）学生的学习目的各不相同

大多数硕士研究生入学后已经了解自身的研究方向和毕业论文内容，因此在学习过程中容易仅仅关注和自身毕业论文直接相关的知识，忽视其他方面的知识积累。同时，不同学生的入学动机和未来规划各不相同。有的学生立志于科研，将继续攻读博士学位，学习目的明确，求知欲旺盛，学习能力和效果都很出色，而有的学生则抱着混学位的心态，不求有功，但求能过，学习懒散。

(三)学生的学习方法需要提高

不少硕士研究生新生的学习方法仍停留在大学甚至高中阶段,学习主动性不强,依赖性较强,疏于思考,弱于归纳。有的学生仍保持着上课记笔记、下课抄笔记、考前背笔记、考后全忘记的学习习惯。

(四)课程的教学内容需要完善

硕士研究生课程缺乏教材,主要教学内容来自不同教师的讲义,较缺乏系统性。教学内容的深度和广度方面,不同教师中也不一致。另外,学生的学科基础和专业不同,对课堂教学内容也有不同要求和期望。

(五)课程的教学方法需要改进

硕士研究生课程的课堂教学自由度比较大,给教师更多的发挥空间,但过于开放、散漫的教学方式也会引起学生的不适,理想的教学方法应当能引导学生积极参与课堂教学,课后保持学习兴趣,勤于思考,敢于质疑。

(六)课程的教师队伍需要磨合

本课程的授课教师较多,各自的专业背景、知识优势、教学风格和教学理念都有所不同。如何在同一门课中发挥各自优势,将个人风格融合为课程特色,需要逐渐磨合。

二、主要的建设措施

(一)优化教学内容

课程教学基础知识部分主要参考孟紫强主编的《环境毒理学基础》(第三版)。教学内容除了体现基础知识的系统性,更注重体现深度和广度,体现特色和实践。基础知识的讲授内容每年大体一致,会根据学生的基础有所侧重。

1. 突出重点

生态毒理学研究内容非常广泛,在有限的课时中教学内容覆盖到所有研究方面并不现实,因此如何选择课程内容是首要任务。在设计教学内容时,主要遵循的原则:(1)兼顾基础和前沿,除了介绍毒理学基础核心理论,如剂量—效应关系,污染物的ADME过程即吸收、分布、代谢和排出(adsorption,distribution,metabolism and elimination),还介绍目前毒理学研究中非常热门的基因毒性和化学致癌物方面的研究,以及环境组学等新的研究手段。(2)兼顾通识和特色,除了介绍污染物的一般毒性和特殊毒性作用,结合我院的科研特色，增加生物监测研究应用的介绍。我院环境科学研究范畴主要是流域尤其是近海，因此特别向学生从分子到生态系统层次介绍森林、河流、河口和海洋方面的生态毒理学研究。(3)兼顾理论和实践，毒理学是一门实验科学，实验设计和数据处理方法直接关系到研究结果的科学性和精确性，因此除了理论知识，如何设计实验也是教学的重要内容。如介绍一般毒性时，重点介绍了毒性实验设计需要注意的各个环节，并要求学生课后自行设计一个可操作的急性毒性实验方案进行强化训练。

2. 与时俱进

生态毒理学的研究越来越引起广泛重视，新的研究对象和研究成果不断涌现，需要在授课时及时更新研究动态。注意将毒理学领域的权威期刊，如 *Environmental Science & Technology*、*Environmental Pollution*、*Aquatic Toxicology*、*Ecotoxicology* 和 *Environmental Toxicology & Chemistry* 等的最新研究进展介绍给学生。每年教师参加国内外毒理学方面的学术会议回来后，也会在课堂上介绍会议内容，分享收获和感想。同时，要求学生在完成课后作业或者课程论文时必须掌握一定数量的最新文献。

此外，还注意将突发的环境事件与课堂教学结合，引导学生思考和讨论。如 2018 年 11 月福建泉州发生"碳九"泄漏事件，在讲授环境风险评估时提供该泄漏事件的相关报道，让学生设计健康风险和生态风险的评估方案。思考哪些信息是可以从文献中获取，哪些可以从职能部门获取，哪些需要自己进行现场调查测定，如何整合信息进行评估并具有可操作性。这样的结合，不仅让学生意识环境问题的突发性和及时性特点，也能通过模拟操作将所学知识进行应用。

3. 融合科研

海洋生态毒理是我院生态毒理学研究的特色和优势，也是我校地学部"双一流"建设的重点支持方向，因此在教学过程中尤其注重将教师的科研成果结合到教学内容中。如讲授生物监测时，授课教师结合自身科研内容和厦门本地的特色进行教学。生物监测是通过测定生物体内的污染物浓度以反映生物所处环境的污染程度。厦门是人口密度较高的沿海城市，存在一定的海岸带污染问题。而牡蛎和星虫在厦门的海岸带广泛分布，以两者为材料制作的海蛎煎、土笋冻是厦门的特色美食。因此，运用这两种生物进行生物监测具备多重意义。通过牡蛎的生物监测，不仅了解到厦门周边水体的污染空间格局，还发现在污染热点区域九龙江河口存在重金属(尤其是铜)的严重污染。该区域的牡蛎因受污染而呈现蓝色和绿色，部分牡蛎的铜浓度是迄今文献报道的全世界最高值。此外，还发现星虫对铅有很高的积累能力，远超水产品的食用标准，因此需注意不能过量食用。教师在讲解自身开展的科学研究时，能够阐述更为丰富的细节，增强学生的兴趣，促进互动，提高教学效果。

(二)丰富教学模式

1. 个性化教学

在第一堂课,通常对学生进行摸底,了解每个学生的本科专业和课程基础。根据学生的基础将学生进行适当分类,针对不同基础的学生设置不同教学要求。如设置不同难度的课后作业,要求基础好的学生选择难度大的题目,基础弱的学生可以降低难度。建议基础弱的学生课后自学或者旁听本科先修课程。

允许学生选择不同的考核方式。不同学生的口头表达和文字表达能力不同,学生可以根据个人的长处选择课堂口头汇报或者课程论文进行考核。

2. 案例教学

风险评估分为健康风险评估和生态风险评估两部分进行教学,教学时均结合具体案例。在讲授健康风险评估时,以土壤中的有机污染物为例。某化工厂在废弃后被拆除,空置土地拟改建为市民公园,因而需评估土壤中污染物的健康风险。首先根据该化工厂的技术资料,确定了目标污染物为苯和苯并芘。然后采样测定了土壤中这两种污染物的浓度,再根据污染物的人体毒性数据,运用蒙特卡罗方法计算这两种污染物的健康风险。通过此案例,结合抽象概念和具体操作,帮助学生理解健康风险评估的基本步骤,即风险鉴定、暴露量评估、剂量毒性效应评估、风险表征。这样的案例教学,不仅让学生学到理论和方法,也让学生意识到风险评估的实际意义。评估过程中,需要依赖大量的文献资料,而这些文献资料正是环境毒理学和生态毒理学研究日积月累的成果,因而也让学生加深对于本学科的价值认同。

3. 分组开放式教学

为激发学生学习的主动性和积极性,将学生按两人一组组成课题小组,自选题目,独立完成一个小课题的研究汇报工作。教师组织学生定期进行课题进展汇报,欧美高校将这种定期汇报学习成果的方法称为持续性评估(continues assessment,CA)[7]。本课程将CA的形式设置为以下环节:(1)查阅文献,了解相关污染物的背景知识和研究动态;(2)学生自行设计汇报内容框架;(3)与指导教师讨论,完善修订课题提纲;(4)独立撰写汇报内容,保持与指导教师的沟通交流;(5)小组课题汇报;(6)综合成绩评估。这种连续评估不仅能考察学生的独立工作能力和团队精神,同时增强了学生在一个开放、和睦的学术氛围中的良性竞争意识,真正做到教师和学生之间的双向互动、互相促进和提升。

(三)多元考核方式

研究生课程的考核方式通常采用课程论文或者期末闭卷考试,但单一的考核方式不利于学生的全过程学习，容易让部分学生产生平时懈怠期末突击的侥幸心理。本课程的考核由考勤、课后作业、课堂表现和课题汇报等部分组成。在教学过程中较均匀布置3～4次课后作业，作业题目结合基础知识和理论，又有一定的挑战性、实用性和开放性。如学习完一般毒性作用评价后，要求学生根据所学知识设计一个完整的急性毒性实验，尽可能详细地列出实验步骤，说明注意事项，介绍实验数据处理方法。

三、经验与体会

“双一流”建设需要大量具备扎实专业知识和严谨科学精神的优秀青年人才，这也是研究生教育的重点所在。本课程着眼于协调并强化学生、教材、教师三个教学要素之间的关系，采取一系列针对性强、操作性好的教学改革措施，达到良好的课堂教学效果，保证课程的教学质量，培养“双一流”建设急需的专业人才。所有教学改革措施的目的都是提高教学效果，而教学效果的输出必然是体现在学生的专业素养和科学精神上。如何在有限的教学时间内达到良好的教学效果，关键在于学生的主动投入。要让学生主动投入，可以通过教师的言传身教，激发学生的学习兴趣，主观上主动投入，也可以采取主动式教学方法，让学生参与教学内容，客观上要求学生主动投入。在这些方面，本课程积累了一些经验，也摸索了一些创新措施：

（一）教研结合，充分利用资源

厦门大学环境科学研究已形成明显的科研优势和研究特色，将这些优势和特色引入课堂，不仅加深学生对本院本专业的理解，也能激发专业自豪感，更主动参与学习。我院学术交流活动比较活跃，将课堂教学和学术会议、学术讲座结合起来，不仅提高了教学内容的深度和广度，也可以让学生目睹一流专家学者的风采，近距离接触到学术活动，引发思考，激发动力。

（二）激发兴趣，引导主动学习

兴趣是最好的老师，如何激发学生兴趣，是保证教学质量的重要环节。在开课时向学生介绍并强调该课程的重要性和必要性，引起学生的重视。教师在课堂授课时结合自身的科研经历和体会进行言传身教，不仅向学生介绍个人观点，也帮助学生了解科研的内涵，容易引起学生的共鸣和思考。教学过程中采用案例教学、翻转课堂等教学方法，通过实际的案例分析和课堂讨论，有助于学生体会到环境科学的实用性和社会性。

（三）加强沟通，促进教学相长

根据学生的基础进行个性化教学，根据学生的需求设计课堂组织方式，根据学生的反馈调整教学内容和方式，这些都需要前期主动和学生进行交流。通过交流，不仅教师可以了解学生的需求，学生也可以体会到教师的良苦用心，彼此尊重，互相配合，有助于实现良好的课堂氛围。

与学生的交流沟通，对提高教学效果也同样重要。教师需要经常和学生交流，才能了解到学生的学习基础、知识储备以及对专业知识的需求，从而对教学内容等进行相应的调整，保证教学效果。同时，教师之间也要注重沟通交流。本课程组教师较多，专业背景和科研领域差别较大，因此在教学内容安排和教学方法方面需要经常的交流沟通，保证发挥各自优势，避免教学内容重复，统一教学理念和教学管理方法。

四、结语

硕士研究生课程建设是保障硕士研究生培养质量的重要环节，而研究生培养质量关系到“双一流”建设的顺利实施和目标实现，因此加强硕士研究生课程建设势在必行。本课程在教学建设过程中以教学内容、教学方式和考核方式为切入点，以生为本，强调个性化和参与式教学。课程建设充分调动学生参与全过程学习的积极性，并突出理工科研究生课程应具备的前沿性、实践性和科研性的特点，取得较好的教学效果，获得学生的认可。近三年课程评分均在学院前列。

参考文献

[1]《国务院关于印发统筹推进世界一流大学和一流学科建设总体方案的通知》，http://www.gov.cn/zhengce/content/2015-11/05/content_10269.htm，访问日期：2019 年 10 月 20 日。

[2]《教育部关于改进和加强研究生课程建设的意见》，http://old.moe.gov.cn/publicfiles/business/htmlfiles/moe/s7065/201501/182992.html，访问日期：2019 年 10 月 20 日。

[3]孟紫强：《关于生态毒理学与环境毒理学几个基本概念的见解》，《生态毒理学报》2006 年第 2 期。

[4]刘家琦、宋玉珍、李永峰：《高效研究性学习教学模式实施策略探索——以〈环境毒理学〉课程为例》，《高教学刊》2016 年第 16 期。

[5]洪海征：《环境毒理学的教学探讨——基础与交叉》，《高教学刊》2017 年第 11 期。

[6]张伊帆、何飞、李永峰：《基于研究型课程理念的环境毒理学课程教学研究与实践》，《高教学刊》2018 年第 14 期。

[7]于晓章、冯宇希：《环境毒理学方向硕士研究生分组开放教学模式的探讨》，《教育教学论坛》2017 年第 24 期。

高级计量经济学Ⅰ*课程建设总结

冯峥晖　李迎星**

摘　要：在现代经济学的教学与研究体系中，计量经济学是经济学各分支的核心方法论基础之一。经过不断发展，高级计量经济学课程已经成为厦大经济学科的一个强势品牌。本文主要探讨高级计量经济学Ⅰ课程的课程建设。我们从课程简介、课程教材以及教学过程中的改革与创新等方面对本课程的建设进行总结。这为我们进一步完善课程建设提供帮助，也希望能对其他课程建设提供参考。

关键词：高级计量经济学Ⅰ；教学改革；教学方法

高级计量经济学是现代经济学理论体系的一个核心组成部分。依托于全国首个文理交叉的计量经济学教育部重点实验室（厦门大学）以及“计量经济理论与应用创新引智基地”，厦大经济学科组建了具有国际竞争力的全海归师资团队，积极探索计量经济学教学实践。通过组建具有国际水平的师资队伍，设置内容完备、层次完善的计量课程体系，建立流程化监控的教辅系统，营造活跃交流的学术氛围，调动学生主动学习、自发研究的积极性等方式，在国内计量经济学教育与研究上取得显著成绩。本文作者从 2013 年开始从事经济学院和王亚南经济研究院硕博高级计量经济学Ⅰ课程讲授，本文旨在从课程简介、课程教材以及教学过程中的改革与创新等方面对本课程的建设进行总结。

一、课程简介

1. 课程简介

在洪永森教授的带领下，厦大经济学科组建了具有国际竞争力的全海归师资团队，并

* 课程获厦门大学研究生优秀示范建设课程项目资助。

** 冯峥晖，厦门大学经济学院、王亚南经济研究院副教授，研究方向：假设检验、函数型数据分析、变量选择。李迎星，厦门大学王亚南经济研究院副教授，研究方向：非参数计量、面板数据分析、函数型数据分析。

参照北美一流研究型大学来引进硕博计量经济学的基础训练。经过不断发展,高级计量经济学课程已经成为厦大经济学科的一个强势品牌。高级计量经济学分为Ⅰ和Ⅱ两门课程。高级计量经济学Ⅰ是Ⅱ的基础,是面向经济学科一年级的硕士、博士统开必修课,主要讲授经济学科所需要的基础计量经济学理论知识以及相关的概率论和统计学知识。本课程全程引进了洪永淼教授在美国康奈尔大学的课堂讲授方法与内容,教学难度与教材同美国一流研究型大学完全接轨,让厦大经济学科的同学不出国门,也能亲历与北美一流学府一样课堂。课程以教师课堂讲授为主,主要讲授基础知识,注重理论基础的培养和证明过程的训练。课程主要学习计量经济学必备的概率统计基础知识,包括概率论基础、随机变量(向量)及分布、统计抽样理论、收敛和极限定理、参数估计和评估以及假设检验等。本课程具有严谨的课程要求、设置和规划,齐全的课程配套,以及现代化的教学辅助手段,达到线上、线下辅助进行的教学效果。

2. 课程知识模块顺序及对应的学时

本课程为时一学期,共 14 周 56 个学时。具体知识模块安排如下:计量经济学导论及概率论基础 3 学时,一元随机变量和重要概率分布 6 学时,多元随机向量理论 12 学时,统计学导论 6 学时,大样本理论性质和各类极限理论介绍 8 学时,参数估计方法和评估 10 学时,假设检验理论 10 学时,总结 1 学时。

3. 本课程的重要性

在现代经济学的教学与研究体系中,计量经济学是经济学各分支最核心的方法论基础,是研究生阶段各学科的理论基础。计量经济学使得经济学的分析可以量化,可以描述经济现象的不确定性,并对数据进行合理的分析,运用数据相对严格的检验经济学的理论,通过不确定性,利用经济数据做出预测。这使得我们能够从复杂的经济现象中揭示经济变量之间的因果关系和内在规律,从而使得相应的政策建议更具科学性。而高级计量经济学Ⅰ是计量经济学的基础,强调培养学生坚实的计量理论基础,为后续各门学科提供理论支持,并为学生打下严谨和深厚的理论基础,是学生展开研究的必修核心课程。

二、课程教材建设

本课程采用洪永淼教授在康奈尔大学经济系使用的英文讲义为基础,并运用全英文教学。此讲义于 2017 年由著名科技学术出版公司 World Scientific Publishing 出版发行,书名为 *Probability and Statistics for Economists*。

该书是根据作者 20 多年来在康奈尔大学经济学系讲授概率论与统计学研究生课程的教学心得以及相关英文讲义整理而成,其中文版《概率论与统计学》已于 2017 年 7 月由中国统计出版社正式出版。本书与作者 2011 年由中国高等教育出版社出版的中文版《高级计量经济学》一道，比较系统地涵盖了现代计量经济学基本理论与方法体系。

概率论与统计学是计量经济学、微观经济学、宏观经济学以及金融学与管理学等核心课程的数学基础。国外很多高校将概率论与统计学列为经济学博士生基本核心课程之一，在国内的经济学教学与研究中，概率论与统计学的重要性也日益得到公认。专门面向经济学的概率论与统计学教材并不多见，本书意在填补这个空白，以经济学视角介绍概率论与统计学的理论与方法，特别强调概率论和数理统计学基本思想的经济解释并提供了应用实例，具体包括主观概率的经济解释及其应用，累积分布函数与收入分配测度，统计关联性与经济因果关系，独立性与有效市场假说，数学期望与理性期望学说，均值、方差与投资组合理论，分位数与量化风险管理，相关性与风险分散原理，样本均值的方差趋零与资本资产定价模型，大数定律与购买并持有交易策略回报率，线性回归模型的经济解释等。

全书共 11 章，共包括概率论和统计理论两大部分。第一章为概率统计导论，第二至五章为概率论，依次介绍了概率论基础、随机变量和概率分布、经济学研究中常用的几种概率分布、随机向量和多元概率分布。第六至十章为统计学，第六章介绍了抽样理论，着重在正态分布假设下的经典统计抽样理论。第七章介绍了大样本的基本分析工具，第八章讨论了参数估计和评估，第九章讨论参数假设检验问题，第十章介绍了经典的线性回归模型。第十一章为全书总结。书后还提供了概率统计学术语的索引，以方便读者按需查找相应的章节。

本书可作为研究生概率论与数理统计学的入门教材，供经济学、金融学、管理学、统计学、应用数学以及其他相关专业的学生使用，也可作为计量经济学理论研究人员的参考书，可与本书的中文版结合使用，作为双语教学的教材，在学习概率论和统计学专业知识的同时，能够学习相关专业英语，从而掌握阅读英文文献、撰写英文论文以及与国际同行交流合作的能力。

三、教师队伍建设

本课程的教师团队由冯峥晖副教授、黎晖晖助理教授、李迎星副教授、柳冠男副教授、刘拓助理教授、杨亚星副教授等组成。经过多年建设，本课程形成了有鲜明特色的教学团队，由教师团队、技术支持团队、教学助理团队三个子团队构成。这个团队具有优良的知识结构，专业素质高、科研能力强、教学效果好。另外，为了采用最新的教学手段，计量经济学教育部重点实验室为课程建设提供技术支持，成立了以钟锃光高级工程师为首的技术支持队伍，所有课程内容均可在网络教学平台下载，在课堂之外为课程的讲授和学生的学习提供帮助。此外，本课程配备了完备的助教团队，并引入康奈尔大学的助教管理体系，通过制定《厦门大学经济学科助教管理条例》，对助教的工作和绩效进行规范。

四、教学改革和创新

通过几年的课程建设，厦门大学经济学科高级计量经济学Ⅰ课程逐渐形成规模和体系，教学课程组的规模也逐渐壮大。在教学改革过程中，我们遇到了一些新的问题，也获得了学生和老师们的一些反馈和总结，从中课程组和学院各方面进一步调整和协调，对教学方法进行了深入的改革和创新，积累了经验，也形成了独有的、有特色的教学方法和体系。

1. 教学改革过程中遇到的主要问题和反馈

作为研究生阶段的必修基础课程之一，学院从上到下对高级计量经济学Ⅰ课程都非常重视，在各个层面都收到了反馈，也及时进行了沟通。

从任课教师层面，遇到的主要问题有：第一，由于课程是研究生（硕博）必修、统开课，涉及经济学科所有的一年级硕博士学生，学生们对教学进度、成绩评定都要求尽量公平、一致，这使得任课教师们需要统一教材、授课内容、进度等，需要老师们定期、不定期进行沟通和交流。第二，为了统一教学进度，对于课程时间的安排也需要有一定的要求。然而，因为学生数量庞大（500～600 人），协调课程安排，是一件较为困难的事情。第三，根据之前积累的教学经验，任课老师们发现，学生背景不尽完全相同，尤其是博士生。学生们的知识背景和基础也差异较大，这为教学带来了较大的挑战。第四，庞大的学生数量（500～600 人），给教师团队教学任务也带来了巨大挑战，既要做好课堂教学，也要做好课下的答疑、辅导和沟通等环节，如何高效处理好这些大任务量的工作，是任课老师反馈的问题之一。

从学生层面，主要收到的反馈和遇到的问题有：第一，如何做到公平、公正。学生们最关心的是教学质量和成绩，他们希望自己的老师和其他班级的老师一样好，所学知识内容一致，成绩评定透明、公正、公平，不能因为选修了不同班级，成绩就有较大差别。这是学生们一致关心的问题。第二，学生们又想有特异性，即基础较好的学生反馈，希望进度快一点，老师教的内容更深入一些，而基础较为薄弱的学生则希望老师进度慢一点，多补充一点基础知识。第三，博士生有特别、更有针对性的反馈。由于经济学科博士生采用申请考核制，生源背景差异较大，专业也有较大差异，有一部分学生对课程的适应相较硕士更慢，对知识的理解也更不容易。但是，由于科研需要，他们有更强烈的意愿和动力学习本课程。第四，学生们对课程的学习压力较大，希望有多种途径和方法与老师进行沟通、反馈，进而以得到帮助。

针对上述来自老师和学生层面的主要问题，课程教学组和学院进行了不断的调整、沟通和尝试，经过几年的磨合，形成了特有的教学改革方法和创新。

2. 教学改革方法和创新

针对上述问题,我们主要采取了以下措施,形成了高级计量经济学Ⅰ课程的教学特色。

(1)线上、线下混合式教学方式

高级计量经济学Ⅰ课程内容主要涵盖经济学所需的概率论与统计学知识,知识内容较为抽象,对理论基础要求较高。而本课程又是经济学科所有研究生的必修课,学生的背景差异很大,理论基础也有很大不同。针对这些差异,学生会有很多各方面不同的问题和困难,例如,有的学生需要补充高等数学的基础知识,有的学生需要补充线性代数的知识,还有的需要补充概率统计的入门知识等。针对学生们不同的需求和疑问,我们采用线上、线下相结合的混合式教学方式教学。这主要体现在:

①课堂讲授和课下答疑相结合。为了帮助学生更好地掌握课程内容,本课程配备了多位助教并建立了健全的助教制度。除了教师的课堂讲授,课后助教会进行答疑,每周有固定的时间和地点,供学生们咨询,做到因材解惑、答疑。同时,助教负责开展习题课。

②教师主讲和MOOC视频相结合。为了帮助学生们预习、复习和巩固知识点,课程采用MOOC视频教学和课堂教学相结合的方式。MOOC视频采用洪永森教授的"概率论与统计学"MOOC课程(见图1)。学生可以提前预习内容,课后巩固理解。MOOC视频形象生动,帮助学生理解。

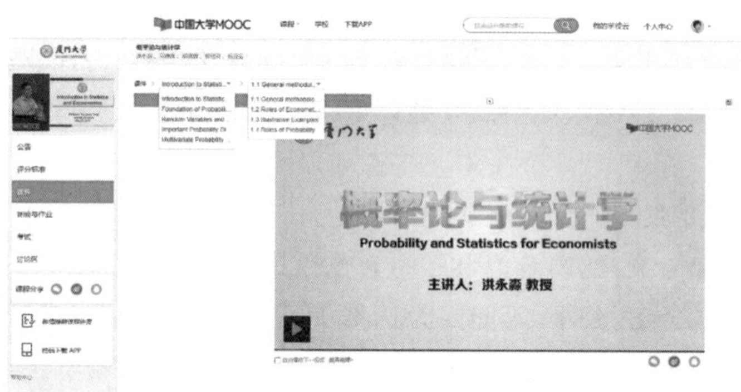

图1 "概率论与统计学"MOOC课程

③网络教学平台的建设。为了和学生进行更好的互动,以达到更好的教学效果,教师们运用厦门大学网络教学平台辅助教学。一切有关课程的材料(讲义、作业、课外阅读材料)都会在线教学平台上面定期更新。而关于授课教师和助教的办公时间(office hour),习题课的时间,还有期中期末考试等重要日期也会在课程网站上通知。做到了课程信息和材料沟通尽量畅通和多渠道。

(2)丰富的周边活动和学习小组

本课程是研究生(硕博)一年级的必修课程,且课程通常开设在秋季学期,即新生入学第一个学期。面对陌生的环境，陌生的课程，较为繁杂的课业任务，一年级学生经常很难快速适应。为了使学生们尽快融入角色，安心学习，围绕课程的开设，学院还有很多丰富的周边活动和学习小组。如研究生部联合研究生会每学期都会进行“八高交流会”，分为教师专场、助教专场等。分别邀请到课程任课老师与学生们进行交流，师生们畅谈、沟通、反馈，拉近了学生和老师的距离。图 2 是八高交流会教师专场现场照片。

（a）八高交流会现场教师经验分享

（b）八高交流会现场

图 2　八高交流会教师专场

助教专场则邀请到各位助教，为同学们传授经验，也提供了更好的反馈渠道。此外，还有各种学习小组，组织学生们和学长、学姐交流学习经验。这些丰富的周边活动让学生们更有信心和兴趣，快速适应学习生活。

(3)课堂练习和习题相结合的考核方式

课程的主要实践环节是课堂小测验和课后习题以及作业。课堂小测验采取随机的形式，题目灵活，根据课程进度展开；课后习题以学生们自行练习为主，助教答疑为辅；课后作业要求学生们按时完成并上交，共布置 8 次作业，通过对学生作业的批改掌握学生学习情况，并在习题课上予以答疑。

(4)统一课程资料，课程考核方式以及教学进度

面对各种背景不同的学生，又是必修统开课，统一课程标准，达到公平公正非常重要。为此，课程团队采用统一的标准，讲义、习题、作业以及期中、期末考试全部统一。作业有统一的答案和公布时间，期中、期末考试题目完全统一，并采用密封改卷的形式，做到了课程考核方式统一透明。为了保证教学进度的一致，教学课程组，每 1～2 周定期进行沟通和讨论，互相反馈教学进度和情况。这些措施既保证了不同班级之间学生成绩的公平性，又促使不同班的教师能够时常进行教学进度和难度的交流，以推动教学质量的提升。

(5)助教随时答疑，采用灵活形式答疑，结合习题课

针对教师们答疑、辅导、沟通等环节任务重的问题，以及学生们压力较大，希望有更多辅导和沟通渠道的问题，除了安排每位老师每周固定的答疑时间(office hour)，课程组还对助教进行统一的培训和要求，学院为助教提供固定答疑教室，各个班级助教轮流值班，做到每天固定时间都有助教在场，学生们在答疑时间都能得到助教的辅导。在答疑时间

之外，也要求各个班级助教采用灵活的教学形式，组建在线答疑群，尽量做到及时通知、沟通、反馈、答疑。此外，特别的，针对学生们的要求，课程组要求助教在期中考试和期末考试之前，分别进行两次课堂以外的助教习题课。助教们从学生们的平时作业中总结出主要问题，收集学生们的主要问题，在习题课上进行集中辅导和讲解，帮助学生们进行复习和知识的梳理。这对学生们的复习和学习带来了巨大的帮助，受到了学生和老师们的好评。

(6)分班教学，教学过程更有针对性，真正做到因材施教

针对学生量大、学生背景不同、要求不同的问题，在统一了教材和考核方式等环节后，为了体现出特异性和因材施教，课程组和学院经过沟通和讨论，尝试将博士生单独分班。考核方式和教学内容与其他班级相同，但是这样能带来两方面的好处：从学生角度，将博士生统一编班，他们能够更好地沟通和分享信息，一方面缓解心理压力，另一方面也能互相帮助，形成良好的学习氛围；从教师角度，教学受众更统一，学生背景差异缩小，授课更有针对性，可以在课堂测试、答疑等环节给予一些有针对性的辅导。经过几年的经验摸索和尝试，这一方法也受到了学生和老师们的肯定。

(7)教学时间安排尽量一致

为了更好地协调教学进度和教学安排，最大限度做到公平、一致。学院经过协调，教学部门克服各方面困难，尽量将所有班级的上课时间安排在同一天上课，这样对于教学进度把控更加容易，对于协调教学安排也更加方便。

随着教学经验的逐年积累，高级计量经济学Ⅰ课程的教学模式逐渐完善和稳定，团队教学经验也越来越丰富，团队成员们对教学方式也有了更深的理解和个性化的方式。我们深信，基于目前的基础和创新，团队既能保持教学质量，又能不断开发学生潜力，并将本门课程的建设经验应用于其他课程，为厦大经济学科的发展做好工作。

社会学质性研究方法“何为”与“何用”*

——兼论研究生教学中的激励管理

刘子曦**

摘　要：学术思维的培养与训练是研究生教育的核心，提高学生从事科学研究的能力是研究生教学的首要目标，但大部分学生选择读研的目的并非学术深造，而是要提升人力资本从而对接求职市场。因此，如何培养和激发学生的学术兴趣、学术思考和学术探索成为当下研究生教学的重要问题，考虑到人文社会学科的特点，该问题则更具紧迫性。基于质性研究方法教学实践，笔者认为“教学激励管理”可以在一定程度上有益于教与学。本文将结合课程笔者教学的具体经验，提出课程应致力于回答两个深层次问题：质性研究方法“何为”与“何用”。在此基础上，笔者提出“教学激励管理”策略，该策略尝试通过“阅读材料、课堂参与、课后作业”三方面的设计，实现学生在学科知识、技术技能和思维创新上的进步。

关键词：质性研究；学科知识；技术技能；思维训练

一、社会学质性研究方法特点

经过改革开放40多年的建设和发展，中国社会学成就斐然，学科影响力逐步扩大，在学科框架、人才培养、应用实践等方面均取得了长足进步。在社会学研究方法上，亦是成绩斐然，以问卷法为代表的调查研究实现了突破性发展，全国性、综合性、连续性的大型社会调查项目不断涌现。中国综合社会调查（CGSS）、中国社会状况综合调查（CSS）、中国劳动力动态调查（CLDS）、中国家庭追踪调查（CFPS）等通过定期、系统地收集具有代表性的全国性数据，反映中国社会与中国人在社会经济、文化政治、人口、教育、健康等方面的

* 课程获厦门大学研究生优秀示范建设课程项目资助。

** 刘子曦，女，1988年10月生人，籍贯黑龙江，厦门大学社会与人类学院副教授，研究方向：组织社会学、质性研究方法。

变迁。在人口快速流动、城镇化速度加快、区域差异明显的背景下，这些调查为我们了解社会动态、进行学术研究和制定公共政策提供了不可或缺的高质量的数据，构成了定量研究的坚实基础。相比于定量研究方法独立于理论之外、技术整齐划一、科学色彩鲜明的特点，质性研究方法则呈现出更加复杂的图景，在认识论、方法论和研究技术上，质性研究方法和理论的关系更加复杂交错：不同的认识论源流与学术思潮反映在学者在方法论上的分歧与争论上，不同的方法论又发展出对研究技术的一系列评估标准与使用习惯。

三者的粘连性与交叉性为质性研究方法的教学带来了一系列的挑战，这意味着教授方法需要同时要涉及社会学的认识论特点，教授技术需要讨论社会学研究者用什么样的方式、方法来观察事物和处理问题。教学内容变得庞杂，虽然课程冠以"研究方法"之名，但并不能利用统计方法与统计软件，实现社会现象的统计化转译。定量研究教学涉及的清晰的统计概念、分析步骤、结果读取方法，存在完整明确的技术手段与模板，学生只需要熟悉一套逻辑严密的概念体系，用熟一个统计软件，习得统计命令的编辑方法与读取方法即可。研究方法的教学呈现的是社会学的"科学意味"与研究的确定性、推广性(generalization)、整体性。相比之下，质性研究避免数字，重视社会事实的诠释，常穿行于社会学理论与哲学思辨之中，展示出社会学的"人文意味"与研究的流变性、异质性与个体性。质性研究要求研究者走入具体的情境中，以一系列阐释和物质的实践让具体的世界显现出来。这些实践把世界转换成一系列表象，例如访谈、参与观察手记，并以分析性的作品，例如主题分析、文本分析、民族志等呈现出来。研究者在事物的自然背景中研究他们，并试图根据人们对现象所赋予的意义来理解或者解释现象。这种对世界的解释性的、自然主义的方式，要求研究者在研究过程中不断反思自身的处境，并通过与研究对象互动、融入研究情景等，理解研究对象所嵌入的意义结构，并体察社会及文化情境的潜在作用。究其根本，质性研究挑战了研究者对于确定性、整体性与推广性的假设，将自身定位于以社会个体行为的探索，从个体的立场去全面性体会个体行为当时的情境与立场需求，寻求能建立个体内部一致性的理论体系，对社会行为本质的深入诠释。相应地，这种研究定位对研究者的要求则不是"技术"而是"技艺"。技术重在使用一套特别的、抽离于日常生活与常人实践的"术"，而技艺重在研究者个人浸入理论与经验材料后产生的熟练且细腻的眼光，融入常人生活并对生活世界有所觉察的"艺"。

主要的社会学质性研究方法并没有同日常观察与分析方法产生形式上或逻辑上的分野。例如，访谈法从形式上看，和记者的采访或人们的交谈、会晤差别不大，不遵循严格的科学逻辑，也不具备特定的操作步骤，为人类学、新闻学、心理学、日常生活所共享。再如，社会学常用的另一方法，焦点小组访谈。从形式上看，它的确有特定的操作流程与注意事项——需要首先界定问题，其次抽样，确定参与者与确定调查团体的数目，之后安排召集调查对象于调查场地中，由主持人在不限制参与者自由发表内容的前提下，引导参与者的讨论方向。以了解和理解人们对于某一主题的看法以及影响这种看法背后的原因——但市场调查甚至圆桌会谈也会大量采用这种方法，该方法并不为社会学所独有，虽然以科学研究为目的，但形式与研究手段并不独立于日常生活的逻辑。相反，好的研究者往往能消除参与者的戒备与不适，营造出熟人聊天、畅所欲言的氛围。

质性研究方法的这些特点对教学产生了深刻的影响，学生普遍产生两个疑问："质性研究方法何为"与"质性研究方法何用"。如果将其视为对教师教学的责难，回答即为一系列简单的教条训诫或者道德性慨叹，而训诫和感叹并不能说明或证明课程本身的价值与重要性，只能表达缺乏收获带来的不良后果。如若我们把这两个问题看作对质性研究方法的反思，则会发现如何回答以及回答它们的过程就已经是在挖掘与应用课程价值，问题的回答与方法的掌握存在着微妙的"一体两面"之关系。

二、质性研究方法何为

定义的给出总是艰难且武断的，这在质性研究方法教学中尤其明显。多年来的应试教育形成了一种思维定式，似乎记住了定义就掌握了事物的核心。为了打破这种思维定式，笔者做出三种努力：第一，给出多种概念定义，甚至是相互存在矛盾的定义；第二，指出概念背后的微言大义，并呈现大义的流变与争论；第三，跳出概念和理论性争论，针对具体的经验问题做无立场分析。

1. 多种定义

"文化"是社会学乃至人文社会科学处理的核心现象与分析重心。质性研究方法也会涉及该概念，因此笔者在课堂中专门留出一些时间跟学生探讨这一概念的含义。与本科生教学不同，研究生教学已经不能止步于告知文化是一个复杂概念，至少有两百多种关于文化的概念，或者列出一些定义以供参考，指定某一种定义为上策。笔者列举了十余种定义，但要求学生对这些定义进行分组，说明分组的依据，并提供一个经验现象或案例作为佐证。具体操作方法如下：

首先，列举十个定义：①泰勒：文化或文明是一种复杂丛结的全体，包括知识、信仰、艺术、法律、道德、风俗，以及任何其他的人所获的才能和习惯。②克罗孔：当我们把一般的文化看作一个叙述的概念时，意即人类创造所累积起来的宝藏：书籍、绘画、建筑等。此外，还有我们适应人世和自然环境的知识、语言、风俗、成套的礼仪、伦理、宗教和道德，都在文化的范围之内。③维斯勒：文化是一个社群和部落所遵循的生活方式。④克罗孔和凯莉：所谓文化乃历史里为生活而创造出来的一切设计。这一切设计，有些是显明的，有些是隐含的。⑤萨丕尔：文化是人类的物质生活及精神生活之任何由社会传衍而来的要素。⑥梅德：文化乃传统行为的全部丛结。这样的丛结为人类所发展，且每一代继续不断学习着。⑦雅各布斯和史特恩：人之所以异于其他动物，系因人有文化。文化乃社会遗产。社会遗产不是借生物遗传的方式经由物质细胞递衍下来的，而是借独立于遗传方式递衍下来。⑧克鲁伯：文化是人类在宇宙间特有的性质……文化同时是社会人的全部产品，而且也是影响社会与个人的巨大力量。⑨史谟勒：文化是机械的、心灵的，和道德的技术之全部整备。在某一时期，人用这些技术来达到他们的目标。文化系由人类以增进其个人或社会目标的方法构成的。⑩戴维斯和达拉德：群体与群体之间之所以有差异，是因各有不同的文化，各有不同的社会遗产。……人成长于不同的习惯与生活方式之中，只好依照这些方式生活下去，此外别无选择。

其次，让学生自己分组，并给出分组依据。教学的目的不在于要呈现概念在文意上的复杂和多元，而是要让学生自主思考存在哪些看待文化的视角，以及各自的侧重点是什么。在概念分组的过程中，笔者会首先鼓励学生互相讨论，然后发表他们的见解，随后给出参考性意见，如这些定义希望从四个方向把握文化——文化内容、文化传承、文化效用和文化差异。但更重要的是，笔者会同时给出另一种参考性意见进行比较，如描述性的定义、历时性的定义、行为规范性的定义、心理性的定义、不完整性的定义。在讨论、分享和比较的过程中，笔者希望打破学生不加反思、死记硬背的思维习惯，而是自己动脑，看到社会学研究方法范围内的问题并无定法，也并无定论，要找到自己认为有意义有价值的理解方式，多重依据和分组背后对应的经验材料的特点与范畴，而学习研究方法恰恰就要立足于材料的丰富性与复杂性。

最后，笔者会提出一些追问：既然有人的地方就会有文化，那么我们怎么看待文化中非理性或反理性的部分；文化既然根植于群体的生活方式、习惯与传承，那么是否对文化进行高低之分，对异文化进行改造是否缺乏合法性；如果说文化呈现出各自封闭的系统特征，那么如何突破文化的边界找到跨文化聚点……当然，这些问题并不是每个都能得到详尽的回答，甚至每个问题都有对应的课题进行了深入研究，不过通过追问，笔者希望创造这样的观感：质性研究涉及的概念和现象有很深的理论与现实意义，虽然研究方法不涉及实证科学或自然科学的操作模式，但这并不影响这些方法在探索人类与社会命运方面的巨大潜力。

2. 微言大义

深度访谈是社会学经常采用的质性研究方法，从操作形式上看，它和采访或聊天无异，这种方法的难点在于把握“深度”。简单的方法命名背后是对“深度”的探讨，即深入事实的内部[1]，如何能深入事实的内部，才是方法课要深入探讨的。笔者会把“深度访谈”的讨论引申至关于“深度”的讨论上，突出两个重点：第一，“深度”了解某事乃是要获得关于它的更多的细节知识；第二，“深度”指的是了解表面上简单直接的事情在实际上是如何更为复杂的，以及“表面事实”是如何极易误导人们对“深度事实”的认识的。把握住这两个重点，就可以进一步理解如何去做好的深度访谈，即注重细节和指出误导。

如何做到呢？笔者随即引导学生关注访谈的技巧层面：深度访谈发生的过程同时也是被访者的社会行动的发生过程。所有被访者在访谈过程中的表现，诸如动作、表情，以及最重要的叙述行动，需要我们去观察、理解与解释。将访谈中所获得的资料放入被访者的生平情境中，才能够达到更为全面的理解，才能发现在平淡无奇的日常生活中所隐藏的故事，也才能够为每一个访谈对象建立起一个立体和鲜明的形象，并与其他人真正区别开来。而我们要做的，就是在叙述中发现日常生活行动的文本情境，只有通过这种方式，“生活中隐秘的意义才会通过叙述体现出来”[2]。

在课程教学中，学生提出的一个疑惑在于，带有不同知识结构和生活经历的访谈者和受访者怎样才能达至相互理解，如何确定自己访谈到的材料为真。针对这样的疑惑，教师就不能止步于微言大义，而是要指出大义本身也嵌入在一定的思想脉络。就深度访谈而言，有关于“深度”的探讨就离不开人文社会科学领域的“现象学转向”，例如舒茨有关“研究者自身的世界”与“被访者的世界”的讨论。在课堂教学中，笔者指出，相互理解并不意味着两者等同，或者访谈结束后，两者的观点差异消失。在舒茨看来，各个有限的意义域是各意义世界，进入社会科学的世界意味着放弃自然态度，成为价值无涉的观察者，同时具备了与日常生活不同的意义关联体系。舒茨认为：“当他（社会科学观察者）决定科学地观察这个生活世界时，即意味着他不再把自身及自己的兴趣条件当作世界的中心，而是以另一个零点取而代之，以成为生活世界现象的取向。”[3]社会科学的观察者，已经不再是日常生活的参与者，即使是在访谈类的观察中，也非如此不可，尽管访谈的特征是双方的互动。因为访谈一旦发生，被观察者的日常生活也就停止。要完成从日常生活到社会科学世界的跃迁，就必须将自己从实际的日常生活中抽身出来，“并将自己的目的动机限制在如实地描述与解释所观察到的社会世界中去”[4]。

3. 无立场分析

质性研究者在方法训练中，经常会走进“看山是山、看山不是山、看山还是山”的过程。如果说多重定义是让大家看到山，认识山为山，那么微言大义则让大家领略到看山不是山的意涵，不过学习质性研究方法的目的在于应用，不能止步于看山不是山，而是要进入看山还是山的阶段。在课堂教学中，笔者经常强调的是：我们学了很多方法、很多视角、很多主义，但学习这些的目的不是禁锢我们的理解和目光，而是提供一些观察和感受的线索。我们不能沉醉于某一种单一方法，在它的条条框框中将现实进行扭曲，而是要站在现象、问题和现实的角度审视多种方法资源与理论观念，思考这些观念与方法的种种假设是否适用于经验现象，是否回答我们的研究问题。学习研究方法的目的不是将自己训练成访谈专家、文本分析专家、焦点小组专家，事实上并不存在这样的工具性专家，我们要培养和成为的是一个全面的研究者，要综合运用各种方法，甄别方法背后的观念，并因地制宜、因时制宜地理解并回答现实提出的问题。而工具衍生工具、语言引诱语言、观念接续观念的操作，并不在社会学的范围之内。在了解众多立场之后，要超越这些立场，实现研究者的主体性。

三、质性研究方法何用

如果说“质性研究方法何为”是从知识的层面阐述社会学是什么以及如何做社会学的学问，那么“质性研究方法何用”则是要跳出社会学这一学科范畴，从日常生活或经济生活之中寻找社会学知识的价值。这一问题要求教师理解研究生教学当下的困境，如何回答则指向了通过教学来解决困境的不同可能性。作为并不直接传授单一“工具”的课程，质性研究方法是否能帮助学生开发自身的市场价值，实现人力资本的提升，成为求职中的加码项？答案是肯定的。在课程教学中，笔者设计并采用了一套策略与步骤，并将之称为“教学激励管理”。

“教学激励管理”存在两个维度，目标与手段。在目标上，笔者希望该门课程可以帮助研究生在学科知识、技术技能和思维创新上取得进步，至于倚重与哪个层次的进步则取决于学生的职业规划与自身选择，三者兼具最好，但如果侧重一面也无妨。在手段上，笔者尝试从“阅读材料、课堂参与、课后作业”三方面做规划设计，具体的设计规划内容以目标为导向，不同的设计试图激发不同层次的收获（如表 1）。

表 1　教学设计规划与目标导向

	阅读能力	写作技能	合作沟通	项目设计	现场反应能力	表达能力
每周文献阅读	*					
小组展示			*	*		*
每周提交读书报告	*	*				
期末研究设计	*	*		*		
课堂模拟民族志		*			*	
论文写作指导		*				
分组讨论			*		*	*

注：* 表示目标导向的着力点。

在阅读材料的选择上，笔者采取中英文材料交叉的方式，中文文献选取专著、书的章节较多，而英文文献以期刊论文为主。中文作品篇幅长，内容庞杂，而英文期刊论文篇幅较短，结构精巧。交叉进行两种材料的阅读有助于学生形成不同的逻辑写作与阅读习惯，也不失为提高语言能力的一种方式。

在课程作业的设计上，笔者严格要求学生每周必须要针对阅读材料提交报告，这既激励学生认真阅读，又可以检验阅读和理解的效果，同时写作能力是文科生的优势所在，这种方式可以视为写作与思维训练，直接要求学生动脑动手。相较于灌输或口头讨论，能留下更深的印象，也能产生许多自主思考的结果。

在课堂参与的考量上，笔者设计了小组作业这一环节，要求学生自发分组，就当堂课要阅读的文献进行展示,严格控制时间。这一环节可以视为对阅读材料的进一步挖掘,也提供了一个多方阅读与讨论的空间。基于课前已经要求学生提交读书报告,大家对小组展示的内容也能做到心中有数,而不是走马观花看热闹。由此,阅读—写作—展示—讨论,形成了一个有的放矢的互动环。

笔者同时还设计了课堂民族志等创意环节,播放反映社会现实的纪录片,要求学生当堂做记录,并在课后进行主题分析和民族志写作。这避免了质性研究方法传统教学中重灌输、走过场的问题,让学生明白观察、分析、写作是一个贯通且连续的过程,用眼、用脑、用心、用手是质性研究的核心,综合运用这四方面的知识和技艺是成为研究者的关键。本门课程还特别设计了论文写作专题,邀请曾选修这门课且已完成毕业论文写作的研究生畅谈他们做研究与写作的经验,如何选题,如何把课堂中的知识运用到做研究中去,如何写作,其间遇到过什么样的问题又怎样解决。终归想让学生领略到:做研究是一段有趣的冒险。

四、结语

社会学自恢复建设以来,研究和教学工作已经取得了长足的进步,但在目前的社会学质性研究方法课程中,还是以单向的概念灌输学为主,不足以满足方法课实操性、综合性的要求。本文指出,在该门课程中,学生普遍产生两个疑问:“质性研究方法何为”与“质性研究方法何用”。直面这两个问题,并以此为契机反思质性研究方法,会发现如何回答以及回答它们的过程就已经是在挖掘与应用课程价值。“质性研究方法何为”是从知识的层面阐述社会学是什么以及如何做社会学的学问,“质性研究方法何用”则从日常生活或经济生活之中寻找社会学知识的价值。面对何为与何用之间的张力,本文提出可以从“教学激励管理”入手,缓解该门课程教学面临的困境。

参考文献

[1]Wengraf, T. ,*Qualitative Research Interviewing Biographic Narrative and Semi—structured Methods*. London: SAGE Publications, 2001.

[2]Widdlershoven, G .A .M., The Story of Life: Hermeneutic Perspectives on the Relationship between Narrative and Life History, *The Narrative Study of Lives*, Vol. 1.Newbury Park, Ed. J. Ruthellen, L. Amia CA: Sage Publications, 2001.

[3]Schutz, Alfred, *Collected Papers* Ⅰ, Ed. M. Natanson. The Hague: Martinus, Nijhoff, 2001.

[4] Schutz, Alfred, *Collected Papers* Ⅱ, Ed. A. Brodersen. The Hague :Martinus, Nijhoff, 1976.

高级计量经济学的课程建设总结*

许杏柏　韩晓祎**

摘　要:高级计量经济学是经济类与管理类硕士研究生和博士研究生的一门工具类核心必修课,也一直是厦门大学王亚南经济研究院和经济学院硕博生的必修核心课程。本文从课程简介、课程教材、师资团队建设、教学过程碰到的问题以及解决办法,以及教学改革的具体成绩等方面对高级计量经济学课程的建设进行总结。

关键词:高级计量经济学;课程教材建设;师资团队建设;教学改革

高级计量经济学是经济类与管理类硕士研究生和博士研究生的一门工具类核心必修课。计量经济学也是厦门大学王亚南经济研究院、经济学院以及邹至庄经济研究中心(统称厦大经济学科)的优势学科。依托于全国首个文理交叉的计量经济学教育部重点实验室(厦门大学)以及"计量经济理论与应用创新引智基地",厦大经济学科组建了具有国际竞争力并致力于理论和应用计量经济学教学研究的全海归师资团队。在此基础上,洪永淼教授带领团队,建设了以"高级计量经济学"为代表的精品课程和计量经济学课程群并取得了显著的成果。"高级计量经济学"一直是厦门大学王亚南经济研究院和经济学院硕博生的必修核心课程。本文旨在从课程简介、课程教材、教学过程碰到的问题与解决办法,以及教学改革的具体成绩等方面对本课程的建设进行总结。

---

* 课程获厦门大学研究生优秀示范建设课程项目资助。

** 许杏柏,厦门大学王亚南经济研究院和经济学院统计系副教授,美国俄亥俄州立大学经济学博士,研究方向为理论计量经济学和空间计量经济学,已有数篇论文发表在计量经济学和区域经济学的国际顶尖期刊上。韩晓祎,厦门大学王亚南经济研究院和经济学院财政系副教授,美国俄亥俄州立大学经济学博士,研究方向为空间计量经济学和应用计量经济学,已有数篇论文发表在计量经济学和区域经济学的国际权威期刊上。

一、课程简介

1. 计量经济学

计量经济学是现代经济学各分支学科最核心的方法论基础，也是现代经济学理论体系必不可少的组成部分。在当今中国，能够规范地使用现代计量经济学工具分析经济现象和评估社会经济政策，对于提高经济政策研究的水平至关重要。而计量经济学正是厦大王亚南经济研究院和经济学院的优势学科。在洪永淼教授的带领下，厦大经济学科组建了具有国际竞争力的全海归师资团队，并参照北美一流研究型大学来引进硕博计量经济学的基础训练。经过不断发展，高级计量经济学课程已经成为厦大经济学科的一个强势品牌。

2. 本课程的重要性

在现代经济学的教学与研究体系中，计量经济学是与微观经济学和宏观经济学并列的三大学科，更是经济学各分支最核心的方法论基础。计量经济学的出现，保证了学者们可以运用数据相对严格地检验经济学的理论是否能解释现实。如果没有计量经济学，经济学的研究就会像纯数学理论一样只有象牙塔式的研究价值，而不能被数据所证实或证伪。在当今中国，许多经济政策研究仅仅是基于简单的定性分析，并不具备较高的科学性。只有建立在经济数据基础上，并基于计量经济学方法的严谨的实证研究，才能从复杂的经济现象中揭示经济变量之间的因果关系和内在规律，从而使得相应的政策建议更具科学性。而本课程恰恰强调深厚的计量理论基础以及如何引导学生进行规范的实证研究，是经济学研究的必修核心课程。

3. 本课程的前续后续课程，以及计量经济学课程群

依托强大的教师队伍，两院为经济学科研究生共开设了数门计量经济学方向的专业课程，本课程是面向经济学、金融学、统计学、财政学和国际贸易等专业硕博研究生的一门基础统开课程，旨在培养学生对基本的计量经济学模型进行模型估计分析和假设检验的能力，以及教会学生如何运用计量经济学模型进行规范的实证分析和政策分析，引导他们学会如何严格地检验经济学的理论和评估社会政策的效果。

本课程的前续课程为高级计量经济学Ⅰ，主要内容为学习计量经济学必备的概率统计基础知识，包括随机收敛的概念、大数定律和中心极限定律等。而本课程则重点关注如何推导一些基本的计量经济模型估计量的理论性质，如何进行假设检验和模型选择，以及如何运用模型进行规范的实证研究。另外，本课程的后续课程包括时间序列计量经济学、金融计量经济学、面板数据计量经济学、非参数计量经济学和空间计量经济学等。这些前

沿课程均由从事相关研究并已在计量经济学顶尖杂志上发表论文的海归老师主讲。这样的课程设置既保证了学生在学习本课程之前能够打好相关数学基础,又能引导学生将本课程中学到的理论升华到后续前沿课程的学习中去。

4. 知识模块顺序及对应的学时

本课程为时一学期,共 14 周 56 个学时。具体知识模块安排如下:计量经济学导论 3 学时,一般回归分析和模型设定 6 学时,经典线性回归模型 12 学时,独立同分布随机样本的线性回归模型 4 学时,平稳时间序列的线性回归模型 6 学时,具有条件异方差和自相关扰动项的线性回归模型 4 学时,工具变量回归分析 8 学时,广义矩方法 8 学时,最大似然估计和拟最大似然估计 4 学时,总结 1 学时。

二、课程教材建设

本课程全程引进了洪永淼教授在美国康奈尔大学的课堂讲授方法与内容,课程教材为洪永淼教授在康奈尔大学经济系上课的英文讲义"Advanced Econometrics: A Unified Approach",并运用全英文教学。教学难度与教材同美国一流研究型大学完全接轨,让厦大经济学科的同学不出国门,也能亲历与北美一流学府一样的课堂。这本教材的特色在于它用一个统一的框架由浅入深、循序渐进地讨论了不同的计量经济学模型,从最基本的线性回归模型开始,到非线性模型的估计方法和假设检验方法。同时,书中也回顾了进行渐近理论推导所需要的数学工具,并提供了许多规范的运用计量经济学模型进行实证分析的例子,受到师生的欢迎。

洪永淼教授在教材中在一个统一的框架下从最简单的条件均值模型和线性回归模型开始,逐渐放松假设,由浅入深,直到复杂的非线性模型。同时,在讨论相应的理论性质之前,教材会对需要用到的数学概念做简单的回顾。例如,在讨论最小二乘估计量的一致性和渐近正态性质时,教材中会先有一个小节把需要用到的随机收敛的概念、大数定律和中心极限定律复习一遍。这样保证了学生能最高程度地掌握理论推导的细节。此外,除了讲授模型的理论推导细节,教材还引用了大量计量经济模型在经济学中实证运用的例子,力求帮助学生明白如何做规范的实证研究。

此外,为了丰富教学,本课程还提供了诸多的教材补充材料,其中既包括洪永淼教授发表在《经济研究》上的关于计量经济学的地位、作用和局限的论文,提倡规范运用计量经济学模型来定量评估社会政策的论文,也包括一些发表在经济学和金融学的顶级期刊比如 *The Quarterly Journal of Economics*, *Review of Financial Studies*, *Journal of Labor Economics* 和 *Journal of Applied Econometrics* 上面的实证论文。通过这些阅读材料,学生们可以加深对相关计量模型的理解。

三、教师队伍建设

本课程的教师团队由洪永淼教授、方颖教授、许杏柏副教授、韩晓祎副教授、陈力助理教授以及 Andrew Pua 助理教授组成。经过多年建设，本课程形成了有鲜明特色的教学团队，由教师团队、技术支持团队、教学助理团队三个子团队构成。这个团队具有优良的知识结构和年龄结构，专业素质高、科研能力强、教学效果好。教师和技术支持团队中，从知识结构来看，具有国外博士学位的教师 6 名，高级工程师 1 名；从年龄结构来看，50 岁以上的教师 1 位，40—50 岁的 2 位，30—40 岁的 4 位，是一支良好的老中青梯队（见表 1）。

表 1　高级计量经济学师资团队

姓名	职称	学历	学科专业	在教学中承担的工作
洪永淼	教授	博士	计量经济学	负责人、主讲
方　颖	教授	博士	计量经济学	主讲
许杏柏	副教授	博士	计量经济学	主讲
韩晓祎	副教授	博士	计量经济学	主讲
陈　力	助理教授	博士	计量经济学	主讲
Andrew Pua	助理教授	博士	计量经济学	主讲
钟锃光	高级工程师	硕士	计算机	课程平台建设

课程负责人和主讲教师洪永淼教授是国际上研究时间序列计量经济学和金融计量经济学的顶级学者。他是发展中国家科学院的院士，国际计量经济学会的会士（Fellow），国际应用计量经济学会的会士，也是国家海外高层次人才引进计划的入选者和教育部长江学者讲座教授，已在计量经济学和经济学的顶量经济学和经济学的顶尖期刊上发表多篇极具影响力的论文。同时洪永淼教授长期在美国康奈尔大学讲授高级计量经济学相关课程。多年来，洪永淼教授一直致力于在中国推广高水平的经济学教学，在国内顶尖大学，如清华大学、上海交通大学和厦门大学等，开设过高级计量经济学课程，做过多场学术报告，具有极其丰富的教学经验和学术影响力。

方颖教授是教育部“长江学者奖励计划”特聘教授，曾获国家杰出青年科学基金资助。他在微观计量经济学和面板数据计量经济学方面有极高的造诣，已有多篇论文发表在计量经济学的顶尖期刊上。方颖教授长期在厦门大学从事计量经济学相关课程的教学，积累了丰富的教学经验。

许杏柏副教授在 2016 年从美国获得经济学博士学位，研究方向为空间计量经济学，已有数篇论文发表在计量经济学和区域经济学的顶尖期刊上，在厦大连续教授高级计量经济学Ⅱ三年。

韩晓祎副教授于2014年从美国获得经济学博士学位，研究方向为空间计量经济学，已有数篇论文发表在区域经济学和计量经济学的权威期刊上，在厦大积累了多年的关于计量经济学相关课程的教学经验。

陈力助理教授在2017年毕业于莫纳什大学，师从顶级计量经济学家高集体教授，研究方向是时间序列计量经济学，在厦大积累了一定的计量经济学课程的教学经验。

Andrew Pua助理教授是2016年从海外博士学位的年轻老师，研究方向是面板数据计量经济学，极具教学热情。

教师团队梯队建设为队伍中的青年教师提供了优良的成长环境。高职称、高学历、教学经验丰富的"老"教师发挥了传帮带的重要作用，而中青年教师和助教的加入又给这支队伍注入了活力。例如本组的年轻教师许杏柏、韩晓祎毕业后即在洪永淼教授和方颖教授的引导下，承担厦大王亚南经济研究院和经济学院硕博研究生的高级计量经济学课程的教学工作；同时，已多次在厦大召开的国内外学术会议上报告其在空间计量经济学方面的理论和实证研究，在教学和科研方面迅速成长。

另外，为了采用最新的教学手段，计量经济学教育部重点实验室为课程建设提供技术支持，成立了以钟锃光高级工程师为首的技术支持队伍，为课程建设了"高级计量经济学"网站和"高级计量经济学"慕课网络教学平台，在课堂之外为课程的讲授和学生的学习提供帮助。

此外，本课程配备了完备的助教团队，并引入康奈尔大学的助教管理体系，通过制定《厦门大学经济学科助教管理条例》，对助教的工作和绩效进行规范。

四、教学过程中的问题与解决办法

高级计量经济学课程重点在于教会学生对计量经济学模型进行基本的渐近理论分析和如何运用计量经济学模型进行规范的实证研究。其课程内容不但涉及大量的数理推导，而且还要求学生能很好地理解不同模型在实证应用中的经济学含义。对于大多数学生来说难度较大。以下我们根据近年来的教学经验，梳理了学生在课程学习过程中的难点，以及我们采取的解决办法。

第一，本课程内容中会运用到大量的线性代数和概率统计的知识，不少学生会因此感到困难。针对这一难点，我们开设了本课程的前续课程——高级计量经济学Ⅰ，讲授概率论与数理统计。该课程会详细复习本课程所需要的数学基础知识，例如随机收敛的概念、大数定理和中心极限定理。同时，在本课程中，教师在讲授主要内容之前会对相应的预备知识进行复习。另外，助教在习题课上也会提前复习需要用到的线性代数的知识。

第二，如何引导学生运用计量经济学模型进行实证分析，因为不少学生对于什么是规范的实证分析还没有概念。针对这一难点，课程中教师除了讲授模型的理论推导细节，还讲授了大量该模型在经济学中实证运用的例子。同时，教师还推荐了一些课后阅读材料，其中不少是发表在经济学和金融学顶尖杂志如 *Quarterly Journal of Economics*，*Review of Financial Studies*，*Journal of Labor Economics* 和 *Journal of Applied Econometrics* 上的实证论文供学生阅读。

第三，由于课程难度较大，多数学生在课下需要和任课老师和助教更多地讨论互动，才能更好地吸收理解教材内容。我们团队采取了以下多种方法来帮助学生更好地学习与复习。包括：(1)建设网上教学平台和课程网站教师们运用厦门大学网络教学平台辅助教学。一切有关课程的材料（讲义、作业、课外阅读材料）都会在线教学平台上面定期更新。而关于授课教师和助教的办公时间（office hour），习题课的时间，还有期中期末考试等重要日期也会在课程网站上通知。教学团队还灵活应用 QQ 群组等多种方法，构建了多条沟通渠道，拉近了老师和学生的距离。(2)在线下讲授课程的同时，我们也要求同学们修中国大学 MOOC 网站上面的洪永淼教授主讲的“高级计量经济学”课程，并且参与课程的小测和期中期末考试。其中相应的小测、期中期末考试的成绩将在学生课程总成绩中占据一定的比重。这样子做有几个好处：首先，学生可以课后复习，以及反复通过视频来学习那些没有理解的知识点；其次，学生可以直接聆听顶级计量经济学家洪永淼教授的授课；最后，学生们多了一个练习和自我检测的途径，有助于他们准备考试。(3)设立健全的助教制度。为了帮助学生更好地掌握课程内容，本课程配备了多位助教并建立了健全的助教制度。除了主课程，助教负责开展习题课。习题课上，助教们既会复习和巩固当周的课堂内容，也会详细讲解作业习题的答案，还会对同学们实证论文的选题以及计量经济学软件的选择与应用做出指导，并会对相关软件的编程进行帮助，以保证最佳的学习效果。同时，我们规定每位助教每周必须有两个小时的办公时间（office hour），在办公时间期间助教办公室的门必须开着，这样能鼓励学生多来和助教交流反馈他们的学习效果。

第四，由于上课学生人数较多，学院往往不得不采用分班的形式来进行排课。而不同老师的授课内容如果差别较大，很难保证课程考核的公平性和规范性。为了解决这个难点，我们采用了统一的上课阅卷管理制度。教学团队以平行班的形式进行授课。不同的平行班都使用统一的教材，且期中期末考卷完全统一，并在阅卷的时候采取统一密封改卷。这样既保证了不同班级之间学生成绩的公平性，又促使不同班的教师能够时常进行教学进度和难度的交流，以推动教学质量的提升。

五、教学改革的具体成绩

本课程团队所采取的一系列教学改革措施极大地提升了教学效果，为厦大王亚南经济研究院和经济学院的硕博士打下了扎实的计量经济学功底，极大提升了毕业生特别是博士毕业生的竞争力和学术水平，成为国内培养理论和应用计量经济学人才的最重要基地之一。一批优秀研究生脱颖而出，在 *Econometric Theory*，*Econometric Reviews*，

Journal of Banking and Finance, *Journal of Business and Economic Statistics*, *Journal of Comparative Economics*, *Journal of Econometrics*, *Management Science*, *Marketing Science* 等著名国际学术期刊发表论文数十篇。此外,2012 年以来,研究生已发表(含已接受待发表)情况为《中国社会科学》5 篇、《经济研究》18 篇、《管理世界》3 篇、SSCI 与 SCI 收录期刊的论文 133 篇,厦大最优刊物和一类核心刊物 326 篇。而两院培养的博士生屡次斩获中国数量经济学会年会优秀论文一等奖。例如,厦门大学经济学科培养的博士生 7 人在中国数量经济学会 2016 年会 11 组专题论坛中表现出彩,4 人包揽数量经济理论与方法(一)组、金融与保险组、资本市场组、实验经济学及其他学科组共 4 个专题论坛的一等奖,3 人斩获数量经济理论与方法(一)组、资本市场组共 2 个专题论坛中的二等奖。厦大经济学科的博士毕业生,由于具有非常扎实的计量经济学功底,备受国内外学术市场的青睐,仅 2012—2016 年间就有 200 余人博士毕业生在北京大学、复旦大学、中国科学院大学、武汉大学、中山大学、山东大学、湖南大学、华东师范大学、上海财经大学、中央财经大学等高校以及世界银行等科研机构从事教学和科研工作。

我们坚信,教师团队多年来在高级计量经济学Ⅱ这门课程上所积累的教学和课程建设经验将给学生进一步学习和应用计量经济学,乃至未来从事计量经济学相关的理论研究与经济学和管理学方面的实证研究打下坚实的基础。

研究生课程教学的几点思考*

刘 敏**

摘 要:创新型人才的培养是当下高等教育的迫切需求。同时,科学技术领域突飞猛进的发展以及高科技、高附加值“中国智造”对人才培养提出了新的要求,这些变革促使理工科研究生课程的教学面临诸多挑战。在新形势下,提高研究生课程的教学质量,丰富课程的教学形式,加强学术交流,突出创新型人才培养中的核心环节即破除标准答案式的思维桎梏、拓展研究生的创新性思维,这些都是目前研究生课程教学中需要解决的主要问题。本文针对这些问题,结合生物学研究生课程中的教学实践,提出了几点思考和实践经验。

关键词:教学质量;教学形式;创新性思维;创新型人才培养

创新型人才的培养是当前高等教育所面临的突出问题,而研究生阶段的教学又是专业学位教育,培养的人才需要具备更强的专业素养和深度,需要形成新时代、新技术变革所引领的创新性思维和技能拓展。当前我们国家正在努力推行创新中国和“中国智造”的产业升级新战略,生命科学作为现代医学研究的基础科学,在临床检测和诊断、新药研发和测试、临床治疗理论架构和推演中的作用越来越突出,它与临床实践相辅相成构筑了高科技、高附加值和高创新型的新业态。这些社会发展新需求和产业升级的新动态都对研究生教育提出更高的要求,因此在日常的教学实践中如何通过课程改革适应这些改变,已经成为当下研究生教育所关注的重要问题。

一、在课程内容设置上突出解决问题的创新性思维和方法

生命科学作为现代医学的理论基础,在欧美医学相关专业的研究生教育之前是必修

---

* 课程获厦门大学研究生优秀示范建设课程项目资助。

** 刘敏,厦门大学生命科学学院助理教授,主要研究方向基因转录与人类疾病之间的联系和内在致病机理。主要研究成果:在 *Nature*、*Mol.Cell*(*Cell* 子刊)、*PNAS*、*G&D* 等 SCI 期刊发表过18篇学术论文。

的本科专业。在我国生命科学的基础教育同样备受重视，从小学的科学课程，到中学的生物课，再到本科阶段生命科学专业课程的培养，很多课程内容难免多次重复讲授，尤其是基础理论部分；同时，生命学科内不同课程之间也会出现教学内容的重复。诸如此类的问题不仅造成教学资源的浪费，而且重复讲述也会引发学生对课程内容的审美疲劳。有鉴于此，在教学实践中我们将课程内容的侧重点着力于论证现有理论的实验思路和方法的传授上。

长期以来生命科学相关课程的教材和讲授内容只注重基础理论的传授，它直接导致生命科学从最复杂、最具逻辑推理性的理学课程退变成为记忆课程，擅长死记硬背的学生往往成绩更为突出。更糟糕的是，“复读机式”的学习方法进一步剥夺了学生的思考能力，理论的条条框框机械到标准答案式的只字不疑，更遑论创新性思维。因此，教学内容侧重点的变革不仅有利于规避理论知识的多次重复教学，而且强化了生命科学严密的逻辑思维、严谨的科学方法论的熏陶和培养，为研究生之后在导师指导下独立开展前瞻性的研究工作打下了扎实的方法学基础。

“授人以渔”同样需要注重方法，这也是生命科学极强的科学实证特性所决定的。在教学实践中通过与不同学生交流可以发现，以大学奠定的理论知识为牢固基石，研究生已经初步具备了自学理论基础和实践方法的能力，但是针对具体的科学问题又通常表现为眼高手低、脱离方法论的不切实际的空想。造成这种现象的根本原因在于，多数研究生独立操作实验的时间不长，对于实验思路的思考和实验操作的训练则是绠短汲深。因此，在教学实践中除了强调已知理论的方法推导，在教学内容上又适当融入教师自身的科研实例，将理论教学与科研实践结合起来。由于相当一部分科研实践是对已知理论的证伪并且推陈出新，这本身就有利于学生挣脱现有理论的牢笼与枷锁。不断的证伪、提问、检验以及验证方法的再优化，鼓励了学生敢于质疑的勇气，形成了勤于思考的习惯，将方法论运用实处，强化了创新性思维。

二、在授课教师团队的组建上突出专业性和引领性

当今社会已经进入知识爆炸的年代，伴随各种技术方法和研究手段的创新，教材的更新时常滞后于科学理论的更迭和演进。这种滞后性会阻碍学生创新性思维的发展，干扰学生自主学习新技术的动力，从而诱发学生思维的固化，对科学新知识无法及时更新。尽管选择固定的教材有利于兼顾课程内容的系统性和内在的逻辑联系，但不可忽视授课教师专业性和引领性可以让研究生了解最前沿的理论和方法，并以此成为创新型研究的基石。因此，我们在实际的教学实践中采用了授课教师团队的形式开展教学工作。

课程讲授形式由单一的任课教师转变为教师团队，不仅可以减轻单一教师的压力，让任课教师有更充足的时间准备教授的章节，而且兼顾了现代科学高度精细化的特点，让术业有专攻的任课教师有机会展示各自细分领域最前沿的热点和动态。为此，参与授课团

队的每一位教师均是各章节所涉领域第一线的研究人员，承担有国家级的研究项目，并且近些年在相关领域有过著述。教师在讲授课程对应章节的过程中，除了讲述教材所包含的内容，往往还能涉及教师个人最新的研究进展，兼顾了研究生课程的广度和深度。任何的知识理论和技术手段在实际研究工作中都不会一成不变，这些或大或小的改动就是创新型研究的源泉。研究进展的引入，不仅丰富了原有教材的内容，开阔了研究生在日后科研实践中的视野，也有利于向研究生传授研究经验以及创新型思维的方式和方法。理学学科的研究生教育在欧美国家历来注重师承，它体现了理学任意学科的研究都需要承前启后，既明确过往失败的经验，又指明未来探索的大致方向，也只有这样才能确保研究的前瞻性和开拓性。

三、在教学形式上突出灵活性和当代声光电立体教学方式

技术的变革推动了传统教学方式的深刻改变，生命科学以其独特的学科特点始终走在其他理学课程教学形式革新的前列。在互联网环境下，从妇孺皆知的《动物世界》，到细胞的增殖和分化，再到蛋白分子合成与加工，这些从宏观到微观、从街谈巷议到阳春白雪，生命科学很多知识和现象有着大量的视讯资源可以引入教学过程，从而简化了艰深的文字描述，消减了理论知识的枯燥乏味，使得晦涩难懂的专业术语不再依赖简单的文字来传达背后复杂的原理。同时，多媒体资源的引入使课堂教学更加灵活多变，教与学更加方便快捷、浅显易懂，充分体现了现代教育的智能化和信息化。

因此，在课件的编写上，团队教师较多采用了动画和视频素材，提升了学生的课堂注意力，使其对讲授内容印象更加深刻，在一定程度上增强了教学效果；在教学的方法上，个别片段纳入最新的虚拟仿真技术，结合现代化技术元素让枯燥乏味的知识变得更加直观明了；在教学的形式上，改变传统的全场讲授模式，辅助以研讨式的互动教学，让学生以小组为单位对课程内容中某个领域的最新研究进展进行展示和讲解，教师在侧指点和引导。在此过程中不但能够增强课堂互动性，提高学生自主学习与思考的能力以及团队合作的意识，而且使得学生对所学基础知识的应用以及相关研究方向的前沿热点有更全面的了解与掌握。这些新式教学方法的运用，有助于引导学生掌握和运用知识，重塑学生的怀疑精神，激发学生的创造力和想象力。

四、在课程考核上突出解决科学问题的能力

随着科学技术的发展，未来在社会生活的各个方面对于记忆力的要求在逐渐降低，而对于创新思维和解决问题能力的要求在不断升高。为破除将生命科学知识的掌握和应用沦落为记忆力的比拼，我们在课程考核的形式上也有以下几方面相应的调整。

一是课前让学生上网提前熟悉教学内容以便更好地适应教师的上课节奏，带着问题

听课的方式让学生更快更好的吸收讲授内容；二是沿用课后习题的模式，兼顾课程所含全部章节的内容，加强学生对教学内容的回顾与理解；三是课程考察方式变更为全程开卷，弱化对记忆力的考察，强调学生平日的知识积累与理解，着重考查学生在应对开放性题目时对理论知识的应用以及创新性思维；四是题目内容侧重论证生命现象背后隐含原理的实验设计和证明策略的考察，它更契合课程教学内容所突出的方法论，提升研究生独立思考和解决问题的能力。

当下社会信息和知识获取的方式多种多样、快速便捷，但是同样在这个信息碎片化的信息时代，如何挑选有用的信息，归纳、总结和升华是研究生必须掌握的技能。全网页搜索、专业论坛和微信群组的讨论、课题组成员间的交流都是被鼓励的解题策略。尽管主观题的回答会面临学生作答五花八门、评分标准难以统一的问题，然而各章节对应教师一线的研究经历和审稿经验有助于做出公正的评判。课后授课教师办公室的学生回访时间便于针对答案的合理性和学生的疑问给出深入的、一对一的指导和解惑。凡此种种，更为灵活的研究生课程考察方式值得尝试，它有助于提升学生解决科学问题的能力、活跃思维，培养学生面对开放性问题时的创新精神与创新能力，这也更加符合创新型人才培养的要求。

五、适当加强与国内外学者的学术交流

人各有所长，尤其面对生命科学理论爆炸式增长，前沿热点有如泉涌，况且学科交叉不断拓展，交叉领域的研究成果层出不穷，这些都对学术交流提出了更高的要求。[1] 为拓宽研究生的学术视野，使学生所掌握的前沿知识不局限于授课教师所关注的细分领域，借助学院的学术交流平台，由授课教师定期邀请国内外专家开展学术讲座，促进学术交流。课前、课后的讲座信息和研究内容的推荐，鼓励研究生利用课余时间积极参会，并在参会过程中与各领域专家面对面直接获取知识，鼓励学生提出疑问。潜移默化的过程，激发学生学习的主动性和成就感，提高学生的科研综合素养，增强多方合作的机会，提高研究生教育质量。这些均与当下所倡导的知识多元化和创新型人才培养理念相契合。

六、目前仍存在的部分问题

研究生教育是高等教育的一个重要组成部分，是在本科高等教育基础上的进一步拓展和延伸。然而，近年来随着研究生招生规模的扩大，生源的素质逐年下降，学生对基础理论的掌握和理解能力参差不齐。这些情况都对课程内容深浅的调配造成了较大的压力。目前课程的设置努力适应研究生的实际水平，兼顾学科前沿发展的状况和方向，注重创新性和科学方法论的培养，满足今后数年研究生在专业领域前瞻性研究的需求。

另外存在的突出问题是，我们的研究生培养方式目前仍未采用欧美的成熟经验，即对

低年级的研究生进行不同实验室、不同细分研究领域的轮转，轮转完成后再确定指导老师和研究方向。这种培养模式有利于学生储备更全面的学科基础理论与基本实验技能，更好地帮助学生确定研究兴趣和方向，也增进了导师对学生基础水平的了解，便于在日常的教学指导中有的放矢。兴趣是人类最直接的学习动力和创造源头。在不了解的情况下做出的片面选择，直接影响学生学习的积极性，影响课程的教学质量。轮转这种培养模式的另一个优势是适应现今社会和科研领域对于交叉人才、交叉学科的需求，只有更好地融汇各学科的知识和理论才能在诸多巨人的肩膀上做出开创性的研究。生命科学和产业近几年蓬勃发展的实例就是源于传统的、以实验为基础的生命科学开始与计算机科学深度融合，开拓了一系列基于生物大数据、人工智能的新型临床检测技术和产业。我们的研究生从入学开始就确定了未来的研究方向，对于基础理论课程所涵盖的、与其专业相关性较低的细分领域的学习热情较低、随堂注意力不集中，形成全面人才较为缓慢，将来应对智能化、多元化的工作内容会有较大压力。针对这种情况，目前只能优化教学的形式和技巧，通过声光电等新颖的教学形式吸引学生的注意力，提高学生的学习兴趣，尽力提供相应的平台让研究生接触到更多领域的技术与方法，以适应日新月异的信息化社会。同时，期望未来从研究生院层面调整现有的培养模式。目前，北上广部分著名高等学府和科研院所已经采纳了这种更为科学的研究生新生轮转制度，这为我们未来的教学改革提供了更符合国情、可操作的经验和参照。

研究生的教育任重而道远，亦如学海而无涯。面对新时代创新强国、逐梦而行的使命，只有扬长避短，汲取先进经验，改善教育教学中存在的问题，形成一套新颖完善的教育教学体系，才能保障新型人才培养的质量，为创新型国家的建设贡献应有的力量；只有不忘教育的本源和初心，在教学实践中时刻准备重整行装再出发。

参考文献

[1]束鑫，叶华：《“双一流”背景下地方高校研究生教育质量保障体系研究与实践》，《教育教学论坛》2020 年第 8 期。

医学研究生断层影像解剖学的教学体系建设与研究

段少银　吕绍茂　钟华　李菊香　邓丽珠　黄倩文*

摘　要：研究生教育是世界一流大学和一流学科的重要载体，研究生断层影像解剖学是医学基础与临床研究的桥梁课程，加强其教学体系建设有利于创新型人才培养。教学体系整个教学过程的知识结构与框架：断层影像解剖学教学过程包括系统与局部解剖为基础，标本断层与影像断层为要求，满足临床应用与研究为目标；选择全国研究生统编或相关院校教材，与本校出版教材或资料相结合。重点讲解CT横断面解剖，辅以CT、MR多平面与连续层面解剖；介绍最新研究成果与技术；依据学生研究方向补充相关内容，扩展断层解剖知识的应用与研究。教学方法以传统课堂与翻转课堂结合，实验课堂与研究课堂相辅相成。教学效果与评价：理论课＋画图作业＋实践操作与面考＋应用讨论及笔试；成绩分析＋学生反馈＋课题研究的应用。断层影像解剖学的教学体系研究，有利于提高研究生的三维解剖思维与应用能力，推进研究生高水平跨学科的课题设计与研究。

关键词：断层影像；解剖学；教学体系；研究生培养

断层影像解剖学(sectional imaging anatomy)系影像解剖学范畴，是医学院校临床医学、影像医学的一门专业基础课或临床桥梁课程。断层影像解剖学是以系统解剖学、局部解剖学为基础，以影像断层为手段进行解剖学研究，亦属于断层解剖学的分支学科。断层解剖学作为一种研究人体解剖学的方法，具有较长的发展历史。随现代影像技术的不断发展，实现多方位、多层面及薄层影像图像来显示人体器官或结构，从而出现了一门新

* 段少银，厦门大学医学院教授/主任医师，医学博士，博士生导师，从事医学影像学临床与教学研究。主要研究成果包括：发表论文130余篇，其中以第一或通讯作者发表SCI期刊论文18篇，EI及ISTP收录16篇，CSCD收录65篇；参加国际、国内学术交流30余次。完成科技成果鉴定6项，其中3项达国际先进水平，获省市科技奖10项，其中3项获福建省科学技术进步三等奖；完成国家省市科研项目12项，其中国家自然科学基金2项。培养博士/硕士研究生30余名。吕绍茂，厦门大学医学院助理教授/副主任医师，医学硕士/博士生，主要从事医学影像学临床与教学研究。钟华，厦门大学医学院主治医师，医学硕士，从事医学影像学临床与教学研究。李菊香，厦门大学医学院主治医师，医学硕士，从事医学影像学临床与教学研究。邓丽珠，厦门大学医学院住院医师，医学硕士，从事医学影像学临床与教学研究。黄倩文，厦门大学医学院住院医师，医学硕士，从事医学影像学临床与教学研究

的边缘学科——断层影像解剖学。影像断层非常容易获取多平面断层影像、三维成像与三维成型，实现活体器官或系统的断层解剖与解剖测量，从而有利于临床研究生的三维解剖思维培养。该学科的发展为临床诊疗与研究奠定了精准解剖的基础，开展断层影像解剖学的教学与研究为临床研究生的临床基础及三维思维的培养提供了保证，并展现出很好的教学效果。研究生通过断层影像解剖学学习，将在临床工作与临床研究发挥出巨大的作用[1-5]。

作为临床医师或临床医学的研究者在具备正常系统解剖和局部解剖知识的基础上，还应该进行相应的断层解剖知识的培养，才能满足现代医学诊疗与研究的发展需要[6-10]。国内山东大学断层影像解剖学研究中心分别为八年制临床医学专业学生开设断层解剖与影像诊断学、七年制临床医学专业学生开设断层解剖学（sectional anatomy）课程及五年制临床医学专业学生开设断层解剖学的选修课。青岛大学医学院的影像解剖学为国家级精品课程，分别为临床医学、医学影像学专业本科生开展影像解剖学（imaging anatomy），内容包括 X 线解剖学、CT 解剖学和断层解剖学，其中断层解剖学涉及超声和 MRI 等的三维或多维断层问题，是影像解剖学的重要组成部分。但是，由于教学条件所限，多数医学院校多仅开设断层解剖学，本校为医学硕士及博士研究生培养的需要，积极开设了多门相关的前沿课程。其中断层影像解剖学课程，通过几年的教学实践与理论研究，取得了很好的教学效果，本文对其教学体系的相关问题进行相关讨论[1,4-5]。

一、教学体系（Teaching System）

教学体系是教学过程的知识基本结构、框架、内容设计、方法设计、过程设计和结果评价等构成的统一整体。其大概包含教学顺序、过程、方式、方法、形式、内容、比较、反馈、总结及评估等一系列的教学要素。关于医学研究生课程的设置中，目前比较少开设断层影像解剖学。所以，相关经验的报道较少，进行其教学体系的探讨值得进一步实践与总结[11-13]。其中教学内容设计、方法设计对于硕士及博士研究生断层影像解剖学教学是非常重要的，特别是教材选择、教学大纲、学时设定、教学方法及教学目的等。另外，应该根据教学对象安排合理的教学内容、确定教学目的是开设该课程的重要环节，也为教学体系建设的重要组成部分[14-16]。

二、具体教学安排与计划

1. 课程安排

根据教育部要求，我校制定了适用于临床医学研究生，包括博士生。断层影像解剖学课程设置标准：课程总计 32 学时，其中理论课 22 学时，实训课 8 学时，考试占用 2 个学时。适合目前临床医学所涵盖的多学科技术与基础，相关知识在临床诊疗中至关重要，特别是医学影像学科、手术相关学科、介入治疗相关学科等。针对内容多学时少的突出矛盾，明确教学主干框架知识点列入大课讲授。对于影像技术、成像原理与图片特点的观察、连续性图片结构显示等内容则放到实训课中带教。

2. 框架构建

总论的大课介绍断层影像解剖学体系的框架组成，帮助学生树立断面影像解剖的概念。首先以介绍CT为主的影像设备成像原理及主要临床应用方向；按照各系统重点介绍其重点解剖结构，图片展示以CT横断面为主，辅以MR多平面或US断面。最后，选取CT、MRI多平面图像与三维图像及模型进行专题讲座式讲解与讨论，形成应用的桥梁与思维。

3. 教学方法

首先进行上次课程的作业批改并点评，紧接进行理论课重点基本结构的介绍。大课讲授以系统解剖学、局部解剖学为基础，采用CT典型层面、5mm薄层图像为示教，辅以系统解剖、局部解剖挂图，对照标本切面图像。主讲教授结合PBL(问题为中心)模式教学，并进行重点结构的识别、描述其周围结构的关系。最后，观察重点结构的连续CT断层图像，进行结构的辨认与讨论。提出1～2个思考的问题，逐步提高学生的思维推理能力、独立学习能力。小结本次课程的思路与流程，布置断面画图作业与提示重点结构。通过画图，增加解剖结构的认识，这样的训练与学习，为继续下一次课程打下坚实的基础。

4. 教学目标

加强重要结构的记忆与理解，注意应用能力的培养。断层影像解剖学横跨诸多学科，是一门边缘学科。学习相关影像设备和检查技术，关注相关学科的发展，为学习断层影像解剖学提供基础。不过，学生学习的时间再长、学生再用功，课堂学习的内容仍然是有限的。并且，死记硬背的东西，很快就会忘记。所以，培养学生的学习能力、理解能力及三维立体思维能力尤为重要。也就是把原来学习过的系统解剖、局部解剖等基础学科学到的东西，联系起来到断层图片或三维图片并形成立体与形象记忆，而且消化原来的知识并更新知识，是断层影像解剖学开设的目的。努力把器官的重要解剖结构、分型等与三维影像进行结合，实现头脑三维重现并增加可应用的相关设想，完成应用思维。

5. 讲授式教学与启发式教学

随着计算机、多媒体技术的飞速发展，学校的多媒体教学已逐渐为各大学与学院采纳。教学模式分讲授式教学与启发式教学，前者为传统模式，以教师先讲授课程的基本原理、定义及概念等，例如，断层与断面、横断面与冠状面、CT值与图像的关系，CT图像成像原理与结构的影像特征。讲授过程附以CT图像、解剖挂图与实物标本相结合来加深基本知识的理解与记忆。后者为目前推荐新型教学模式,以教师先提出一系列课程的相关的问题。分别交给一部分学生,让他或她们通过图书馆、计算机网络、教科书或参考书等手头资料,进行检索、学习与思考,最后以课件的在课堂教学介绍与讲解。教师与学生一切讨论与并回答问题,也可通过投影仪呈现共同存在的问题,进行归纳和总结,完成教学过程。两种教学方法各有优势与不足,讲授式教学教师主动、学时易控制,但是学生被动。适合课程的基本原理、概念和定义等内容的学习。而启发式教学,确实是学生主动学习与思考,教师起到引导作用,可以发现问题与纠正错误的认识。该教学方法注重学习过程与自学能力的培养,利于提高学生对知识理解记忆及临床应用能力。不过,本课程在实际教学中,进行了选择运用。对一些内容进行了讲授式教学,另外一些内容进行了启发式教学。当然,两种方法的结合是否合适?是否达到相得益彰的效果,尚需在更多的教学工作中不断探索与提高,那是非常必要的。

6. 考试与考核

本课程通过画图作业+实验操作与面考(采用一对一、面对面口头回答相关问题,考查学生对断层解剖结构的辨认及应用能力)+笔试,综合评价学生的考试成绩。通过学生成绩分析+学生问卷反馈+远期课题研究与应用,来实现课程的学习效果的评价。明显强调了学生的学习知识能力与运用能力,而不是注重考核学生掌握知识的多少,掌握技能的多少。考试只能反映课堂短时间的教、学结果,不能反映学生应用新知识、新技能的能力,不能判断学生的再学习能力与发展潜力。因此,如何考核学生学习知识与技能的效果与应用潜力,是学校和医院对教学效果关注的重要问题之一,也是学校培养学生的近期和远期效果综合审视的需要。

7. 教学内容与选择

教学内容要体现课程的基本理论、知识和技能,同时要具备内容合理、系统和科学发展的要求,具有为临床应用提供基础的特点。我们选用的教材,包括由人民卫生出版社出版、刘树伟主编的《断层解剖学》与武汉大学出版社出版、段少银主编的《实用影像解剖学》,辅以校内自编的《断层影像解剖学》专题,如《寰枢关节影像解剖学研究进展》《颈内动脉影像解剖学研究进展》《影像解剖学的临床应用与研究》等,获得了良好的教学效果。

8. 突出重点与讲解

断层影像解剖教学中,展示以CT横断面图像为主。重点介绍头部、肺部、肝脏、盆腔,同时辅以膝关节、肩关节、眼耳喉专科要求,增加寰枢关节、颈内动脉与颅底结构断层研究进展等。介绍重点结构的周围相关结构的形态、位置、大小和毗邻,以及重要结构或器官的连续断面中的变化规律,展示结构的最佳断面及结构的特征,增加三维解剖、三维模型与三维成型图像或模型的观察与研究。同时配合复习相关的系统解剖和局部解剖内容，掌握断层解剖的重要结构，构建三维解剖思维，实现全面了解相关解剖结构的知识与应用。

9. 教学工具

结合实物标本与标本断层图片、结构挂图与教学模型、CT 断层图片及 3D 打印模型等教学器材，进行断层影像解剖学的教学与实践教学。CT 横断面图片为学习重点，辅以 CT 及 MR 连续横断面与多平面图像、实物标本及断面图片及教学挂图等。通过标本的形态学观察，认识和理解各器官结构的形态特征、周围结构的相互关系，特别是三维图像、3D 打印模型观察，学生形成对观察的器官或结构的真实感及三维立体感，有利于培养学生的三维解剖观与三维思维能力。这是研究生教学培养的重要环节，实现与理解某一结构或脏器在系统解剖中位置、大小等立体形态，然后转化成断面，并构建断面与立体结构的关系。理解 3D 打印模型与标本结构、影像断层图片等存在的差异与联系，实现知识互补与形象理解。因此，将标本、模型及多平面断层、三维图像等进行仔细的对比观察，形成三维思维。最终实现以实物标本结构为基础，理解影像断层的结构为目的，完成解剖结构的断面与立体结构辨认，达到断层影像解剖学的教学任务。

10. 体现学科最新进展

介绍断层影像解剖学、影像诊疗技术的新进展，其中新技术方法应用，如三维成像技术、数字化人体建立、三维有限元建模与模拟、3D 快速成型等。学习各种新的影像诊断仪器在临床诊疗中的应用，有利于医学研究生了解断层影像解剖学科的发展与断层影像解剖学的在相关学科应用的价值。在教学过程中理解与发现相关学科，包括外科学、介入治疗学及影像学专业的研究生对断层影像解剖学兴趣浓厚，并提高断层解剖学知识的认同，为将来的专业学习与课题设计与研究，提供有创新的研究课堂。

11. 实训与面考

理论课讲解完成后，利用教研室教学系统、附属医院的 PACS 系统、课外讲座与学科教学网站等有利条件，为医学研究生们介绍学科的相关基础知识、解剖数据与临床资料。最终，增加学生对本学科的知识学习，完成学科的相关基础与桥梁知识的补充。通过实践训练，弥补理论课时的不足，加强理论课时间讲授的本学科重要的知识点。实训课程的主要内容，包括利用教研室教学系统、附属医院的 PACS 系统等数据库，学生根据自己专业的需要，进行相关内容的补充学习，快速查询专业相关的内容、图像及课题，完成初步的自学与理解记忆。同时，学生进行相关的学生间讨论、教师解读难点、自我模拟考试与回答问题等，反复评测自己的掌握程度。最后，进行一对一的面试与考核。内容包括：3D 打印模型的结构指认(课题没有讲解过，考试模型也没有见过，考查学生学习断层解剖知识的应用)、断层图片解剖结构的讲解与辨认(考查学生知识的实际理解与认知程度)。面考的结果满意,显示出很好的推广应用价值。

三、存在的相关问题与对策[19-20]

1. 学科术语类似、内容交叉或重复

关于本课程的相关术语或名称,有断层解剖学、断层影像解剖学、人体断层解剖学、影像解剖学、人体断层影像解剖学、影像断层解剖学、人体断面与影像解剖学等。纵观课程名称的特点,发现就是三个部分,第一个是断面解剖学,第二个是影像解剖学,第三个就是断层影像解剖学。解剖学概念是相同的,不同是标本断面、影像断层、X线复合影像概念。所以,建议在开设相关课程时,要针对不同专业、不同学历层次要分别设置不同的课程名称或学科名称。关于断层解剖学,应该包括标本断面解剖与影像断层解剖,影像解剖学就应该包括X线解剖、影像断层解剖、三维影像解剖。最后发现人体断层与影像解剖学涉及内容最多、概念最大。而断层影像解剖学,内容相对比较少、概念也比较小,作者认为本学科具有基础的特点,内容单一,学生比较容易掌握。

2. 课程内容与教学对象混乱

没有根据不同的课程内容针对不同的教学对象,如不同的学历层次或不同的专业,选择不同教学内容。断面或断层解剖学、影像解剖学开设的对象有医学三年制博士生、硕士生,八年制、七年制临床医学专业,五年制临床医学本科及医学影像学本科。感觉比较混乱,值得大家商量与讨论。断面或断层解剖学、断层影像解剖学是解剖学的重要补充,是医学基础课,具有学习解剖的目的,同时可以培养学生三维立体感、三维思维的作用。影像解剖学是医学影像学的专业基础科,具有培养学生的影像思维、三维思维,是影像专业学生必须掌握的内容。关于课程的设置应该根据不同学历层次、专业与培养学生的目的与要求,进行内容的调整和选择。临床医学专业应该偏重于断面或断层解剖学,而影像医学专业应该偏重于影像解剖学或断层影像解剖学。学历层次不同可以选择不同的内容与深度,研究生强调研究的需要,学习的范围要小一些,专业知识要有深度,要有应用的三维思维。本科层次重点学习解剖学知识,强调对解剖结构的认识与记忆,其次培养三维立体概念。课程的内容应该注意断面解剖学应该以标本断面为主,影像断层为辅,同时复习系统解剖学、局部解剖学作为补充。影像解剖学以X线解剖、断层影像解剖为重点,培养三维立体概念与三维思维也是非常重要的。

3. 考试与考核的要求不一致

关于考试与考核,大部分学校都是通过闭卷考试来考核学生对解剖知识的记忆程度,

而完全没有考核学生对解剖学知识的运用、解剖结构三维概念与三维思维能力。断层影像解剖学课程的学习，需要关注学生的学习能力与应用能力，是学习的重点与目标。没有对学生的学习能力与应用能力进行评估，是目前考试的缺陷。所以，建立不同学历层次、不同专业，设置不同的考试重点是极其重要的。本科考试或者考核，应该强调对解剖结构的认识与分辨，而研究生则是着重考察学生的对解剖学的应用和三维思维。而对不同专业的学生要有不同的重点，临床医学专业关注断面或断层解剖学，而医学影像学专业则关注影像解剖学。对于考试的方式也有不同的要求和考点，需要做出明确的规定。考试针对本科生更合适，研究生加强考核与面考具有很好的应用效果。

4. 师资队伍来源不一

在教学过程中，师资的来源与培养是尤其重要的，但是，目前存在师资配备不统一，没有明确的相关规定可依。大多数院校教师的来源主要是解剖学教研室、外科教研室及影像学教研室等，应该是可以满足临床医学生的教育要求。但对教师的学历、专业职称、工作经历等没有规定，不同教学对象也没有加以区别，这是一个问题。目前急待需要解决，强烈建议课程偏重于断面或断层解剖学应该使用解剖学老师为主，但课程偏重于断层影像解剖学、影像解剖学应该更多的使用医学影像学的老师为主。关于老师学历及职称的要求，应该严格依据教育部的要求，严格执行相关规定。根据教学对象来选择，如本科生，我们选择具有研究生学历，并具有中级职称或讲师、高级职称担任；对于研究生或博士生，我们就要求具有硕士或者博士学位的老师，并具有高级职称老师去参与教学，而医学影像学专业的学生，更倾向于多选择具有影像学工作背景的老师，这样更合适相关教学的需要。目前院校的师资状况，师资队伍越来越强，不建议使用初级或者中级的老师或者本科学历的教师，去参与研究生或博士生的教学，这样将不利于提高教学质量，特别是应用型人才的培养。

参考文献

[1]S.K.Ghosh，Cadaveric dissection as an educational tool for anatomical sciences in the 21st century，*Anat Sci Educ*，2017，Vol.10，No.3，p .286.

[2] Y. Chen，K. Zheng，S. Ye，J. Wang，L. Xu，Li Z，Q. Meng，J. Yang，S. T. Feng：Constructing an experiential education model in undergraduate radiology education by the utilization of the picture archiving and communication system (PACS)，*BMC Med Educ*，2019，Vol.19，No.1，p .383.

[3]B.Grignon，G.Oldrini，F.Walter，Teaching medical anatomy：what is the role of imaging today?，*Surg Radiol Anat*，2016，Vol.38，No.2，p .253.

[4]饶利兵、杨懿农、谢正兰、向长和：《断层影像解剖学实验室的建设与思考》，《解剖科学进展》2013 年第 5 期。

[5]刘洪涛:《断层解剖学和影像解剖学整合后实验教学方法运用的体会》,《2013年年会论文文摘汇编》,中国解剖学会,2013年1月。

[6]V. Sethna, J. Siew, I. Pote, S. Wang, M. Gudbrandsen, C. Lee, E. Perry, K. P. H. Adams, C. Watson, J. Kangas, V. Stoencheva, E. Daly, M. Kuklisova-Murgasova, S. C. R. Williams, M. C Craig, D. G. M. Murphy, G. M. McAlonan, Father-infant interactions and infant regional brain volumes: A cross-sectional MRI study, *Dev Cogn Neurosci*, 2019, Vol.21, No.1, p .40.

[7]S. P. Rowe, L. C. Chu, E. K. Fishman, Initial experience with 3D CT cinematic renderingof acute pancreatitis and associated complications, *Abdom Radiol* (NY), 2019 Nov.doi: 10. 1007/s00261-019-02310-x.[Epub ahead of print]

[8]M. Sinha, N. N. Pandey, A. Sharma, Anomalies of the Coronary Sinus and Its Tributaries: Evaluation on Multidetector Computed Tomography Angiography, *J Thorac Imaging*, 2019 Oct.doi: 10. 1097/RTI.0000000000000456. [Epub ahead of print]

[9]V. P. Nguyen, Y. Li, M. Aaberg, W. Zhang, X. Wang, Y. M. Paulus, In Vivo 3D Imaging of Retinal Neovascularization Using Multimodal Photoacoustic Microscopy and Optical Coherence Tomography Imaging, *J Imaging*, 2018, Vol.4, No.12, p .150.

[10] L. Shen, W. Zhao, L. Xing, Patient-specific reconstruction of volumetric computed tomography images from a single projection view via deep learning, *Nat Biomed Eng*, 2019, Vol.3, No.11, p .880.

[11]伏辉:《数字化平台建设与断层影像解剖学教学改革的探讨》,中国解剖学会科技开发和咨询工作委员会:《第三届全国解剖学技术会议论文集》,中国解剖学会科技开发和咨询工作委员会/南方医科大学临床解剖学研究所,2011年2月。

[12]高恒宇、姜杨、郭林娜、侯继野:《临床胶片库在影像解剖学与断层解剖学教学中的实践与研究》,《解剖学研究》2010年第4期。

[13]邱明国、刘光久、李七渝、李振强:《断层影像解剖学的教学体会》,《局解手术学杂志》2009年第3期。

[14]C. F. Smith, N. Tollemache, D. Covill, M. Johnston, Take away body parts! An investigation into the use of 3D-printed anatomical models in undergraduate anatomy education, *Anat Sci Educ*, 2018, Vol.11, No.1, p .44.

[15] M. Estai, S. Bunt, Best teaching practices in anatomy education: A critical review, *Ann Anat*, 2016, Vol.208, No.2, p .151.

[16]李玲、沈若武、孙禹、夏玉军:《虚拟正交断层及其三维模型在断层影像解剖学教学中的应用》,《解剖学杂志》2018年第4期。

[17]Y. Wu, J. P. Hikspoors, G. Mommen, N. F. Dabhoiwala, X. Hu, L. W. Tan, S. X. Zhang, W. H. Lamers, Interactive three-dimensional teaching models of the female and

male pelvic floor, *Clin Anat*, 2019 Oct.doi:10. 1002/ca.23508. [Epub ahead of print]

[18] Y. Qin, W. Zhu, C. Liu, Z. Wang, W. Zhu, Functional brain connectome and its relation to mild cognitive impairment in cerebral small vessel disease patients with thalamus lacunes: A cross-sectional study, *Medicine* (*Baltimore*), 2019, Vol.98, No.40, e17127. doi:10. 1097/MD.

[19]刘树伟:《迎接断层影像解剖学新时代的到来》,《中国临床解剖学杂志》2004 年第 4 期。

[20]邱明国、张绍祥、谭立文、李七渝:《关于加强断层影像解剖学教学的对策》,《局解手术学杂志》2004 年第 2 期。

“社会语言学”教学实践中问卷调查法的分类与特征*

金　美**

摘　要:本文结合国内外与社会语言学相关的研究成果和我校“社会语言学”课程教学的实际,提出面向“社会语言学”教学实践、在指导学生实施问卷调查时,可从问卷的填答是否谋面和发送方式等范畴化角度将社会语言学问卷调查法分为6类:个别填答法、集中填答法、邮寄法、电子邮件发送法、电话询问记录法和网络发送法(包括“点对点”和“点对面”两种)。然后以诸多测量指标作为客观依据,例如,个体样本与集团样本、专项调查与基础调查、表层调查与深层调查、保密性、回收率、数据真实性、样本代表性、可操作性与实施难易度、“三省”(省时、省力、省钱)情况、适用调查对象、调查质量、调查员偏差及后续调查预后等,从这6类问卷调查法的优点、缺点和主要应用范围三大方面,阐述和归纳了各类的特征。通过课程教学中学生们的调查实践证明,依托本课程分类与特征教学的社会语言学调查成效显著,可操作性强,实施顺利,效果良好,能助力有效达到调查目的,结论较为可信。部分学生的本课程结课作业经修改后已公开发表刊载于相关专业刊物上,有的用来作为硕士论文的重要内容之一。我们认为,本课程的教学目的,在于通过课堂讲授、配合课外田野调查训练,使学生初步掌握调查方法的基本范式,为将来进一步从事更大规模的调查和研究打下学业基础。

关键词:“社会语言学”教学实践;问卷调查法;分类;优点;缺点;主要应用范围

基于高校“社会语言学”教学实践的需要,应从不同范畴的角度把社会语言学调查方法进行归类,从而形成不同范畴化的调查方法,然后再按范畴化的归类、逐层进行分层次的细化分类,以便后续进行精准的调查和研究。例如,从是否借助具体的介质工具,可分为介质工具调查(如问卷调查)和非介质工具调查(如访谈调查);从针对研究对象的调查面是否周遍可分为全面调查和非全面调查(如抽样调查);从调查的目的是定量分析还是定性研究,可分为定量调查(用设计好的问卷进行调查后归类统计)和定性调查(在问卷设

---

*　基金项目:厦门大学2019年研究生优秀示范建设课程教学改革项目。

**　金美,女,贵州贵阳人,博士,厦门大学人文学院副教授、硕士生导师。

计好之前对调查对象进行多次试调查以修改、完善问卷)……但是,在对当前我国高校现有的“社会语言学”教材、论著进行考察梳理后,本文发现目前此类研究尚欠缺针对课堂教学实践的调查方法的范畴化分类及其分层次论述。

社会语言学调查的方法,在20世纪80年代“社会语言学”这门学科引入我国之后的近40年来逐渐得以实践、修正、完善。本文考察梳理了目前通行的“社会语言学”教材、论著中对调查方法尤其是问卷调查法的论述,认为基本上可以把它们归为两类:“概论派”和“实施派”。“概论派”主要是教材及著作,“实施派”主要是调查报告类论文。

“概论派”选取有本学科特征的某几类调查方法来进行简略的介绍,缺乏范畴化的分类以及在此基础上的分层次论述,而且大多是借鉴国外的调查案例、缺乏足够的中国本土的调查案例的实证性分析及相关调研成效的对比分析、归纳和总结。并且,作为高校“社会语言学”课程教材,“概论派”都未在书中设计配合课堂教学的田野调查和研究的指导内容和参考内容。如游汝杰、邹嘉彦的《社会语言学教程》[1](2004)一书的“内容提要”第一句话就说明“本书是高等院校中文系、社会学系、新闻学系等有关专业的本科教材”,随后在书中共10章的内容里,仅在第一章“导论”的“第三节 社会语言学调查方法”7页多的篇幅中,简略介绍了5种方法:“多人次抽样调查”“快速隐秘调查法”“定量分析”“社会网络的调查研究”“配对变法”。其中,并未出现“问卷调查”字样,仅载录了一份《香港青年日常用语调查表》。这5种方法用于本科课堂教学,由于没有进行范畴化归类及在此基础上的分层次论述,在实际教学中难以有效操作。第一种方法没有说明适用于问卷调查的是哪些具体的抽样调查方法,以及相关的实施过程和效用。第二种和第五种方法都不是问卷调查法,对调查环境和调查员的要求都较高,本科生难以达到。第四种要求对社会关系、伦理和心理的把握必须十分细致而周全,对于社会经验不足的大学生也比较困难。第三种“定量分析”,从方法论上看是科学化和可用于教学的,但在具体的教学实践上,在校生由于社会关系简单又是利用课余时间进行调研,受到时间、地点、人力、物力等因素的局限,不可能进行大范围大样本量的调查及其定量统计和分析,因此只能是在“定量分析”方法的学习后,再由师生重新规划、缩小规模进行调查实践,同时也应结合定性分析。我们当然希望样本量越多越好,但这取决于很多因素,包括调研经费、调研条件等,以及师生之间、学生与被访者、学生与被访单位等的共同努力,还包括我们是否紧盯着调研目的、在沿着正确的调研思路的方向开展调研工作,并且方法和工具是否有效。显然,从该教材我们都看不到相关内容的安排、考虑和阐释。其他的同类教材情况大致相似。祝畹瑾的《社会语言学概论》[2](1992)共7章,专论研究方法的是第3章“定量研究方法”,其中第6节“搜集资料”论及4种调查方法:访谈法、观察法、问卷法和实验法。问卷法只有两页半的篇幅,比较简略,分别简述了国内、国外各一个问卷调查实例,列举了两份空白调查简表:“填表人背景的项目示例”和“称呼语使用情况调查表示例”。戴庆厦的《社会语言学概论》[3](2004)共9章,“第九章 社会语言学的研究方法”分3节,在“第二节 社会语言学的研究程序和方法”中,用6页多的篇幅简介了抽样调查中的随机抽样和非随机抽样的几种方法,以及问卷调查法、访谈法、观察法和实验法，但问卷调查法只简单地写了半页。徐大明、陶红印、谢天蔚的《当代社会语言学》[4]（1997）共9章，其“第二章 关于语言使用的研究流派和方法”，分为五节：交际民族志学、跨文化交际、互动社会语言学、语言社会化与语言习得和会话分析。各节主要从语言使用规范的社会分化的角度来介绍几个不同的学派和理论体系的有关研究，并连带简介了其相关研究方法，其中，只在第五节“会话分析”中用一句话提及了“提供问卷”的研究方法。郭熙《中国社会语言学》[5]（2004）共10章，在第10章“社会语言学的研究程序和调查方法”的“第二节 定性、定量研究以及抽样的方法”（8页多）中，有四个部分的内容：“定性研究”、“定量研究”、“抽样及其方法”和“变项规则分析法”。前两部分都是简略的描述性内容，没有涉及具体的调查方法。后两部分介绍了三种具体的调查方法：随机抽样、非随机抽样和变项规则分析法，8页多的内容提及了调查的项目、问题，但通篇没有“问卷”的字样。王玲的《城市语言研究的理论与方法》[6]（2012）共10章，在“第三章 城市语言研究的方法”的“第一节 语料搜集和抽样的方法”与“第二节 多元回归分析法”中，用了8页多简介了8种调查方法：问路调查法、访谈法、问卷调查法、隐蔽观察法、配以网络分析和后续访谈的参与观察法、变语配对实验法、抽样调查方法、变项规则分析法。其中，“问卷调查法”只写了10行字。

“实施派”从已有的具体的研究案例出发，致力于个案的微观语言调查、统计，注重语言调查、统计的过程和事实，往往还运用某类语料库或某种统计分析软件来进行计量分析研究或辅助调查的实施，比如基于口语语料库或媒体语料库、采用“问卷星”软件从网上快速回收大量的问卷样本、使用SPSS等统计分析软件对调查对象的多方面情况进行描写等。然后对统计的过程和结果进行详尽的描述，最后归纳出调查统计分析的结论。比较有代表性的成果主要有调查报告或分析报告性质的论文及在社会语言学调查或分析基础上撰写的少数专著，例如，王立的专著《城市语言生活与语言变异研究》[7]用26页从设计、实施和写作三个步骤来阐释其问卷调查方法。一是研究方案设计，包括调查问卷设计和建立数据文件；二是研究方案实施，包括进行问卷调查、数据处理和统计分析；三是研究结果报告。郭骏的《关于城市语言调查的几点思考》[8]从已有的研究案例出发来讨论城市语言调查问题。夏历的《在京农民工语言状况研究》[9]使用SPSS 13.0统计分析软件对在京农民工语言状况的几个方面基本情况进行了描写、分析，王惠的《日常口语中的基本词汇》[10]采用基于语料库的定量分析方法，探明了2550个口语基本词汇在83万字口语语料库中的文本覆盖率达到95%。刘华、郭熙的《海外华语语言生活状况调查及华语多媒体语言资源库建设》[11]通过建设东南亚主要华文媒体语料库进行其用字用语的调查研究。张廷香的《基于语料库的3—6岁汉语儿童词汇研究》[12]通过自建儿童抽样语料库后进行计量统计分析。张义宾的《基于汉语儿童语料库的语言障碍诊断系统研究》[13]建构了基于语料库的语言障碍诊断系统。从以上“实施派”的各类调研成果来看，他们这种可操作性强的具体调查程序、步骤，对于我们社会语言学课程问卷调查教学具有较好的启示借鉴作用。但是，他们并未对其调查方法在范畴化的分类以及分层次研究中的定位和作用进行论述。一方面是未对调查方法的优劣、应用范围及成效等进行分析和总结，另一方面是未通过对各类调查方法的全面比较、把具体的调查方法上升到整个范畴化归类及其分层次研究中。因此，“实施派”这种个案、微观的调查和研究，对于社会语言学课程的教学实践，欠缺方法论宏观高度上的指导。

从上述“概论派”和“实施派”两者来看，“概论派”所简介的调查方法不仅不完整不全面，而且没有提供足够的各类案例来对调查实施成效进行验证。而“实施派”所论述的调研方法及成效只适用于该次调查实践的个别案例，缺乏对诸多相同或相反案例的对比分析，也没有面上的对调研方法的整体把握和归类分析。本文认为，面向社会语言学课程教学的调查方法，应该切实结合我国高校的教学模式、理念、环境等，以及学生的知识结构、学科兴趣，以及调查技能、范围、条件、时间地点限制等。授课教师应竭尽全力，使我们的学生对调查目的、调查方法、调查环境和调查对象等均能有效掌控、充满信心，努力使调查能够得到有效执行、圆满完成调查任务，达到训练学生掌握基本的调查范式，将来进一步从事大规模调查的目的。而在诸多社会语言学调查方法中，问卷调查法是适用面最广、最便利、成效显著的基本调查方法，它可在较短的时间内获取到大量的数据和信息，便于做定量分析。因而，在我国高校“社会语言学”课程的课堂教学中，应首先讲授并布置学生在课外展开社会语言学问卷调查，从问卷调查中学到的经验也会对学生解决使用其他调查方法碰到的问题有所帮助，在实施调查前，教师在课堂上先系统化和分层次厘清各类调查方法的分类、优缺点和应用范围。

本文结合社会语言学问卷调查在本校“社会语言学”课程实施调查阶段的具体操作实践，对问卷调查法进行了具体的分类，按填答人是否自填问卷，先分类为自填问卷和他填问卷；进一步又按问卷发放方式，分为当面填答调查和未谋面调查。一共分为 6 类：个别填答法、集中填答法、邮寄法、电子邮件发送法、电话询问记录法和网络发送法（包括“点对点”和“点对面”两种）。接着，本文又从优点、缺点和主要应用范围等方面，分层次阐释、归纳了问卷调查的各项具体特征。本文认为，在正式实施调查以前，应先选取一定比例的对象进行模拟调查，通过试点，检验问卷设计是否达到了预期的调查目的。一是为正式开展调查、减少误差提供实践经验。二是验证问卷设计的合理性、可行性，以便修改、完善问卷。三是掌控每份问卷的调查时间，以计算调查时间总量（尤其对于调查取样量巨大的大规模调查）。四是验证对调查地点和对象的选择是否与预期的调查目的一致。另外，要保证调查质量、调查效果，在调查实施阶段要对调查质量进行控制。这可通过以下五个方面来展开。一是正确划分调查范围。二是正确判断调查对象的有效和可靠。三是选择恰当的调查方法（最有利于达到预期的调查目的）。四是避免因各种人为因素或偶然因素造成的调查误差，保证调查质量。这些误差可能存在于问卷的发放、填答、询问、回收、整理等一系列程序中（当然，此前的项目设计、问卷拟定及此后的分析、统计、研究、撰写等程序，也会造成调查误差）。五是调查前思考调查中可能出现的问题，并准备好解决的办法，以免临场失措。

下面本文就从“当面填答调查”和“未谋面调查”这两个大的范畴分类入手，再进一步从问卷发送方式的范畴分类，通过优点、缺点、主要应用范围三个方面，来分析和归纳各类问卷调查的特征。

一、当面填答调查

(一)个别填答法

个别填答法，是调查员当面把印制好的问卷逐个发送到被调查者手中请其合作填答，并即时回答其涉及问卷内容及调查员的相关问题，调查员让其独立填答完毕后在现场逐一将问卷收回。

1. 优点

个别填答这种社会语言学调查方法是最早普遍使用且一直沿用至今的常用方法。个别填答法的优点很显著：回收率高、数据真实，适用于大多数对象，个别面对面交流，能得到有特殊性的真实样本，可及时访谈反馈补充信息。后续调查预后好。

在本课程的教学中，作为布置给学生完成的平时作业，笔者亲自设计问卷、主持和指导本校学生从 2003 年至今持续了十几年、配合历年“全国推广普通话宣传周”(简称“推普周”)活动、一直实施“厦大师生普通话使用现状调查”这一调查项目。这个常年项目归纳起来有三个方面的显著成效：一是作为课程的“田野调查”作业，切实对学生们进行了问卷调查训练；二是有力配合了本校在每年九月第三周开展的、全国九部委下属各级部门进行的“推普周”活动；三是逐年调查、收集、保存了厦大师生普通话使用现状的相关资料信息、为学校各部门制定语言文字规章制度提供了专业依据和决策参考，并为校园语言文字使用、教学和研究等提供了资料库和智库参考。从调查效果看，采用这种个别填答法，我们历年发放的问卷回收率都很高、能保证数据真实，并且由于是个别面对面交流，对于有特殊性的真实样本，还可以随时进行访谈，能及时通过访谈反馈补充信息，甚至进行深度访谈，弄清楚相关问题特殊性的成因。大部分人也留下了联系方式，能进一步展开后续调查，进行追踪调查研究。

2. 缺点

个别填答法的缺点是费时、费力、费钱，实施困难，匿名性差。调查员与调查对象之间的非客观互动会影响调查结果，对调查员要求高，一般需经过培训。

就本课程而言，作为平时作业“推普周”问卷调查的调查范围就在校内、调查对象就是厦大本校师生，因此正好避免了这种方法的费时、费力、费钱、实施困难等缺点。而且因为是全班同学选题同一的作业，所以，在实施调查以前，本课程会在课堂上系统讲授有关的调查知识、调查方法、操作规范、注意事项等，对学生们进行调查员培训，厦大学生的素养较好，本课程又是学生们出于兴趣爱好自主选修的课程，因此，学生一般都能认真负责、按部就班地施行培训内容和技能。

3. 主要应用范围

个别填答法的主要应用范围是专项调查，深层调查，可随机对被调查人进行深度访谈，以纠错或印证问卷。被调查者不能亲自填写(如伤残、文盲等)。

在实施前述“推普周”项目调查的过程中，本课程的学生们努力保证针对厦大所有师生员工的这个专项调查的真实性、可靠性和语言文字专业的精确度。例如，他们碰到调查对象为职工中的保安、保洁、工友、食堂职工、宿舍管理员等类校园“特殊”人群，以及残障师生员工的时候，因被调查人文化程度偏低或残障或临时受伤、难以写字，学生们遂代为填写问卷，从而保证了调查对象类型的周遍性、调查范围的完整性和调查报告结论的可靠性。

(二)集中填答法

集中填答法，是调查员通过某种形式将被调查者聚集在一起，把印制好的问卷当面发给每人一份，让每人独立填答完毕后在现场统一回收。

1. 优点

集中填答法的优点是能得到有代表性的集团性样本，双向面对面交流，保证质量和回收率的真实可靠性，调查对象适用范围较广，可及时访谈反馈补充信息。

在本课程教学过程中，笔者指导学生使用“集中填答法”实施调查的一些教学案例，取得了较好的教学效果。例如，针对厦门市第一医院(2010 年 3 月更名为厦门大学附属第一医院)的《医患交际情境下医学术语的使用及影响研究》、针对厦门市学校的《厦门市“闽南方言与文化”课程实施情况调查》和针对广东省汕头市 3～14 岁的少儿及家长发放 482 份问卷(其中有效问卷 457 份)调查潮汕方言的使用现状等。医学术语的调查分医生卷和患者卷：医生卷是医生们在医院集中开大会前后和会议间隙休息的时间接受的问卷集中填答调查，患者卷则是患者在候诊区集中候诊时接受问卷集中填答调查。“闽南方言与文化”的厦门市的调查针对福建省闽南地区厦漳泉三地推行“闽南方言与文化”走进课堂项目、厦门市自 2009 年至今的实施情况，调查人亲赴厦门市海沧区延奎小学、厦门市外国语学校实施集中填答问卷调查。调查人经事先联系学校，在上课前后和课间对各班级的学生们发放问卷进行集中填答问卷调查(老师们则在课下接受个别填答问卷调查)；调查人还在学校上学、放学的时间段，蹲点校门口，对前来接送学生的家长们进行了集中填答问卷调查。调查肯定了该项目实施后的显著成效。该项目现已逐步实现了在厦门全市范围内的中小学和幼儿园开设“闽南方言与文化”课程的计划，且正在稳步推进。这份课程结课作业完成后，经过修改、删减字数后，已公开发表在相关专业刊物上。[14]汕头市的调查历时两个多月，调查人赴汕头市7所小学展开“集中填答法”调查，具体又采取了整群抽样和个体随机抽样的方法，分别回收了有效问卷“少儿卷”352份和“家长卷”105份，随后对这457份有效问卷进行了分析，得出了关于汕头市少儿潮汕方言使用现状的调查结论。[15]

2. 缺点

“集中填答法”除了也有“个别填答法”的缺点，还有自身的一些缺点，如一些调查对象难以集中，有团体压力和相互影响。

前述在厦门第一医院，当调查人向医院候诊区候诊的病人或病人家属发放集中填答问卷时，大部分男性不愿意接受调查，反之，大部分女性则愿意接受调查。正是因为男性的受访者人数不够，所以调查人后来改在厦大周边游客聚集处取得了男性受访者的部分样本作为补足。这显现出在医院候诊环境里，男性接受集中填答的团体压力比女性大，男性和男性之间相互影响而大多拒绝集中填答问卷，女性和女性之间也相互影响而大多愿意接受集中填答问卷。填答内容时也存在团体压力和相互影响的情况。另外那项针对学校的调查，其中，在蹲点校门口对学生家长进行的集中填答问卷调查中，取得的样本多是学生的祖辈老年人家长，因为在接送学生上学、放学的时间段，学生们的年轻父母这部分调查对象大都要上班、不能来接送小孩，所以这部分调查对象难以集中，年轻父母家长这部分人的样本量难以保证。

3. 主要应用范围

集中填答法主要的应用范围是专项调查、基础调查，调查者不能亲自填写(如伤残、文盲等)。

上述医院和学校的调查，都属于专项调查、基础调查。在本课程上述调查实践中，有两种情况正适用于这种集中填答式的问卷调查法。一是在医院候诊区的调查中，有一些伤残和文盲的被调查者，不能亲自填写，正好由调查人按其口述代为填写。二是在针对学生家长的蹲点调查中，也有一些老龄祖辈家长系伤残或文盲的情况，就请其口述、调查人代为填写。这两种情况体现了集中填答式问卷调查针对特殊人群的适用性。

二、未谋面调查

(一)邮寄法

社会语言学问卷调查中的“邮寄法”，是调查员把印制好的问卷装入信封，通过邮局寄给被调查者，并请被调查者填答后再将填答好的问卷装入调查员已事先写好回邮地址和收信人/收信单位且贴好足够邮资的信封，再通过邮局顺利安全地寄回调查者或调查机构。

1. 优点

比当面填答调查省时、省力、省钱，国家法律法规保护邮政邮件安全，保密性最强。无调查员偏差，调查区域无限，适用于所有对象。

邮政的安全性受国家法律法规的保护，是公民权的彰显。这是其他所有问卷调查法都无法比拟的优势。因此，跟当面填答调查相比，它不仅比较省时、省力、省钱，而且安全可靠、保密性最强。此外，还不存在调查员的偏差，调查区域覆盖了国家邮政已覆盖的所有地区。

2. 缺点

邮寄法的问卷回收率低，样本的代表性不保、回收的等待时间较长，调查质量难以控制。

本课程学生在远距离异地以社会语言学问卷调查法调查家乡方言时，也曾用邮寄法跟不会使用网络的家乡老年人联系、发放问卷，结果样本严重匮缺，愿意接受调查者并返寄回问卷者寥寥，最终只能放弃此邮寄法。由此可见，在当今网络时代，快捷高效的网络速度，远超邮政邮件的往还，与使用网络发放和回收问卷比，邮寄问卷调查法不仅费时、费力、费钱，而且回收率低，尤其寄给陌生人的问卷，难以得到回复。这样，导致样本量不够、代表性不保，不能保证调查质量。

3. 主要应用范围

邮寄法的主要应用范围是表层调查(只需简单了解状况)，小规模调查。

(二)电子邮件发送法

电子邮件发送法，是调查员把问卷制作成电子版调查问卷，然后上网通过调查员的 E-mail 电子邮件，群发到被调查者们的电子邮箱中，并限期要求其通过 E-mail 寄回所填答问卷。

1. 优点

比较省时、省力、省钱，容易组织实施，有保密性，调查区域较广，基本无调查员偏差。适用于所有使用电子邮件的对象。后续调查预后好。

跟前面的谋面调查相比，电子邮件发送法省时、省力、省钱，实施起来便利。更由于它既不像谋面调查那样无保密性，又不像住址、电话、QQ 和微信那样，容易变易、更换，它相对稳定，是兼有稳定性和保密性的一种调查方式，在本课程多年的问卷调查实践中，这是被调查人留下联系方式数量最多的一种调查方式。也正因如此，使得将来的后续追踪调查具有了可能性和可操作性。

为了探索大陆普通话与台湾“国语”使用现状的融通性，了解台湾的“国语”语言文字使用现状和台湾民众对两地语言文字政策的态度倾向，本课程还通过从台湾的大学来厦门大学学习的交流生、把前述大陆的“推普周”调查问卷通过 E-mail 发回台湾的大学，对台湾的大学师生进行普通话/“国语”语言文字使用现状的问卷调查。这项问卷调查很好地体现了保密、稳定、后续调查可能性等优点。

2. 缺点

电子邮件发送法不易得到调查对象的姓名和详细住址，同时，保密性又并非最佳。调查所花时间长短不定，调查员难以控制。

从本课程委托台湾来厦大交流选课的学生所进行的电子邮件发送问卷调查来看，调查人对调查对象说明自己在厦门大学做交流生，做课程的社会语言学调查作业需要帮助，由于调查对象都是其所在台湾的大学的师生，被调查者按问卷的要求有 50%的人填写了自己的 E-mail 邮箱、40%的人填答了自己的电话号码。如果不说明调查人情况、不在熟悉的环境和人群中发放问卷，一般来说，调查所花时间长短不定，调查员难以控制。

3. 主要应用范围

大规模调查、深入或表层调查，被调查人有保密需要，且多年之后的后续调查适用。

前述针对台湾地区这种因政治因素无法便利进行面对面调查的境外地区，而且又有一定的保密性、稳定性和便于后续调查的需要，所以针对台湾高校师生进行普通话/“国语”语言文字使用现状的调查，适合使用电子邮件发送问卷进行调查，无论进行大规模调查还是深入或表层调查都适用。

(三)电话询问记录法

电话询问记录法，是调查员依据自己事先拟定的问题，用电话向被调查者询问、然后通过录音转写成文字或即时书面记录下来，以获取信息资料的方法。

1. 优点

简便易行，较省时、省力，可询问到不易谋面的调查对象，保密性强，即时对话真实性最强，能得到某些特殊问题的坦诚回答，适用于几乎所有对象。可操作性强。

在本课程学生作为调查员、对异地的家乡人进行方言调查时，为了保证方言语料的真实可靠性，除了采用方言调查法进行电话调查，还配合采用社会语言学问卷调查法，对被调查人口述问卷，进行电话录音、笔录。这在调查员和被调查人之间个别进行的口耳对接的调查，具有保密性强的优点，而且即时对话真实性最强，能得到某些特殊问题的坦诚回答。例如笔者指导学生在2020年疫情期间所做的“湖北武穴方言调查与方言代际差异社会语言学调查”(武穴隶属此次疫情重灾区黄冈市)。武穴市历来被称为鄂、皖、赣“三省七县通衢”,地处湖北与安徽、江西两省的毗连地段,是长江中游鄂东边缘的县级港口城市,属湖北省黄冈市代管,又被称为“吴头楚尾”。方言成分的来源和变异较为复杂,语言社群分布具有多样性特征。有鉴于此,这项调查兼用了方言学和社会语言学的调查方法。除了采用方言调查方法,针对几名发音合作人,按《方言调查字表》(中国社会科学院语言研究所编,商务印书馆1981年版)和《汉语方言词语调查条目表》(《方言》2003年第1期)使用电话进行电话询问调查,还结合社会语言学问卷调查电话询问记录法,对老、中、青三代武穴方言使用者进行了方言代际差异的电话询问调查。

2. 缺点

就电话询问记录法看,一般来说,电话操作保密性较差,有调查员偏差。电话的时效性,使调查内容难以深入、透彻。目标总体与抽样总体可能不一致,比如抽样总体为农村某个村子,但有的家里没电话,接受了调查的只是有电话的目标总体。抽样总体又称“抽样框(架)”或“抽样结构”,是调研者根据调研目的确定的选择作为样本的总体单位、总体抽样范围和结构,一般可具体列出名册或排序编号。目标总体,是调研者实际调查研究的全部对象、总体。抽样总体与目标总体往往不一致,越大规模的调查越不一致(达不到抽样总体的因素越多)。例如,要对某城区住户进行抽样调查,如果使用名录框(从派出所获取住户名单),即这份名单就是抽样总体,这时抽样总体和我们所要研究的总体(即目标总体)可能完全一致,也可能比目标总体大(现在空户较多),也可能比目标总体要小(因有些住户还没来得及到派出所登记)。

为了既发挥社会语言学调查中电话询问记录法的优长之处,又避免这种方法的弊端,“湖北武穴方言调查与方言代际差异社会语言学调查”这个调查项目,为了避免保密性差和调查员偏差,自始至终就只选用了武穴方言为母语的研究生一人来担任调查员。又为了保证实效性和节约通讯资费,使用了免费的微信网络电话及QQ网络电话来进行电话询问,保证了调查时间够长,除了完整回答完问卷的问题,还能辅之以相关问题的深度访谈。因为调查人与被调查人同是武穴家乡人,调查员自始至终用武穴话进行询问、展开调查,加之调查员的学生身份和项目作为学生作业的特性,所以,项目调查得到了武穴老乡们的全力支持与帮助,保证了目标总体与抽样总体的基本一致性。

3. 主要应用范围

电话询问记录法的主要应用范围是热点问题或突发性问题的即时快速调查,难以面谈的特殊群体的调查,以及深层调查。就“湖北武穴方言调查与方言代际差异社会语言学调查”这个项目来看,调查员与被调查人的老乡关系和调查员本人的学生身份、调查项目的学生作业属性,使得当地各类相关的热点社会语言问题或突发性社会语言问题,以及难以面谈的特殊群体的调查、深层调查，都能获得被调查人及时的回答和反馈，因此，这项网络电话询问调查得以快速、全面、深入地实施完成。

(四)点对点网络发送法

点对点网络发送法是利用电脑、手机等在网上向QQ好友、微信好友、WeChat好友等发送调查问卷。

1. 优点

最省时、省力、省钱，样本量大，无调查员偏差，保密性强，最容易组织实施，适用于使用网络的对象。能得到调查对象的姓名和详细地址等真实个人信息，便于进行后续调研，可保证调查质量的真实可靠性。调查区域和人群面较广阔，即时操作性强。能保证问卷回收率和有效问卷率，回收问卷所等待时间比较短，调查员可即时催促被调查人。

例如，因为涉及语言文字学的专业知识，《厦门市中山路商铺名称语言文字使用现状问卷调查》这份本课程学生作业就选择了在厦大师生中跟语言文字专业相关的调查员的师生QQ好友、微信好友、WeChat好友等进行点对点网络发送法问卷调查。从调查结果看，充分体现了这种调查方法的适用性和优势，能保证问卷回收率和有效问卷率，因为都是调查员的QQ、微信和WeChat好友，可即时提示问卷的填答过程中出现的各类问题，可催促被调查人及时提交问卷，所以回收问卷所等待时间短，有效问卷回收率高，保证了问卷质量。点对点网络发送法的非匿名性，使调查员依然可以在问卷回收后，对问卷相关问题随时补充询问被调查人，也便于将来进行后续调研。

2. 缺点

点对点网络发送法不如“当面填答调查”中面对面“个别填答法”即时性和真实性，也不如后面的点对面网络发送问卷调查法的调查区域和人群面广。

这种点对点网络发送问卷调查法，堪比“当面填答调查”中的个别填答问卷调查，可视为网络版的“个别填答法”，但不如面对面填答的即时性和真实性。而在“未谋面调查”中，跟前述三种方法——邮寄法、电子邮件发送法和电话询问记录法相比，其调查区域和人群面都更广阔，但跟后面的点对面网络发送问卷调查法相比，又不如后者的调研面广。

3. 主要应用范围

总的来看，这种点对点网络发送问卷调查法兼具了“当面填答调查”和“未谋面调查”这两大类问卷调查法的诸多优点，应用范围较为广阔，尤其适合特殊群体和特殊问题的匿名调查、较大规模调查。

如上面需要调查“厦门市中山路商铺名称”，必须找到熟知语言文字专业的这类特殊人群，才能对其使用现状这个特殊问题展开问卷调查。同时，鉴于厦门是国内外著名的旅游城市，这些人群又可能遍布海内外，因此，又需要较大规模的调查。所以，上面的调查项目，不仅国内的网络好友可以接受调查，国外的也可以。国外的在厦门工作和学习过的师生可以通过微信发放问卷、国外的来厦留学生师生可以通过 WeChat 发放问卷。

（五）点对面网络发送法

这是采用通过网上“问卷星”及 QQ 群、微信群、WeChat 群等网络社交工具群发，“问卷星”是网络代为统计自动出结果、QQ 群等是人工统计出结果。

1. 优点

点对面网络发送法除了具有上述“点对点”的优点以外，最显著的优点是样本量最大，最省时、省力、省钱。无调查员偏差。保密性强。最容易组织实施，适用于使用网络的对象。调查区域和人群面最广阔。即时操作性强。

本课程学生作业采用“问卷星”点对面网络发送法进行的问卷调查，具有上述优点，但同时存在回收问卷所等待时间比较长的缺点。例如，本课程学生作业《2018 北京话中第二人称代词“你”和“您”在当今生活中的使用方法和认知》发放后两个多月才回收了 153 份有效问卷，本课程学生作业《2019 厦门大学本部本科生对常见药品名称用词的认知和态度现状调查》发放后一个月才回收了 107 份有效问卷。

学生们的本课程作业还采用了在微信群和 WeChat 群里点对面网络发送法进行问卷调查，例如，本课程学生作业印度尼西亚留学研究生的《厦大学生在不同社会群体中的微信语言特征》和本课程学生作业泰国留学研究生的《厦大泰国留学生汉语语音学习情况》。

2. 缺点

这些问卷调查法除了同样具有同上点对点网络发送调查法的缺点外，采用“问卷星”、QQ 群、微信群及 WeChat 群等点对面网络发送法进行问卷调查，还具有难以保证问卷回收率、有效问卷率，以及不能控制问卷回收时间长短等缺点。

本课程学生作业《2014“JayCn（周杰伦）厦门杰迷会”口头用语使用情况调查与分析》一文，通过学生自己是“厦门杰迷会”会员的特殊社会身份，采用点对面网络发送法在其会友 QQ 群里上传了问卷。虽然“厦门杰迷会”会员有好几个 QQ 群、人数众多，但问卷的回收率及有效问卷率都偏低。后来通过访谈询问，得知大多是担心有升学压力、QQ 群的群体压力等。由于作为周杰伦粉丝的会员们大都是青少年，还处在中学学习阶段，所以被调查人担心接受调查不仅会耽误升学的时间、精力，而且会在其所在学校、家长及社会舆论上产生不良影响和后果。

3. 主要应用范围

点对面网络发送法适合大规模的调查、匿名调查。

本课程作业由于大都要求学生们的问卷调查辅之以访谈，以让学生们对其作业选题都能够有全面和深入的思考和研究。因此，没有强调大规模的、匿名的调查。在今后的课程教学中，可以尝试针对某些社会热点问题和社会难点问题来指导学生选题，布置选题、组织学生团队集体攻关，进行大规模和匿名的网络发送法问卷调查，以扩大学生们的社会观察、思考、分析和研究的视野，尤其是在2020年春新冠肺炎疫情之后的持续防控期间，这种不需要面对面的大规模、匿名调查，可作为本课程教学的一种应急性质的问卷调查法。

此外，本课程除了让学生们以调查员身份针对被调查人进行点对点、点对面的网络发送法问卷调查，还针对课程学习者的学生们进行了“被调查人身份”网络发送法问卷的训练式调查。例如，通过让同学们逐一填答瑞士华人发回国内请求帮助填写的《中国与瑞士家庭教育的差异》调查问卷、训练学生们从问卷接收者和填答者的角度、来获得被调查者对点对面网络发送法调查的真切感知和体验，并有助于学生们在设计问卷、实施调查和撰写调查报告的过程中，从被调查者的环境、身份和视角来考量。

综上所述，本文归纳本课程面向课堂教学实践的“社会语言学”问卷调查法的分类与特征（优点、缺点、主要应用范围）如表1所示。

表1 “社会语言学”问卷调查法分类与特征表

分类		特征		
		优点	缺点	主要应用范围
当面填答调查	个别填答法	回收率高、数据真实，适用于大多数对象，个别面对面交流，能得到有特殊性的真实样本，可及时访谈反馈补充信息。后续调查预后好	费时、费力、费钱，实施困难，匿名性差。调查员与调查对象之间的非客观互动会影响调查结果，对调查员要求高，一般需经过培训	专项调查，深层调查。被调查者不能亲自填写（如伤残、文盲等）
	集中填答法	能得到有代表性的集团性样本，双向面对面交流，保证质量和回收率的真实可靠性，调查对象适用范围较广，可及时访谈反馈补充信息	除了同上“个别填答法”缺点，还有自身的一些缺点，如：一些调查对象难以集中，有团体压力和相互影响	专项调查，基础调查，被调查者不能亲自填写（如伤残、文盲等）

续表

<table>
<tr><th colspan="3" rowspan="2">分类</th><th colspan="3">特征</th></tr>
<tr><th>优点</th><th>缺点</th><th>主要应用范围</th></tr>
<tr><td rowspan="2">未谋面调查</td><td colspan="2">邮寄法</td><td>比当面填答调查省时、省力、省钱,国家法律法规保护邮政邮件安全,保密性最强。无调查员偏差,调查区域无限,适用于所有对象</td><td>问卷回收率低、回收的等待时间较长,样本的代表性不保,调查质量难以控制</td><td>表层调查(只需简单了解状况),小规模调查</td></tr>
<tr><td colspan="2">电子邮件发送法</td><td>比较省时、省力、省钱,容易组织实施,调查区域较广,基本无调查员偏差。适用于所有使用电子邮件的对象</td><td>不易得到调查对象的姓名和详细住址,同时,保密性又较差。调查所花时间长短不定,调查员难以控制</td><td>大规模调查、深入或表层调查,被调查人有保密需要,且多年之后的后续调查适用</td></tr>
<tr><td rowspan="3"></td><td colspan="2">电话询问记录法</td><td>简便易行,较省时、省力,可询问到不易谋面的调查对象,保密性强,即时对话真实性最强,能得到某些特殊问题的坦诚回答,适用于几乎所有对象。可操作性强</td><td>电话操作保密性较差。有调查员偏差。电话的时效性,使调查内容难以深入、透彻。目标总体与抽样总体可能不一致(比如抽样总体为农村某个村子,但有的家里没电话,接受了调查的只是有电话的目标总体)</td><td>热点问题或突发性问题的即时快速调查,难以面谈的特殊群体的调查。深层调查</td></tr>
<tr><td rowspan="2">网络发送法</td><td>点对点</td><td>最省时、省力、省钱,样本量大。无调查员偏差。保密性强。最容易组织实施,适用于使用网络的对象。能得到调查对象的姓名和详细地址,便于进行后续调研,可保证质量的真实可靠性。调查区域和人群面较广阔。即时操作性强。能保证问卷回收率和有效问卷率,回收问卷所等待时间较短</td><td>不如“当面填答调查”中“个别填答法”即时性和真实性。不如后面的点对面网络发送问卷调查法的调查区域和人群面广</td><td>适合特殊群体和特殊问题的匿名调查。较大规模调查</td></tr>
<tr><td>点对面</td><td>除上述“点对点”的优点以外,最显著的优点是样本量最大,最省时、省力、省钱。无调查员偏差。保密性强。最容易组织实施,适用于使用网络的对象。调查区域和人群面最广阔。即时操作性强</td><td>除上述“点对点”的缺点以外,还有不能保证问卷回收时间长短,难以保证回收率及有效问卷率等</td><td>适合大规模的调查、匿名调查</td></tr>
</table>

以上是本门“社会语言学”课程在教学过程中,结合社会语言学学科的相关理论和方

法，笔者作为授课教师指导学生们实施问卷调查实践的教学成果的总结。本文以社会语言学的诸多学科测量指标为客观依据，从优点、缺点和主要应用范围这三个方面，对社会语言学课程问卷调查实践中的各种特征和规律进行了分析和归纳，下一步尚待继续深化研究，以优化课程体系、教学目标、教学方法和教学效果。

参考文献

[1]游汝杰、邹嘉彦：《社会语言学教程》，复旦大学出版社2004年版，第15～16页。

[2]祝畹瑾：《社会语言学概论》，湖南教育出版社1992年版，第65～67页。

[3]戴庆厦：《社会语言学概论》，商务印书馆2004年版，第223～224页。

[4]徐大明、陶红印、谢天蔚：《当代社会语言学》，中国社会科学出版社1997年版，第63页。

[5]郭熙：《中国社会语言学》，浙江大学出版社2004年版，第387～396页。

[6]王玲：《城市语言研究的理论与方法》，中国社会科学出版社2012年版，第35页。

[7]王立：《城市语言生活与语言变异研究》，中国社会科学出版社2009年版，第30～56页。

[8]郭骏：《关于城市语言调查的几点思考》，《语言文字应用》2013年第4期。

[9]夏历：《在京农民工语言状况研究》，中国传媒大学2007年博士学位论文。

[10]王惠：《日常口语中的基本词汇》，《中国语文》2011年第5期。

[11]刘华、郭熙：《海外华语语言生活状况调查及华语多媒体语言资源库建设》，《语言文字应用》2012年第4期。

[12]张廷香：《基于语料库的3—6岁汉语儿童词汇研究》，山东大学2010年博士学位论文。

[13]张义宾：《基于汉语儿童语料库的语言障碍诊断系统研究》，华东师范大学2019博士学位论文。

[14]银晴：《厦门市“闽南方言与文化”课程实施情况调查》，《江西科技师范大学学报》2017年第2期。

[15]陈黄姗：《汕头市少儿潮汕方言使用现状调查与研究》，厦门大学2020年硕士学位论文。

浅议“健康中国”战略下我校医学专业研究生开设“循证医学”的必要性

苏艳华　李　蕾　张小芬　赵本华　陈田木*

摘　要：健康是全人类永恒的共同追求，新时代的“健康中国”战略赋予了医学教育新的时代使命，没有高质量的医学教育，健康中国就是一纸空谈，因为医学人才是全民健康的守护神及实施“健康中国”战略的关键力量，而高质量的医学教育则是造就医学人才建设更加健康中国的有力手段与重要途径。循证医学（evidence-based medicine，EBM）是“基于证据的医学”，是指导医疗卫生决策的方法学。随着新时代的到来，EBM 的证据决策理念迎来了大发展的契机，其理念已经从临床医学渗透到医疗卫生各相关学科，如公共卫生、药学、卫生政策的制定与管理以及医学的教育与改革等等，其应用也超出医疗卫生范畴，向更广泛的学科领域拓展。本文将结合健康中国战略之所需，从循证医学之初心及其新时代使命、新时代开展 EBM 教育的意义等方面来阐述我校医学类专业研究生（医学院，公共卫生学院及药学院相关专业研究生）开设《循证医学》的必要性，为提高我校医学类研究生的教育培养质量，为建设健康中国提供坚实的医学人才支撑和保障，为实现中华民族伟大复兴的中国梦铺就健康的康庄大道。

关键词：健康中国；循证医学；医学专业研究生；必要性

健康是促进人的全面发展的必然要求，是全世界各国人民的共同愿望，是经济社会发展的基础条件，人民健康是民族昌盛和国家富强的重要标志，人民健康是国家最重要的核心竞争力，是实现中华民族伟大复兴中国梦的坚实基础和根本保障！中国作为全球第一人口大国，党和国家历来高度重视人民健康，始终有致力于推进全民健康的宏愿。2016 年 10 月，十八届五中全会高屋建瓴地制定了《“健康中国 2030”规划纲要》，提出将人民健康放在优先发展的战略地位；2018 年 10 月，十九大报告应势而动，响亮地提出了实施“健

* 苏艳华，女，河南开封人，厦门大学公共卫生学院助理教授。李蕾，女，厦门大学公共卫生学院，副教授，研究方向：营养流行病学。张小芬，女，厦门大学公共卫生学院，工程师，研究方向：分子流行病学。赵本华，男，厦门大学公共卫生学院，副教授，研究方向：系统流行病学。陈田木，男，厦门大学公共卫生学院，助理教授，研究方向：传染病流行病学

康中国战略”号召;2019 年 7 月,国家卫生健康委发布《健康中国行动(2019—2030 年)》,围绕疾病预防和健康促进两大核心,提出将开展 15 个重大专项行动。至此,一个以“健康中国战略”为顶层设计,以《“健康中国 2030”规划纲要》为行动纲领,以“健康中国行动”为具体的落实推手,以全面提高人民健康水平为根本目的,全方位、全周期保障人民健康的战略制度性的健康保护体系正式形成。

医学教育之根本目的是满足人民健康需求,新时代的“健康中国”战略赋予了医学教育新的使命,没有高质量的医学教育,健康中国则如纸上空谈,因为医学人才是全民健康的守护神及实施“健康中国”战略的关键力量,而高质量的医学教育则是造就能胜任“健康中国战略”的医学人才的有力手段与重要途径,其中的医学研究生的教育则肩负着培养高端医疗卫生人才队伍的重要责任。本文将结合健康中国战略之所需,从“循证医学”(evidence-based medicine,EBM)之初心及其时代使命、新时代开展循证医学教育的意义等方面来阐述我校医学专业类研究生开设 EBM 的必要性,来提高我校医学类研究生的教育培养质量,不仅可以助推学校的“双一流”建设之要求,也为“健康厦门”“健康中国”“全球健康”的有效实现储备坚实的高端医学人才资源及保障。

一、循证医学之初心及其新时代使命

1. EBM 之初心

EBM 的出现是社会及医学发展的必然。随着社会的发展、医学模式的转变、人口的老龄化以及医学新科技的不断涌现,公众对医疗卫生服务的质量期望及需求的不断增长,使得全球每个国家都面临着医疗卫生费用的不断攀升、医疗卫生资源的相对短缺以及医疗卫生服务缺乏覆盖所有公民的能力等方面的严峻课题,如何分配有限的卫生资源来实现价值收益的最大化,如何提高医学决策的科学性来满足人民日益增长的对美好生活需要?另外,随着电子计算机技术、互联网技术、统计学数据处理软件以及临床流行病学等的发展,史无前例地提高了信息发现、采集、挖掘与加工整合能力,为科学证据的生产、共享、使用和传播提供了有效的手段和良好的载体,使医学卫生信息及证据的产生、使用及传播以前所未有的速度发展与更新,也为 EBM 的产生创造了适宜条件。1992 年,EBM 应运而生,为人类提供了解决困扰健康问题的重要手段与途径。目前,发展和落实 EBM 是全球各国摆脱医疗卫生服务困境,不断提高医疗卫生服务质量和效率的必要策略[1-3]。

EBM 是临床医学、流行病学、统计学及互联网信息学等多学科融合发展而成的新兴交叉学科。EBM 是基于现有最好证据,兼顾经济效益及价值取向进行医学实践决策的科学。其核心思想理念最初来源于临床,要求临床实践决策的实施和制定,均应与时俱进地、止于至善地遵循最新最佳的科学研究证据,来促进医疗卫生服务的“证据化”,因为人类的健康生死与这些科学研究证据休戚相关。随着现代医学的发展,产生了大量的高质量科学证据(多指关于人类疾病与健康一般规律的流行病学研究)!可是,这些高质量的科学研究证据的成果很多被束之高阁,没有被尽快推广应用,对临床实践影响甚微。因此,一些过时的、无效的甚至有害的治疗措施继续被广泛使用,而一些新的有效的医疗干预措施却迟迟不被临床采纳[4-6]。因为当前的医疗卫生服务大多依然基于个人经验和权威建议,很多技艺精湛的医生依然还不知道什么才是好的科学证据,似乎这个科学评价的时代与我们相距甚远!由于对科学研究结果的忽视,大量无效的诊疗方法在临床上长期使用,造成了医疗资源的极大浪费,给公众健康带来了不必要的损失与痛苦。EBM 要求医疗卫生实践应建立在当前最佳科学研究证据的基础上,近年来,EBM 运用其批判的视角,理性地检验了当前一些临床研究证据的可靠与否,打碎了多个医学神话,相继否定了维生素 C 防治感冒的作用,否定了维生素 A 预防癌症和心血管疾病的作用,否定了雌激素替代疗法在女性中预防心血管病的作用,否定了维生素 E 和 β-胡萝卜素降低癌症和死亡风险的作用,否定了鱼油预防心血管病的作用,否定了体检降低死亡风险的效果,又质疑了阿司匹林预防心血管病的作用及补钙预防骨折的效果[7]……除此之外,人类目前依然还依赖着其他成千上万的药物,其效果究竟如何?这些都是 EBM 急需解决回答的问题。

至今,EBM 的内涵与外延发生了明显的变化,早期的 EBM 是以治疗病人为目的,主要关注临床诊断、治疗、病因、预后等临床医学方面的问题。随着社会的发展,EBM 理念在不断探索和解决临床问题的过程中迅速传播,已经从临床医学渗透到医疗卫生各相关学科领域,已经从狭义的循证临床医学,催生了包括一切医疗卫生服务实践在内的广义 EBM 的出现,其理念与方法不再仅仅局限适用于临床医学实践领域,同时也适用于群体和宏观的医疗卫生决策及公共卫生等领域,因为各种卫生政策的制定、公共卫生干预项目的实施以及有限卫生资源的合理利用等问题也必须遵循证据,故 EBM 可以定义为是关于如何遵循科学证据进行一切医疗卫生实践的科学。故 EBM 所指的实践活动不仅仅包括临床上对个体患者的诊治,同时包括关于群体的宏观医疗卫生法规和政策的制定、公共卫生和预防策略的制定、医疗卫生服务的组织及管理、新药审批、医疗卫生技术的准入、医疗保险计划的制定、临床实践指南的制定、病人对服务项目的选择、医疗事故的诉讼、国家基本药物目录与医保目录、疾病负担的评估、药物经济学评价、药物上市后再评价、药物安全性监测等一切与医疗卫生服务有关的活动,相应的 EBM 决策也包括基于个体的循证临床决策和基于群体的循证卫生决策[8]。所以说 EBM 是 21 世纪医学的一场深刻变革,实现了在医疗卫生决策认识上的飞跃,通过分析评价以及正确利用医学证据来制定医疗卫生决策方案,规范医疗服务行为,提供高效经济的医疗服务,不仅可以降低医疗成本,减少浪费,抑制医疗费用快速增长,减轻患者经济负担,实现卫生资源的优化和共享,同时也有利于社会医疗保险制度的建立和实施。总之,EBM 的美好初心是为了应对一切医疗卫生实践方面存在的问题,充分利用当今医学科学研究的成果,指导解决临床医疗实践及相关卫生领域的难题,促进医疗卫生决策的科学化、卫生资源的合理利用以及高素质医学人才的培养，提高现代医学之水平，有效保障人类健康！

2. 新时代 EBM 之使命

当前中国社会的主要矛盾是人民对美好生活的需要同不平衡不充分的发展之间的矛盾，而健康是美好幸福生活的最基本条件，“健康中国 2030 规划”指出人民健康是党和国家的头等大事之一，要建设人人共建共享的健康中国。当今社会，影响健康的因素是复杂多样的，因此，健康问题牵涉面广，大健康事业将不再只是医学自己的事，而是全社会的共同责任，应积极动员医疗卫生、环境、教育、法制等多部门广泛参与、加强协作、共同努力，凝聚全社会力量，形成健康促进的强大合力，来构建全方位全周期的健康保障体系。在“健康中国”的背景下，将健康融入所有政策，急需来加强 EBM 的实施，将最佳的研究证据融入医疗决策中，加速低价高效的卫生干预措施的及时推广，尽早淘汰停止使用无效的干预措施，同时预防新的无效的干预措施的引入，不断增加医疗卫生服务中有效干预措施的比例，充分合理地利用有限的卫生资源，提高医疗卫生服务的质量及效率，进而提升国人健康水平，助力新时代“健康中国”之建设。

目前，EBM 的以证据为基础的决策理念在大数据及 AI 时代迎来了大发展的契机，其应用也远远超出医疗卫生范畴，向更广泛的学科领域拓展，已经在管理、教育、伦理、改革、经济、法律等领域得到了广泛的研究与应用。2016 年 9 月，WHO 在哥本哈根召开的欧洲地区委员会强调了循证决策的重要性，应加强证据、信息及科学研究成果在欧洲地区卫生政策制定中的应用，并使这些决策与联合国可持续发展目标中的健康相关问题及“健康 2020 政策框架”保持一致。2019 年 3 月，WHO 指出其重要改革方案中的规范和标准必须基于当今最好的证据，并利用证据推动医学的变革。2019 年 7 月，BMJ 与牛津大学在 EBM 大会宣布应加强专业人才、政策制定者和公众的循证医学教育，实现基于证据的抉择[9]。随着新时代的到来，我国在制定国家战略时，也越来越重视科学的循证决策，在当今”健康中国”之“大医学，大健康，大卫生”的环境下，EBM 将会大展身手，来奋力推进“健康中国”与“健康全球”之宏伟蓝图的实施与实现。

二、我校医学类研究生开展“循证医学”的必要性

实现健康中国梦，医学教育要先行，医学模式的转变及“健康中国”战略对医学人才提出了更高的要求。1992 年，WHO 就已提出“五星级医生”的要求。即指未来医生应具备以下五个方面的能力：卫生保健提供者、医疗决策者、健康教育者、社区领导者及服务管理者。2001 年，国际医学教育专门委员会（Institute for International Medical Education，IIME）对全球医学教育的最低基本要求之一是运用循证医学的原则，在医疗卫生实践过程中采用恰当的诊疗手段。美国研究生医学教育认证委员会也于 2000 年已将 EBM 课程纳入内科学、全科医学、康复医学及精神病学专业研究生教学中[10]。我国的四川大学

华西临床医学院早于2001年开始在7年制学生与临床专业研究生中开设EBM课程。2015年，国务院学位委员会发布的《关于印发临床医学、口腔医学和中医硕士专业学位研究生指导性培养方案的通知》已明确，硕士生应掌握循证医学、医学统计等科学研究方法来探索有价值的临床现象和规律。《“健康中国2030”规划纲要》指出要加快建成适应新时代行业特点的医学健康人才培养培训体系及高层次医学人才队伍建设，医学研究生属于高层次人才，医学院校则是实施医学专业研究生教育与医学教育质量保障的主体。2017年7月，国务院发布《关于深化医教协同进一步推进医学教育改革与发展的意见》，指出要始终坚持把医学教育和人才培养摆在卫生与健康事业优先发展的战略地位，要统筹卫生与健康事业各类医学人才需求，全面做好医学与健康人才培养的顶层设计，急需加强“大健康”知识背景下的各医药健康专业人才的培养，如全科、儿科、妇产科、精神科、病理、老年医学、公共卫生、护理、康复、心理健康等紧缺专业人才，来满足健康中国建设需要。反观我校的医学类研究生（临床医学、基础医学、公共卫生及药学）迄今并未开展EBM课程，虽然我校临床医学及预防医学专业本科生有开展此课程，但是考虑到研究生的生源来自全国不同的医学院校的不同专业，由于不同医学院校的课程设置不同，同时，还可能受到其他各种因素的影响导致新入学的临床研究生的质量参差不齐，笔者曾经做了一个粗略调查，医学院与公共卫生学院2019级新入学的近300名硕士研究生中，本科阶段接受过EBM课程教育的不到40%，因此，为确保循证思维理念渗透在我校医学教育各个阶段，急需加强对我校医学类研究生的EBM知识的教育。

相应地，EBM之理念正符合健康中国下的医学教育之要求，实施有关健康的循证决策时，需要提高决策者（医生及医药卫生相关部门人员）的收集、评估和利用证据的循证决策能力，包括提出决策的关键问题、检索所需证据、评价所需科学证据质量、判断证据结果在目标人群中适用性以及依据证据将决策付诸实践等方面的能力，这些均是21世纪医生及医疗卫生管理与卫生决策者的必备技能。再者，由于医学问题的复杂性及不确定性，医学生能否恰当批判地运用、分析和判断各种信息尤为重要。另外，我校公共卫生学院早已于2012年开始，迄今已经为临床医学、口腔医学及预防医学专业本科生开展八轮EBM相关课程，因此，为我校各医学专业研究生开展此课程的师资条件完全具备，故建议我校早日将EBM相关课程列入医学类研究生的课程当中。现分别针对临床医学、基础医学、公共卫生及药学类研究生专业的特殊性来论述开展EBM相关课程的必要性。

1. 临床医学专业研究生

EBM告诉我们传统经验医学是不可靠的，医学不是随心所欲的治疗，仅仅凭借临床经验还不足以可靠地回答某项治疗干预措施是否有效这个医学最基本的问题。很多临床干预效果只存在于患者、临床医生以及药商的想象当中。任何的临床干预措施，不管新旧，应建立在当前最佳证据的基础上，接受严格的科学评估。临床医学专业研究生开展EBM课程的必要性体现在以下三个方面：

第一，高素质的临床医生是临床实践中实施 EBM 的必备条件和有力保证，临床医生的专业知识与长期积累的丰富临床经验则是对患者进行准确判断实施 EBM 实践的基础与前提。如何针对不同的患者做出最佳的诊疗决策，这永远是医生的智慧。临床证据再多，离开医生的经验与判断，不能称之为 EBM 决策。因此，在当今互联网信息的海洋里，如何找到最佳证据？医生首先必须具备良好的医学素养，包括坚实的医学理论知识与丰富的临床经验及技能。其次医生须掌握临床流行病学、循证文献检索及医学统计学等理论知识与技能，没有这些知识的铺垫，循证无从谈起！医学的飞速发展带来了医学文献的激增，相应地互联网的发展为医学提供了浩瀚万千的大量科学信息，给医生带来了巨大的挑战。因为针对同一个临床问题，网络上可能会有大量结果不尽相同的研究，如何能够快速、高效、无遗漏地从海量信息中甄别真伪，在来源复杂、鱼目混珠、质量良莠不齐的数据库检索到高质量的最佳证据？EBM 就是要在信息的海洋里练就我们的火眼金睛，分清垃圾和金子，因此，应对信息海啸，从这些纷繁复杂的信息进行有效的归类综合评价，快速高效地获得所需信息并加以运用已成为临床医生的必备技能。“利用搜索引擎进行医学文献证据的检索技能现在像听诊器一样为医生看病所必不可少”，“一位无法检索、无法查找、无法对研究证据进行科学评价的 21 世纪医生就如那些不会测量血压或开展心血管疾患系统检查的医生一样”[11]。据不完全统计，医学信息资源占据 30% 以上互联网信息资源，医学生倘若缺乏医疗信息技术，将无法适应大数据时代，而临床研究生则对信息资源的利用明显较本科生多，因此，医学课程必须教授临床研究生在信息海啸时代中信息获取和研究评价的循证能力，使临床医生紧跟新时代潮流，享受到当今世界最先进、最真实可靠的医学研究成果。

第二，在知识爆炸的今天，临床医生很难仅仅运用最初学到的医学知识为患者提供最好的治疗，因为面对不断发展变化的、复杂的临床医学实践，每个医生的临床知识是有限的，但未知的相关知识却没有边际，任何医生都不可能掌握所有医学相关的知识，21 世纪医生最需要的一句话便是苏格拉底的“我所知便是我未知”，因此临床医生要抱有终身学习之理念，不断进取、主动自我更新陈旧的知识，不断丰富自己的理论与方法技能，才有可能及时发现患者的临床问题，才有可能卓有成效地解决患者问题，才有可能与时俱进地进行 EBM 决策。有研究显示，如果临床医生无终身学习之能力，则临床专业能力定会随着时间的前进而相应退步；临床医学生毕业后的继续医学教育对其临床医疗实践行为的影响是微乎其微的，而执业前的教育培训的将会影响毕业后对循证医学应用的习惯及意愿[12-15]，可见 EBM 的灵魂体现在其与时俱进的、与世界同步的循证思维及终身学习理念。当今的全球化、信息化的互联网时代对研究生 EBM 思维理念的训练有着越来越便利的环境，面对复杂的千变万化的医学现象，EBM 的思维理念可以让研究生以后的临床思维更加开阔，适应新时代变化，让其用冷静清晰批判的头脑去探求医学的真谛。

第三，EBM 强调科学证据，但不是唯证据论，证据本身不等于决策，EBM 也强调患者的价值观及意愿在临床决策中的重要地位。因为科学研究证据的结果来自对群体（多个个体)的观察，是平均一般性的结论，而医生面对的则是一个个具体患者，平均研究结果能否有效地用来指导个体患者的诊治呢？EBM也因此强调将科学证据应用到个体时应慎重，要充分考虑个体患者的性别、年龄、病情、依从性、社会因素、文化背景以及患者对治疗的选择期望等实际情况。患者是临床实践的中心，是医学诊治决策的最终拍板人，医生任何诊治决策的实施，都必须获得患者的接受与合作，由于患者之间存在经济状况、宗教信仰、社会文化背景和个人价值观的不同，所以在临床实践过程中，医生还须具备崇高的医德和全心全意为病人服务的精神，要充分尊重患者的价值观和意愿，从患者利益出发，让患者拥有充分的知情权，形成医患双方的诊治联盟，医患同心，共同做出诊疗决策，确保患者在诊疗过程中良好的依从性，才可能取得患者疗效与患者资源及价值观的最优匹配，以最低的成本，最高的效率和最优的质量，最终获得病人满意的医疗服务，切忌生搬硬套。所以，EBM诊治决策的本质就是高度个体化的，即便运用相同的高质量证据，由于个体存在差异，不同患者做出选择的诊治决策也可能不同，EBM让临床干预更加科学合理、人性化和充满智慧的美丽。可见，EBM是充分以人为本的科学，更加尊重患者的意见，完全冲破了传统医学见病不见人的方式。EBM注重证据的同时，也强调医生的水平及患者的意愿；在注重科学性的同时，也强调人文精神，是科学精神和人文精神的和谐统一，是科学精神和人文精神融合的产物。事实证明，在临床实践中，EBM高度强调个体的选择与偏好比传统医疗实践更加有效，患者参与选择自己的治疗是当今最佳的医疗实践模式[16]。综上，EBM是21世纪的临床医学，为适应健康中国的新时代，临床医学研究生的EBM思维理念的养成至关重要，将会惠及他们此后的整个从医生涯，因此，将EBM纳入临床研究生阶段的课程有着重要意义。

2. 公共卫生专业研究生

EBM的理念也适用于公共卫生干预项目及公共卫生政策的制定，因此催生了循证公共卫生(evidence-based public health，EBPH)，EBPH是以EBM理念和证据来解决公共卫生问题，即慎重、准确和明智地应用当前可得最佳科学研究证据，以社区及人群为干预对象，根据公众服务需求及当地实际情况，制定及评价公共卫生政策及干预项目，来提高公众健康的过程。WHO将健康定义为一项基本人权，人人公平享有健康权，维护它是公共卫生的重要使命，是国家的职责，这个职责要通过国家的各种公共卫生政策与决策来得以实现，因此其决策的科学性尤其重要。开展EBPH可以促进公共卫生领域的科学研究证据结果的整合、更新及广泛传播，及时了解哪些决策以及哪些干预措施无效。同时，开展EBPH可以加强公共卫生领域证据的及时转化与应用。再者，在卫生资源有限的情况下，开展EBPH可以促进合理有效的充分利用有限的公共卫生资源。例如，随着全球化进程及信息化的快速发展，许多在各个国家和地区开展多年的健康促进项目是否有价值是投资者、决策者及项目实施者急于知道的事情，但是因为未有相关科学研究结果的系统评价，随后的决策及政策的制定过程缺乏客观证据，造成了卫生资源的大量浪费。此外，全球化的今天及各种新发传染病的出现对公共卫生的防控提出了更高的挑战，如何开展国际合作，将外交政策与公共卫生决策结合在一起？如何将健康融入所有政策，开展跨部门合作，来实现突发公共卫生事件及新发传染病疫情防控的快速应对及高效运行，避免公众遭受重大的健康灾难？因此，公共卫生决策比其他决策更具复杂和不确定性，其决策质量直接影响人民大众的健康及有限卫生资源的合理使用，一定要慎之又慎，只有基于科学证据，综合考虑当地的资源与价值及公众需求才能做出正确的、本土化的公共卫生决策，这也是 EBPH 实践的精髓。2005 年，世界卫生大会呼吁 WHO 成员国建立或加强信息转换机制来支持 EBPH 决策，提倡根据本国国情和高质量证据制定公共卫生政策，以免生搬硬套其他国家和地区的模式，造成不应有的损失[2-6]。

《国务院关于实施健康中国行动的意见》指出要加强公共卫生体系建设和人才培养，提高疾病防治和应急处置能力；加强财政支持，强化资金统筹，优化资源配置，提高基本公共卫生服务项目、重大公共卫生服务项目资金使用的针对性和有效性；强化信息支撑，推动部门和区域间共享健康相关信息。因此，“循证”的理念和方法在公共卫生领域的成功应用与发展，将对公共卫生事业产生深远影响。现代人对健康的需求已经从治疗扩大到预防，从医院扩大到社会，在全球化的今天，在“健康中国战略”新时代，作为公众健康的引领者，公共卫生的宏观思想与策略，公共卫生的政府主导特征，赋予了其新的更大的为人类健康保驾护航的历史使命。

3. 药学专业研究生

循证药学也正是 EBM 理念在药学领域的运用与发展，狭义的循证药学是指药师在药学实践中慎重、准确和明智地应用当前可得最佳的科学研究证据，结合临床经验和技能以及患者的选择意愿，做出符合患者要求的服务过程。广义的循证药学指运用 EBM 的理念与方法来解决药学各领域的实践及研究问题，涉及药物的研发、生产、配送、储存、使用、管理以及药学教育等过程中的问题、干预、药物效果评价及药物决策等方面，例如 WHO 基本药物目录、国家基本药物目录、基本医疗保险目录、新农合药物报销目录及儿童基本药物目录的制定等[2,3]。循证药学是药学院研究生开展临床药学实践与科研的重要方法学课程，美国的普度大学、英国的阿斯顿大学及澳大利亚的格里菲斯大学针对药学专业已于 2011 年以前开设循证医学实践课程[17]，而国内尚未见有药学院将 EBM 或循证药学纳入本科生或研究生课程。2012 年，中国 EBM 中心循证药学研究平台成立，与四川大学华西第二医院药学中心每年举办一次国家级的循证药学教育培训班，成为首个针对药师专业的循证药学培训项目，来传播循证药学的理念与方法。在健康中国的背景下，掌握循证药学的思维理念及实践方法应成为药学专业研究生的必备专业素质及能力。

4. 基础医学专业研究生

随着某些新发传染病的全球流行、病原微生物的耐药以及慢性病与精神疾患的上升，相关的基础研究工作是防控此类疾病的重要驱动力之一。基础医学研究的最终目标也是防治疾病，服务于人类健康。近年来，克隆技术、基因组计划、干细胞治疗及再生医学等为研究人类疾病的发生发展及防治提供了新的思路及方法。但是大多数基础医学成果未能及时转化应用于临床实践中，未能体现其潜在之价值，如何快速缩减基础医学研究到临床应用的漫长过程？EBM 理念及方法的引入，拓展了研究者的思路，为基础医学研究提供了重要的方法和证据支撑，推动了基础医学研究的快速发展。随着生命科学及基础医学研究的逐步深入，医学诊治手段也需要更加精细化、系统化和人性化。未来一名好的临床医师不仅是根据指南诊治常见病，还应该从临床的大量常见病例和疑难杂症出发，通过循证医学知识和系统思维，向基础学科探寻疾病病因，从而研发新的治疗手段。例如恶性肿瘤的基础研究已经发现了大量的抗肿瘤筛查及诊断的潜在靶标及治疗的潜在靶点，但最终进入临床应用的成果还少之又少，面对海量的相关研究，应运用循证的方法来科学快速筛选出可靠的、重大的抗肿瘤新药的方向，选择有前景的基因、蛋白及信号通路，来科学评估研究风险、成功概率及转化前景，提高研究质量，为抗肿瘤研究提供帮助[2,3]。要真正用 EBM 的理念及方法指导基础医学研究，需要本专业的学生从本科阶段或研究生阶段开始，加强 EBM 知识方面的教育，来培养基础医学专业研究生的循证思维、科研逻辑思维、创新思维的能力以及终身教育观。

总之，健康是国家的生产力，“健康中国”是全面建成小康社会、基本实现社会主义现代化的重要基础，是实现中国梦的根本保障。EBM 则是确保健康卫生策略及医学技术沿着造福全人类的道路上前进的方法学，2018 年教育部、国家卫生健康委员会与国家中医药管理局联合发布《关于加强医教协同实施卓越医生教育培养计划 2.0 的意见》，指出应根据我国国情，强化医学人才是卫生事业发展第一资源的理念。为适应“健康中国”战略，围绕生命全周期、健康全过程维护人民健康之要求，急需将 EBM 教育贯穿于医学专业人才培养的各个阶段，培养具有与时俱进、止于至善的循证思维能力，信息管理能力以及终身学习能力的新时代的高层次的复合型医学人才，助力健康中国建设，为实现中国“两个一百年”的奋斗目标，为实现中华民族伟大复兴的中国梦铺就健康的康庄大道。

参考文献

[1]唐金陵：《循证医学基础》，人民卫生出版社 2016 年版，第 2～36 页。

[2]李幼平：《实用循证医学》，人民卫生出版社 2018 年版，第 1～21 页。

[3]李幼平：《循证医学》，人民卫生出版社 2015 年版，第 2～10 页。

[4]Muir Gray，唐金陵：《循证医学与循证医疗卫生决策》，北京大学医学出版社 2004 年版，第 299～310 页。

[5]李立明：《公共卫生与预防医学导论》，人民卫生出版社 2017 年版，第 32～39 页。

[6]赵景波：《预防医学案例版》，科学出版社 2020 年版，第 99～116 页。

[7]Zhao JG，Zeng XT，Wang J，et al. Association between calcium or vitamin D

supplementation and fracture Incidence in community-dwelling older adults a systematic review and meta-analysis,*JAMA*,2017,Vol.318,No.24,p.2466.

[8]谭红专:《现代流行病学》,人民卫生出版社 2018 年版,第 581～603 页。

[9]唐金陵:《循证医学:一场远没有结束的医学变革》,《英国医学杂志》(中文版)2019 年第 2 期。

[10]Green ML.Evidence-based medicine t raining in graduate medical education: Past,present and future.*Journal of Evaluation in Clinical Practice*,2000,Vol.6,No.2,p.121.

[11] Glasziou P, Burls A, Gilbert R. Evidence based medicine and the medical curriculum:The search engine is now as essential as the stethoscope, BMJ. 2008, Vol. 337,p.a1253.

[12] Mansouri M1, Lockyer J. A meta-analysis of continuing medical education effectiveness.J Contin Educ Health Prof,2007,Vol.27,No.1,p.6.

[13]Ramis MA1,Chang A2,Nissen L3. Undergraduate Health Students' Intention to Use Evidence-Based Practice After Graduation: A Systematic Review of Predictive Modeling Studies.Worldviews Evid Based Nurs,2018,Vol.15,No.2,p.140.

[14] Chen C1, Petterson S2, Phillips R3, et al. Spending patterns in region of residency training and subsequent expenditures for care provided by practicing physicians for Medicare beneficiaries.JAMA,2014,Vol.312,No.22,p.2385.

[15] Braschi E. Don't just blame the evidence: considering the role of medical education in the poor uptake of evidence-based medicine in clinical practice. BMJ Evid Based Med,2018,Vol.23,No.5,p.169.

[16]McCartney M,Treadwell J,Maskrey N,et al.Making evidence based medicine work for individual patients.BMJ,2016,Vol.353,p.i2452.

[17] Bookstaver PB, Rudisill CN, Bickley AR, et al. An evidence-based medicine elective course to improve student performance in advanced pharmacy practice experiences.Am J Pharm Educ,2011,Vol.75,No.1,p.9.

教学改革实践探索

基于“结构—过程—结果”的高级卫生统计学[*]混合式教学设计与实践

韩耀风　袁满琼　方　亚[**]

摘　要：高级卫生统计学是面向公共卫生专业研究生开设的一门专业必修课，旨在培养研究生在公共卫生科研实践中处理复杂及多元数据的能力，需同时兼顾理论与实践的培养。除卫生统计学基本理论和方法，授课内容主要为处理多元及复杂数据的方法。信息化教学尤其是在线课程的日益推广为高级卫生统计课程教学改革提供了契机，将传统课堂与在线教学相结合的混合式教学可充分利用二者优势，有效缓解授课内容的广度、深度与有限学时以及实践性强与实践训练学时不足的双重矛盾。本文拟基于结构—过程—结果质量评价理论进行高级卫生统计学混合式教学设计，并已在实践中取得初步成效。通过逐步完善线上教学、优化传统课堂教学及二者的有机融合，混合式教学可进一步提高高级卫生统计学课程的教学效果，不断培养学生良好的统计思维能力和规范合理使用统计方法的能力，从而为其今后开展科研工作奠定坚实基础。

关键词：高级卫生统计学；结构—过程—结果；混合式教学

一、前言

作为科研工作的工具性学科，高级卫生统计学课程重点培养学生合理设计研究方案、正确处理科研数据、合理解释分析结果的能力，为研究生从事科研实践工作奠定坚实基础。该课程的性质确定了授课内容应遵照公共卫生各学科的科研实际需要，即授课内容应有一定的广度，而有限的学时数又使授课内容受到了限制。健康医疗数据的爆发式增长，对相应研究者处理和分析数据的能力要求越来越高，也对研究生的实践能力提出了更

---

*　课程获厦门大学研究生优秀示范建设课程项目资助。

**　韩耀风，公共卫生学院，助理教授，硕士生导师，研究方向为统计学方法及其在卫生领域中的应用、老年健康。袁满琼，公共卫生学院，工程师，MPH中心秘书，研究方向为统计学方法及其在卫生领域中的应用、大数据、老年健康。方亚，公共卫生学院，教授，博士生导师，研究方向为统计学方法及其在卫生领域中的应用、老龄化研究、慢性病流行病学、健康管理与经济政策。

高的要求。因此，在授课过程中既要培养学生处理复杂数据的能力，又要培养学生自主学习统计学新方法的能力，即既要授之以鱼，又要授之以渔。高级卫生统计学是实践性较强的一门课，然而传统课堂授课主要以理论为主，实践相对不足，理论与实践往往脱节。面向公众健康的学科特性确定了公共卫生各专业研究生往往需要处理和分析人群数据，而人群数据纷繁复杂，存在更多的不确定性，学生往往难以选择合适的分析方法，若能补充更有针对性的公共卫生案例，将有效提高学生在科研实践中正确合理应用统计方法的能力。综上可见，高级卫生统计学课程急需进行教学内容体系及教学方式的改革，通过结构化、模块化教学以达到既满足不同专业学生的需求，又可以有效解决授课内容广度、深度与学时相对有限以及实践性强与实践学时相对不足的双重矛盾等目的；通过多种教学方式结合，尤其是充分利用现代信息及多媒体技术，既可以延展学时又可以针对性补充公共卫生案例以增强理论与实践的结合。

在信息技术飞速发展的背景下，在线课程的开发和利用是高校专业课程教学方式改革的热点，越来越多高校教师进行在线课程的探索和实践。在线教学具有可改变课堂教学过程中过分使用讲授和拓展教与学的时间、空间等优势。为了解决教学内容的广度和深度与学时相对有限之间的矛盾，我们在总结多年传统课堂教学经验的基础上，进行了在线开放课程的探索。通过在线教学视频、在线课件、在线答疑等有效缓解了授课内容的广度、深度与学时有限之间的矛盾。然而，卫生统计学是一门着重思维培养的课程，而在线课程缺乏传统课堂的瞬时互动等原因，与传统的课堂教学间存在着一定的差距。可见，在线课程无法完全替代传统课堂教学，二者各有优势。混合式教学将传统课堂教学与在线教学相结合，在保留传统课堂教学优势的前提下，具有拓展教和学的时间及空间等优势。已有教师进行了混合式教学的探索和实践，结果显示无论是学生满意度还是学习效果，混合式教学均具有一定的优势。我们前期对学生的调查也发现，相较于单纯的课堂教学和线上教学，学生更倾向于选择混合式教学。

二、混合式教学总体框架设计

针对传统课堂教学中存在教学内容广度、深度与学时相对有限以及实践性强与实践学时相对不足的双重矛盾和研究生卫生统计学背景知识参差不齐的现实，我们以有效提高研究生科研实践中数据处理和分析能力为出发点，以提高教学质量为目的，基于Donabedian结构—过程—结果质量评价理论，从教学质量评价的角度设计教学内容和教学方式，探索高级卫生统计学混合式教学模式，分别从教师视角和学生视角进行课程设计，其总体框架如图1所示。

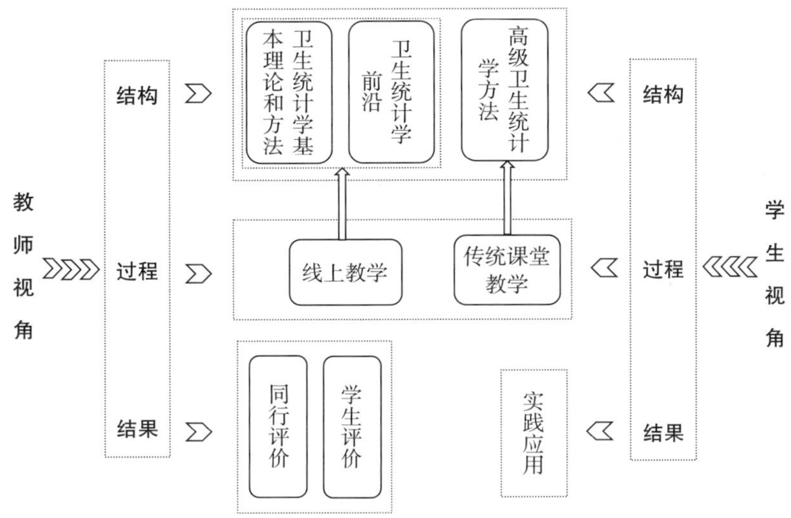

图1　基于结构—过程—结果的高级卫生统计学混合式教学总体框架

三、教师视角下的混合式教学设计

在教师视角下，我们基于结构—过程—结果理论从以下几个方面设计高级卫生统计学课程的教学模式：在结构上，采用模块化教学，即按照教学内容分成若干模块；在过程上，充分利用混合式教学方式，如传统课堂教学、线上视频教学等，即教学方式多样化；在结果上，分别以同行和学生为主体对教学进行评价。

（一）教学模块设计

为满足不同卫生统计学知识背景研究生的需要，我们将高级卫生统计学课程的教学内容分成卫生统计学基本理论与方法、高级卫生统计学方法和卫生统计学前沿三个模块。

卫生统计学基本理论与方法教学内容包括统计学基本概念、基本理论和方法，如统计描述、假设检验基本思想和 t 检验、方差分析等。高级卫生统计学方法教学内容包括多因素方差分析、重复测量资料的方差分析、常用多元统计方法（多元线性回归、多元 Logistic 回归、生存分析、聚类和判别分析、主成分和因子分析）、常用统计预测方法、常用综合评价方法、结构方程模型和多水平模型等。而卫生统计学前沿则介绍卫生统计学中的新理论和新方法及其应用。

（二）教学方式设计

为了解决学时相对有限和实践不足的问题，除了传统课堂教学与讨论，我们还采用线上视频教学、讨论和案例分析及线下实践等多种方式结合的混合式教学（详见图2）。因考虑到课堂学时有限，且部分同学已具有卫生统计学基本理论和方法基础，主要通过视频教学实现高级统计学方法与基本统计学方法在统计学思维等方面的吻合。此外，我们还提供典型案例及其分析，作为课堂教学的铺垫或有力补充。在线上教学的基础上，课堂教学重点讲授以线上案例引导的复杂及多元数据的统计分析方法，着重学生统计学思维的培养；课堂教学后，学生利用课堂上学习的统计学方法对线上案例进行分析讨论。线下实践除巩固线上教学和课堂教学的内容外，还与研究生科研实践紧密结合，从而达到为研究生科研奠定坚实基础的目的。在传统课堂教学的学时安排比例上，卫生统计学基本理论与方法约占5%，统计学前沿约占5%，即传统课堂教学的教学内容主要为高级卫生统计学方法。

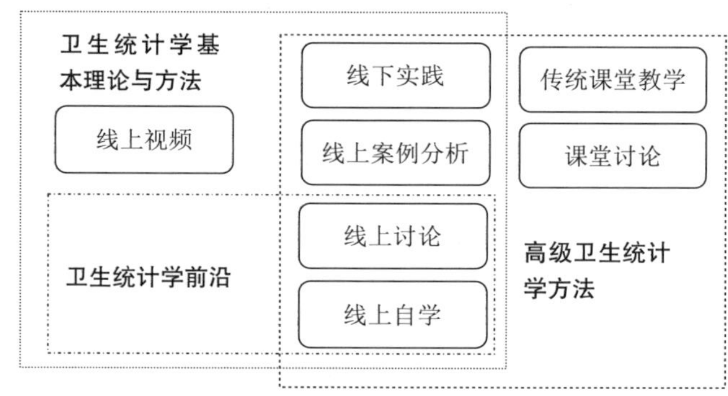

图2　高级卫生统计学混合式教学模式中各教学模块与主要教学方式

(三)教学评价设计

对于高级卫生统计学的教学评价，我们拟从同行评价和学生评价两个方面进行，分别从教学内容、教学方式和考核方式三方面进行评价。

四、学生视角下的混合式学习设计

作为教学过程的两个方面，教与学是相辅相成的。在教师视角下的各教学方式，在学生视角下即为传统课堂学习与讨论、线上学习与讨论和线下实践。因此，无须针对学习方式进行设计，而是从学生学习的评价即课程考核上进行设计。我们拟基于结构—过程—结果理论从如下几个方面设计课程考核：在结构上，针对学生各模块内容的掌握程度进行考核；在过程上，从线上学习、传统课堂学习和线下实践等方面进行考核；在结果上，对学生在科研实践中的统计学方法应用情况进行考核。

(一)结构考核设计

对于学生对各部分教学内容的掌握程度，重点考核学生的统计学思维及其对高级卫生统计学方法的选用或使用条件及结果解释的掌握程度。考核形式为案例分析和解决问题。

(二)过程考核设计

对学生学习过程的考核，从线上学习、传统课堂学习和线下实践三个方面进行。线上学习从观看教学视频、线上习题完成数量和质量、线上讨论参与度、线上案例分析完成情况和在线时长等进行考核。传统课堂学习从出勤率、课堂讨论参与度两个方面进行考核。线下实践从作业完成数量和质量上进行考核。

(三)结果考核设计

从研究生科研实践中高级卫生统计学的使用情况进行学习结果的考核。以研究生的科研实践为素材，从研究方案设计、数据分析、结果呈现和结果解释等方面，考核研究生在科研实践中高级卫生统计学方法的使用情况。

五、线上教学设计

在现代信息技术和多媒体技术日益发达的背景下，混合式教学中线上教学设计的重点是线上资源设计。参考国内已有的线上教学资源，结合高级卫生统计学课程的实际需要，我们将线上教学资源分为指导性资源、内容性资源、实践性资源、过程管理性资源等(详见图 3)。指导性资源有教师简介、课程简介、教学大纲、教学进度安排、混合式教学模块设计等。内容性资源除传统课堂教学的 PPT 课件、案例材料，还有专用于在线教学的教学视频和拓展性自学资源。除对应于每章学习的习题集、案例分析集与参考答案，实践性资源还包括综合性案例分析、试题库和共享资源。过程管理性资源有在线学习时长统计、习题完成数量和质量、线上讨论参与度等。

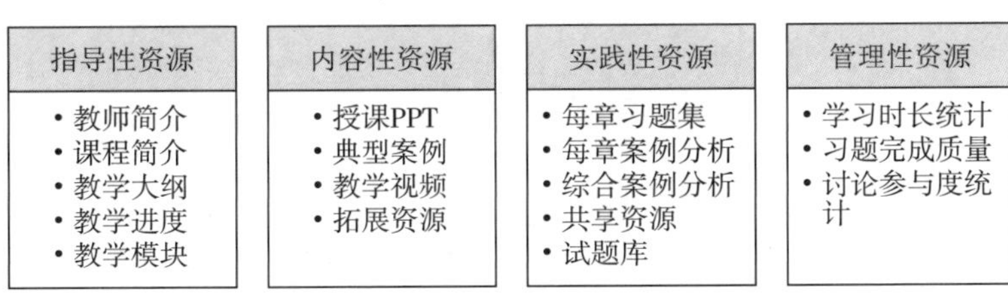

图 3　高级卫生统计学课程线上资源框架

六、课堂教学及线下实践设计

以线上资源为铺垫，课堂教学中我们以解决问题为导向，充分发挥学生的主体作用，既调动其学习积极性,又可提高教学效果,而线下实践则作为在线学习和课堂授课的有力补充。除完成常规作业,我们还增加将研究生线上与课堂教学中所学的卫生统计学方法与其科研相结合的线下实践训练。通过查阅自己科研领域内的文献资料,研究生对其中所用的统计分析方法进行剖析,并通过在线平台共享给其他同学,更进一步地确保研究生处理科研数据的能力培养。

七、混合式学习过程设计

基于上述线上教学、课堂教学及线下实践设计,我们将高级卫生统计学课程的混合式学习过程分为课前准备、课堂学习、课后巩固和学习考核4个阶段(详见图4)。学生在课前准备阶段通过在线资源了解高级卫生统计学课程的课程性质、授课内容和课程目标,并通过线上教学视频系统的回顾或学习卫生统计学基本理论和方法,从而顺利由卫生统计基本理论和方法过渡到高级卫生统计方法;通过典型案例和授课PPT进行课前预习为课堂学习做好充分准备,有效提高课堂学习效率。课后巩固阶段中既有线下学习也有线上学习,通过课后复习、作业和文献中的统计学方法剖析等线下方式,以及线上习题、案例分析和查阅共享资源等线上方式进行课堂学习内容的巩固。由前述“结构考核设计”、“过程考核设计”和“结果考核设计”可见,结构考核和过程考核中既有线上也有线下部分,而结果考核仅有线下部分。

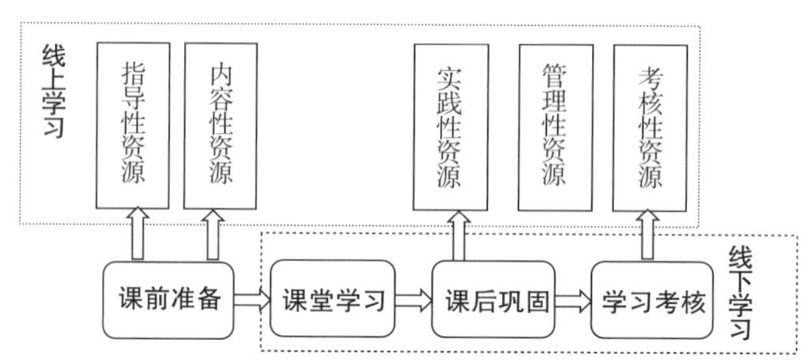

图4 基于在线课程的高级卫生统计学混合式学习模式

八、总结与展望

针对高级卫生统计学传统课堂教学存在授课内容的广度、深度与学时相对有限以及实践性强与实践学时相对不足的双重矛盾和学生卫生统计学知识背景参差不齐的现实,基于Donabedian的结构—过程—结果理论,我们分别从教师视角和学生视角进行混合式教学设计,并将该设计初步应用于教学实践,在校网络课程平台的基础上,建立线上学习资源库,包括教学视频、PPT课件、拓展学习资源等,取得了一定的成效。如学生更加喜欢高级卫生统计学课程，课堂回答问题和提问更加积极，学生满意度评分高达 9.8 分(满分 10 分)，其中一位授课老师被评为学校最受学生欢迎的老师之一；我们的在线平台及混合式教学方式也受到学生欢迎，实施混合式教学后，在线课程的点击率增加约 4 倍，有 70%以上的同学对线上资源和线上平台的功能设置满意，有超过一半的学生喜欢混合式教学，七成多学生认为混合式教学对学习卫生统计学有帮助。总之，通过实践，混合式教学不仅得到了学生的认可，而且大大提升了学生对高级卫生统计学的学习兴趣和积极性。另外，混合式教学也提升了高级卫生统计学的教学效率、学生对授课教师的满意度和认同度。

尽管我们高级卫生统计学课程的混合式教学取得初步成效，仍存在进一步提升的空间，如线上平台界面的更加友好，教学视频内容的扩大，线上互动的加强，及其他线上资源的补充完善。通过对线上和线下教学的不断修改完善，相信混合式教学越来越受广大师生的欢迎，我们的高级卫生统计学课程也将受到更多学生的欢迎。通过逐步完善的混合式教学，学生在夯实卫生统计学基本概念、理论和技能的基础上，强化统计思维能力，掌握更多处理复杂数据的方法，在科研实践中更加规范和合理地使用统计学方法，从而为其从事科研工作奠定坚实基础。

参考文献

[1]赵存有、吴卫东、曹贺：《"互联网＋"时代高校专业课程的教学方式研究》，《黑龙江教育》(理论与实践)2019 年第 4 期。

[2]中华人民共和国教育部：《教育信息化 2.0 行动计划》，http://www.moe.gov.cn/srcsite/A16/s3342/201804/t20180425_334188.html，2019 年 11 月 14 日。

[3]于振海、徐宁、王志强、赵冬梅、张乃丽、熊延连、刘洪付、金昌洙：《局部解剖学混合教学模式效果探讨》，《解剖学杂志》2019 年第 1 期。

[4]张眉、徐张瑞、鲁露、芮东升、闫小龙、王奎：《"互联网＋"背景下混合式教学设计初探——以卫生统计学为例》，《西部素质教育》2019 年第 8 期。

[5]吴思英、林少炜、曾昭楠、林杰：《构建以提升科研应用能力为导向的卫生统计学教学模式》，《沈阳医学院学报》2018 年第 3 期。

[6]刘斌：《基于在线课程的混合式教学设计与实践探索》，《中国教育信息化》2016 年第 11 期。

[7]胡乃宝、刘海霞、王玫、孙红卫、韩坤：《预防医学专业本科生卫生统计学课程考试改革探索》，《中国卫生统计》2019 年第 3 期。

[8]肖飞、樊光辉、黄正东：《数字化背景下的病区医疗质量管控》，《中华医院管理杂志》2014 年第 9 期。

[9]Donabedian, A., Evaluating the quality of medical care, Milbank Mem Fund Quarterly, 1966, Vol.44, p. 166-206.

[10] Best, M., Neuhauser, D., Avedis Do nabedian: Father of quality assurance, Quality and Safety in Health Care, 2004, Vol.13, No.6, pp.472-473.

[11]王君君、牛洁、王娟:《"结构—过程—结果"理论在耳鼻喉科临床护理教学管理中的应用研究》,《四川生理科学杂志》2019 年第 1 期。

[12]刘红梅、王小娟、吴红娟、周忠良、张香丽:《结构—过程—结果理论在临床护理教学管理中的应用》,《护理研究》2016 年第 12 期。

计算理论教学中的一些逻辑思考*

王其聪 曾湘祥 刘向荣 张德富 雷蕴奇**

摘 要:计算理论是信息处理的逻辑基础,是有关计算的第一性原理。从基本的布尔逻辑运算到抽象符号和复杂数据的操作,直到算术形式化系统的不完全性定理;从具体的计算工具和算法到可处理函数的分析与构造,直到关于认知智慧的哲学思考,计算理论所涵盖的问题深且范围广。它既有清晰的边界、路线及结论,也有至今未解的重大难题。计算理论中,计算模型是对计算工具和处理对象的抽象,可计算性界定了图灵模型能够提供解答的问题的类型,计算复杂性则从资源使用的角度对问题进行分类。在计算理论体系上的素养,对计算相关的研究者及学习者无疑具有根本的重要性。计算理论的教学,我们认为应该时时坚持问题导向、引导思考、主攻核心、发散思维的原则。对应计算理论的三个方面,考虑其理论发展路径及经典论证技术,也考虑关联领域的相关理论等,本文给出了我们对计算理论基础教学中一些核心和难点的具体逻辑思考点,期望对改进教学思路、设计主干框架、安排翔实内容等有所启发,同时也期望澄清某些容易错误解释的概念和结论,帮助学生更好地理解和把握计算的核心理论问题。

关键词:计算理论基础;计算模型;可计算性;计算复杂性;图灵机

一、计算理论是通用计算的科学原理

"圜则九重,孰营度之？惟兹何功,孰初作之?"奇绝的天问反映的是屈原卓越非凡的对大宇的深邃洞察,也激励后人努力地思索和解答未解的重大思智问题。将伟大诗人的天问引用在有关计算理论的探索中,竟也是如此地贴切与深刻。"人猿相揖别,只几个石

---

* 本文工作得到国家自然科学基金(61671397)资助。课程获厦门大学研究生优秀示范建设课程项目资助。

** 王其聪,厦门大学信息学院,博士,副教授,研究方向为机器学习及人工智能;曾湘祥,湖南大学信息学院,博士,教授,研究方向为机器学习及生物信息处理;刘向荣,厦门大学信息学院,博士,教授,研究方向为生物计算及计算模型;张德富,厦门大学信息学院,博士,教授,研究方向为算法理论与云计算;雷蕴奇,厦门大学信息学院,博士,教授,研究方向为机器学习与人工智能。

头磨过”？悠远的浪漫，在岩石一样坚固逻辑的层面难道没有对应的解说？仅仅始自数十万年前的人类社会，至今竟然发展到了如此的文明高度，难道没有其内在不可阻挡的铁律？

我们知道，科学技术是人类社会发展最为强大的推动力，而科学技术的发展，依赖的是科学研究的三大方法论：理论、实验、计算，如图1所示。理论是对物质世界运行变化规律的建模，实验是对其现象的观测或实现，而计算，当在数据的世界里给出理论及实验的镜像，呈现其繁复而又深刻的瑰美。

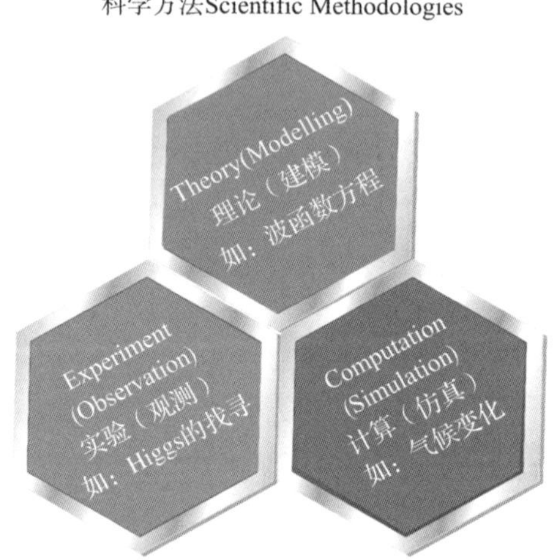

图1　科学研究的三大方法论

理论、实验、计算三者当然是互相关联的。科学理论的力量无与伦比，就理论而言，数学理论是最为自由的，她的殿堂里，符合公理及逻辑的大美令人惊叹。关于时空，我们有爱因斯坦给出的广义相对论场方程，关于量子，我们有薛定谔给出的波函数方程，这些表达了客观世界运行规律的理论公式是精美而强有力的。就实验而言，鬼魅似的量子世界、DNA的双链螺旋，其中的测量结果让人瞠目。就计算而言，当银河圆盘、黑洞影像因计算而显现，在仰望星空时，能不让人产生坚实而深刻的信念。需要关注的一个严肃的观点是(一些人甚至作为一种信念在追寻)：宇宙是可计算的，或者说不可计算的宇宙便不可能存在。这都说明了计算的重要性。特别是，人工智能技术发展迅猛，一个常常会提及的疑问便是，机器智能能够赶上甚至超过人类智能吗？对这个问题的答案，不会来自直觉上的推测，而只能来自对计算理论的深入思考。

计算理论，研究的是通用计算的科学原理和方法。拟要设计精妙的物化的计算系统，计算理论对我们当然有着原则性的指导意义。可以说，计算理论是研究一切知识、智慧时具有全谱性根源的那种理论，从一定意义上说，它也是数学理论的全谱对应面。数学，我们下意识地认为那是只有智慧生物才有可能发展的东西，其实，它是可以计算化或者机械化的(吴文俊先生及其团队已在此方面做出了开创性的卓越贡献)。正如麦克斯韦方程是电磁学的第一性原理，从而界定了诸如5G传输网络中无线信号变化的客观规律一样，基于Turing（图灵）模型（存在其他等价模型）的计算理论是计算的第一性原理，它界定了我们在计算上到底能够实现何种功能的那些客观规律。

计算是对输入的数据进行处理，然后输出处理结果。计算所需要达成的互相关联的任务有三个，即：运算、存储、传输，如图2所示。计算可以从不同的角度来考虑：计算的对象，比如是网络图形还是语音信号；计算的任务，比如找到最短路径还是语言翻译；计算的工具，比如是算盘还是生物溶液。特别应该指出的是，一旦将计算对象的属性、计算任务的目标以及计算工具的功能适当符号化之后，它们全部可以表达为{0,1}上数字串的形式。当在计算的意义上能够统一考虑对象属性、任务目标及工具功能之后，通用计算机器的存在性及物理可实现性就有根基了。

计算所涉及的硬件及软件，从理论形式化的角度看，它们都具有字符串化的表达形式，其背后的科学原理是一样的。通常，计算中的算法与数据结构是突出点，而软件操作系统、硬件组成原理为支撑中干。计算可以化为软件、硬件两条线，牵出编程语言、系统软件、数据存储、运算物理实体、输入输出设备、复杂算法、智能系统、信息安全等等。可以理出计算原理和技术的一些主要领域：

- 计算系统软件：操作系统、数据结构与算法、数据库系统、计算语言与软件开发环境、设计开发引擎与软件；
- 计算硬件系统：系统结构、系统组成、微指令体系与架构、存储体系；
- 大数据技术与云计算、并行与分布计算架构、数据处理算法与架构、云存储、数据传输、云安全，范围广泛的各种应用软件系统；
- 计算图形学、虚拟及增强现实、系统仿真、视觉语音与信号处理系统、媒体计算；
- 信息安全理论与系统、软件工程、可信计算、计算机网络、区块链；
- 计算语言学、知识表达与产生系统、计算智能体、人工智能系统与机器学习；
- 科学计算系统、工业计算及控制系统架构、物联网、嵌入式系统；
- 计算理论：计算模型、可计算性、计算复杂性，新型计算系统原理与原型。

以上技术中的科学原理就是基于计算理论的。计算理论中，计算模型是第一个需要考虑的问题，而Turing机是最强大的（当然存在其他等价的计算模型）。计算模型有了之后，就可以考虑可计算与不可计算的问题，然后是计算复杂性。在可计算的前提下需要用到的资源量，通常用时间或/和空间来度量。时空资源是互相关联的，时间不可重用，空间可以。仅考虑数值大小时，空间资源总会小于时间资源。计算复杂性取决于算法，是计算理论成果最为丰富的领域。

探究与发展计算理论，有两个互相补充的侧面是具有认识论上的重要价值的。一是，什么样的物理系统可以进行计算？二是，可计算的物理系统能够达到什么样的高度或者效能？就前者来讲，微电子集成电路是计算，化学反应过程、生物活动进程是不是计算？甚至，整个宇宙，是不是在进行某种计算？就后者来讲，量子计算与经典电子计算的计算能力，就能够完成某个计算任务而言(先不论其计算速度)，它们能达到的高度是一样的吗？或者说，一个能完成的计算，另一个也能完成吗？当它们在计算的可行性方面是等价的之后，它们的计算效率有什么样的差别呢？

当称之为“计算”的这样一种行为能够被我们依托某个物理系统实现之后，也就是既可以制备输入的量，也能够遵从科学原理存储、处理、传输信息，然后以人类能够接受和理解的方式呈现出输入，那么，当然，行与不行是第一位的。然后才是技术上的实现方式，然后才是工程上的产品化应用。如果仔细考察，计算，实际上又是对物质系统演变的一种预测方式。

计算理论的体系结构是很优美的，我们从中可以看到很清晰的递进层次关系，以及很平衡的对称或对应关系。

二、计算模型、可计算性、计算复杂性

1. 计算模型：计算的形式化

前面已述，科学研究的三大方法是理论建模、实验观测以及计算仿真，而计算则包含了存储、处理及传输三个部分，如图 2 所示。在研究计算理论时，首先需要明确的是，计算应该用什么样的模型来表达，也就是说，计算所需的工具种类、计算对象的属性以及任务的功能要求，该用何种数学形式来抽象。从计算任务或者计算需要达成的功能的角度看，加减乘除是计算，拓展之后的微分、积分仍然是计算，其所需要的元算子即是布尔逻辑的与或非，加入跳转之后，复杂些的就会涉及迭代与递归。所有其他的计算任务，是分解至如上的计算单元而构成的。

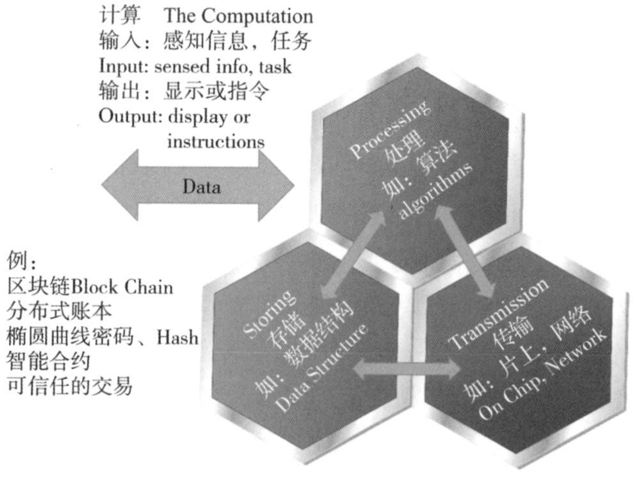

图 2 计算所包含的三个部分

从计算对象的属性的角度看，我们会涉及所有数学对象，可以是数据信号，可以是图画，可以是语言文字，当然也可以是数学客体。

计算的工具，自然是计算机(计算机器)。但是，要实现计算，各种类型的电子数字计算机，如现在处处使用的可以大规模精密制造的台式机、服务器、手机、网络交换机等，并不是唯一形式的计算机器。生物溶液、量子系统，以及古代的算筹、中国特有的算盘、莱布尼茨时代的分析机、费曼提出的台球机等等都是计算机器。出乎意料地，但确实可以毫无疑义地确定，可扩展规模的算筹和算盘，在可计算性的意义上与图灵机都是等价的。

之所以探求不同形式的计算模型，一方面是为了针对不同情形下寻找计算问题的适当表达方式，另一方面，当然也是不同领域分头研究发展的结果。奇妙的是，不同的研究路径，最后竟然发现计算模型它们之间有着非常优雅的对应关系。实际上，这些对应关系，让我们理解了计算本身有着很强烈的统一的模式，这给我们带来深刻的洞见。

从计算工具的角度，Turing 机表达了通用而最为强大的计算模型，它已是计算的标准模型。对 Turing 模型加以限制，可以得到下推自动机 PDA、有限存储自动机 LBA。再予以限制，则可以得到有限状态自动机 DFA。这些机器之间的差别，在于能够读写访问的存储区的不同。注意，形式上可能是简单的差别，却能够带来计算能力上巨大的差别。毫无疑问，计算模型形成了很清晰的层次关系。

一个与 Turing 机对等，但相当简单的程序设计语言 P，更接近于我们日常所用的计算机编程语言如 C、Python 等。从中我们可以较为容易地理解，当代的通用数字计算机是如何成为万能计算工具的。从计算对象的角度，可以是递归函数，可以是文法与语言，可以是符号变换。递归函数 F 描述了我们可以从构造主义能够把握的数学对象，文法 G 与语言 L 描述了表达逻辑知识的结构及语句，而符号变换 λ-演算，从一般的符号代换及逻辑推理角度，可以表达深层次的计算逻辑结构。

从计算任务的角度，我们把计算看成是对输入对象的某种合乎逻辑的处理，最终需要得到一个输出结果。注意，所有的计算对象，可以编码为符号串，而所有的计算结果，也总可以归结为真、假两种结果。当然，应该特别强调的是，对输入的编码、对输出结果的解释，是需要正确对待的。实际上，我们将会看到，在计算世界里，输入数据、处理算法、输出结果，全部不过是符号串而已。

2. 通用计算：Turing 机模型

Turing 机与程序设计语言 P 是两种从不同角度建立的计算模型。Turing 机表达的是智慧生物脑力劳动的思维过程，程序设计语言 P 则建立了增、减、跳转这仅有的三条指令，是只对数值进行处理的操作。Turing 机与 P 两者在可计算性上是等价的。程序语言 P 可以用布尔逻辑运算“与或非”来物理实现。

在考虑 Turing 机及程序语言 P 之前，我们需要先确认，有关计算的任何处理对象及输出结果是可以符号化的。在理解了这两种模型之后，我们还可以知道，处理过程也就是算法,本身也是可以符号化的。由此,计算中的输入输出、存储、运算、传输均可统一地用符号串表达。

计算对象及计算结果的符号化:路网路径,DNA 链结构,语音及图像、自然语言、数学命题,等等,均可以符号化,事实上它们全可以用 0 及 1 上的串来表示,可能是多维的。数学语言、自然语言,有其逻辑结构或语法,所用符号也是不同的,但都可以线性地表达成为字符串,从而是 0 和 1 的长串。首先,自然地,所有符号如“计算”、“ℵ”、“©※”,“阿拉伯数字 123”等,用 UTF-8 编码,是{0,1}上的字符串。立体电影中两个通道的偏振图像,空间上是各自分立的两幅,时间上是分立的序列,也是{0,1}上的字符串。数学命题也是符号串:素数,无穷多素数对的存在性,Goldbach 猜想,Fermat 大定理,Riemannζ 函数等,都是。

$$\forall q \exists p \forall m,n[p > q \wedge (p > m,n > 1) \rightarrow mn \neq p] \tag{1}$$

$$\forall q \exists p \forall m,n[p > q \wedge (p > m,n > 1) \rightarrow (mn \neq p \wedge mn \neq p+2)] \tag{2}$$

$$\forall a,b,c,n[(a,b,c > 0 \wedge n > 2) \rightarrow (an + bn \neq cn)] \tag{3}$$

$$\forall n \exists x \exists y[Prime(x) \wedge Prime(y) \rightarrow (x + y = 2n)] \tag{4}$$

$$[\zeta(s) \triangleq \frac{\Gamma(1-s)}{2\pi i}\int_C \frac{(-z)^s}{\mathrm{e}^z - 1}\frac{dz}{z} = 0] \rightarrow [s = \frac{1}{2} + \mathrm{j}w]. \tag{5}$$

上面的各式中,式(1)是指存在无穷多个素数。式(2)是指存在无穷多个成对的素数。式(3)是指当(n>2)时不存在正整数解。式(4)是说任何充分大的偶数是两个素数之和即简称的 1+1。式(5)是说,所有零点是在实部为 1/2 的临界线上。上述 5 个式子,当对每个符号赋予定义好的含义之后,那么,每个式子就成为一个字符串。以下的三个句子,分别是阿拉伯文、英文及中文,它们所表达的含义是同一的。

- نظرية الحساب مهمة بشكل أساسي للعلم
- The theory of computation is fundamentally important for science.
- 计算理论对科学而言具有基础上的重要性。

(1)Turing 机计算模型

设想我们人类思考或者脑力劳动时的行为形式。大脑会有记忆,记忆包涵了认知的概念及其之间的结构关系,也具有已接受的因果逻辑,记忆只拥有有限多的容量。与外界互相作用、我们写出所思所想,需要有一支笔及纸张作为载体来写写画画。一个逻辑上合理的设定是,读写所需要的纸张张数可以不受限制。将这些智力劳动的要素采用数学的符号在形式上逻辑化,就得到了 Turing 机计算模型,如图 3 所示。

图 3 Turing 机模拟人的计算模型

很简洁地，对 Turing 机模型的描述可形式化地定义为：

Turing 机是一个 4 元组{Θ,Σ,Γ,Φ}，其中的每个组元均为个数有限的集合。

①Θ 是状态集；//相当于记忆中的概念或行为

②Σ是读写带字符集；//相当于纸张上可以读写的字符

③Γ 是状态转换及读写规则，$\Gamma:\Theta\times\Sigma\rightarrow\Theta\times\Sigma\times\{L,R\}$；//相当于因果逻辑

④$\Phi=\{\varphi o,\varphi a,\varphi r\}\subset\Theta$，其中的三个状态分别是起始、接受及拒绝，且 $\varphi a\neq\varphi r$。

也就是说，Turing 机由以下三个"部件"组成，其中对应于上述形式化定义中第 3 点的控制器即状态转换及读写规则是最为核心的：

• 控制器：用于表征运行状态，其可能的状态数目有限，且活动的状态根据规则可以转换。初始运行时，状态处于初始状态 φ_o。一旦状态处于接受状态 φ_a 或拒绝状态 φ_r，则 Turing 机输出纸带上的内容并立即停机。

• 读写头：读取或改写读写带上读写头当前位置的符号，可以向左或向右移动。

• 读写带：记录运行过程中的读写结果。读写带的空间按需可以向右一直扩展。

读写带上是各个分立的存储格，每个格只容纳一个符号。我们也规定，从未读写过的读写带位置为空白，且其右边不再有任何内容。

Turing 机的"软件"指令，可以看成是事先规定的计算规则，是一个有限行的表格。上面的规则意味着，控制器根据当前的状态及读写头下的符号，先对读写带内容进行改写，再移动读写头、更新状态。Turing 机的算法或软件程序要按可用的规则来编写，程序必须是有限行的。由于跳转规则的存在，机器可能永不停机：或者处于重复循环模式，或者占用越来越多的读写空间。

Turing 机的运行过程，也可以用一个算法来描述(Turing 机的算法形式)：

Input：X//输入量是一个有限长符号串。

Rules：Γ//状态转移及读写规则表。

Output：Y//当停机时纸带上给出的输出量。

①Initialize：将输入 X 写入读写带。

②While(($\Gamma \neq \varphi a$)∨($\Gamma \neq \varphi r$))//当状态等于接受状态或拒绝状态则结束；

③获取当前状态，读取读写带上读写头下的符号；

④查规则表 Γ；

⑤依序：更新读写带，移动读写头，更新状态；

⑥EndWhile

⑦Y＝{读写带的内容}。

(2)Turing 机形式的扩展

前一节给出的是我们称之为标准的单带 Turing 机模型，只有一个读写带，因此只有一个读写头。此读写带有一个左边界，而右边是可以无限制地扩展的。注意，称其为标准，仅仅是为了简便。扩展图灵机，当然是期望能够找到在可计算的意义上比图灵机更强大的计算机器。实际上，可以严格证明，只要满足可无限制扩展记忆体(读写区域)这个条件，那么，那些各形式的 Turing 机是等价的，也即，扩展后的 Turing 机所能执行的任务，标准单带 Turing 机也可以完成，反之亦然。这也就是说，我们找不到比图灵机更强大的计算机器。以下的机器与标准图灵机都是等价的。

多带 Turing 机：有限多个读写带，带有同样数量的读写头，但读写头是可以在各自的带上独自读写的。如果我们把标准单带 Turing 机的读写带改变为带子双向无限制，也即仍然要求是单个带但向左向右均可以无限扩展读写区域，那么，从多带形式的 Turing 机模型出发，我们容易知道，它与标准单带机仍然是等价的，也就是计算能力是一致的，只要我们把双向无限制的带子折为两半即可。

枚举 Turing 机：这种称之为枚举的 Turing 机，不需要输入串，开机后即开始运行，只在读写带上打印出符号串来。如必要，则在符号串间加入分界符号。如果这种机器只有有限多个符号串可打印，则这个机器就只运行有限时间。更多的情形是，这种机器将永不停机。给出所有小于 100 的素数，这是一个有限时间运行的枚举 Turing 机。给出所有的素数，这是一个永不停机的枚举机。注意，任何有限的素数，虽然可以非常大，仍然可以在后一种机器的读写带上找到。

分布 Turing 机：多个独立运行的机器之间增加一条额外的读写带用于通讯，那么，根据多带机与单带机的等价性，分布式 Turing 机群只要个数有限，就也是等价的。

多代 Turing 机：从 Non-deterministic Turing Machine 而来，大部分文献都直译其为非确定性图灵机，易引起误解，采用“多代”可较好地分辨它的功能。实际上这是一个模仿了生物体的合理的计算模型，理论上是可以在非生物体系下存在的。比如可以这样设想，当前的数字计算机是由工厂大量生产的裸机。我们从一个父辈数字机开始，让它运行再保存其运行状态后停机，再把此父辈机所有的数据包括状态转移拷贝至有限个数的子代数字机上，然后，让子代机各自独立运行。如此一代代一直接续下去。注意，这里当然能够要求各子代机的行为动作互不相同。由于每个子代机各自是独立运行的，到后续的子代，它们的运行结果可能就完全不同了：有的接受有的拒绝，有的或许就是不停机。

多代 Turing 机最突出特点是能够多代复制并继续进行计算，是一个机器体系。子代会继承父代的属性特别是拥有自身独立的状态控制器及读写带。这种机器，不称为非确定性而称为“多代”更明确些。Non-deterministic（非确定性）指的不是随机、不是未知，而是类似于生物细胞的分裂、繁殖，或者物理系统的多份的复制、再生。当然，繁殖之后，它们的行为就各自独立了，但是要满足其自身所定义的运行规律，也还是 Turing 机。

往下考虑，也即简化对计算机器的要求，可以在不需要太多硬件的情况下完成简单一些的计算任务，资源成本更小。相比图灵机，若取消读写带，成为有限状态自动机 DFA；若将读写带转为只能读写栈顶的堆栈，成为下推自动机 PDA；若读写带有限，成为线性界限自动机 LBA。这些机器的计算能力之间，形成明确的层次，如图 4 所示。

从语言结构的角度也能定义计算模型。其中，短语结构文法是一种一般的文法，与 Turing 机等价，它主要由字符串的变换规则来定义。上下文无关文法 CFG 与 PDA 等价，是一种受限的短语结构文法，对应 PDA。注意，多代 PDA 与 DPDA 是有差别的。正则语言则与 DPA 等价。

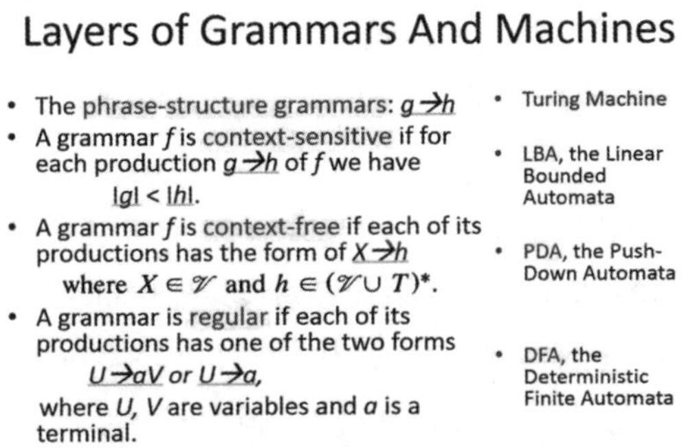

Layers of Grammars And Machines

- The phrase-structure grammars: $g \rightarrow h$
- A grammar f is context-sensitive if for each production $g \rightarrow h$ of f we have $|g| < |h|$.
- A grammar f is context-free if each of its productions has the form of $X \rightarrow h$ where $X \in \mathscr{V}$ and $h \in (\mathscr{V} \cup T)^*$.
- A grammar is regular if each of its productions has one of the two forms $U \rightarrow aV$ or $U \rightarrow a$, where U, V are variables and a is a terminal.

- Turing Machine
- LBA, the Linear Bounded Automata
- PDA, the Push-Down Automata
- DFA, the Deterministic Finite Automata

图 4　文法与机器的层次及对应关系

除短语结构文法外，其他与 Turing 机等价的计算模型还有：递归函数，λ-演算，元胞机，可无限存储的网格机，可无限存储的算筹与算盘，DNA 生物计算机，量子计算机，等等。当代广泛使用的电子数字计算机是 LBA，理想化地扩展存储容量后也与 Turing 机等价。使用液压管路，或者使用台球与格栅，也能构造与 Turing 机等价的计算机器。

直观上，可把 Turing 机看成一种工具类的计算机器，而递归函数则可以用来很直观地表达被计算的对象。递归函数理论中，给出三种种子函数（后继值、取零、投影）之后，使用复合、递归、极小化等操作，逐步地构造出由输入变量可以得到输出结果的函数，也就是能够计算的函数。或者说，递归函数是指那些可构造从而可计算的函数。谓词逻辑、集合论等，也都包含在递归函数中。λ-演算试图用直接的代换符号变量的方式来表达函数，也是构造性的。λ-演算可以递归地定义，能够对研究对象进行编码后演算，如数值、数据结构、逻辑运算，特别是函数的构造成分等。按其演算规则如 α 代换规则、β 等价规则、η 等价规则等对 λ-项(term)变换，对许多代数或几何结果可以得到很特别的表达形式。比如，阶乘函数 $n!$ 在 λ-项下依据不动点定理，竟可以无须递归就可以表达。另外，直觉逻辑的推理可以化为 λ-演算下诸项的变换，这是数学机械化的基础。λ-演算下也能够简洁地构造计算程序语言。

(3)Church-Turing 命题

基于对智慧生物思考过程而建立的计算机器 Turing 模型，在 70 多年前 Church、Turing 等先驱者的深刻工作的基础上，有如下命题成立：

Church-Turing 命题：如果问题 P 的一个算法是 A，则存在对应的 Turing 机 T，在同样输入 In 之下，Turing 机 T 对 P 的计算结果与算法 A 对 P 的结果相同。反之亦然。

上述命题表明，任合合理的可构建的算法，一定不会脱离 Turing 机的范畴，或者说，Turing 机是所有可构想的计算的终极模型，不论要使用何种的物质系统，或者要采用何种的数学工具。

上述命题中涉及两类概念的定义。Turing 机我们已经严格定义了，这没有疑问，问题是如何定义算法。算法尚没有一个普遍认可的形式，但我们可以在合理抽象的基础上这样试着来定义算法：

算法定义：给定一组个数有限元素所组成的符号的集合 Θ，以及公理的有限集合 Π。给定一组个数有限的逻辑操作集合 Ψ(即变换规则)。给定一组数量无限制的但可列个可使用的变量 Xi，($i=0,1,2,\cdots$)。

①指定 $X0$ 为指示变量，其初始值为 1，当 $X0=0$ 时算法停止。

②指定 $X1$ 为输入变量，指定 $X2$ 为输出变量，其他中间变量按需设定。

③以公理为 Π 出发，按规则 Ψ 对变量操作，施行有限多行的操作过程；

④过程中的每行，所执行的操作可以是多个，但每行的操作是有限步的；

⑤过程中可以含有跳转操作。执行完最后一行操作或无跳转目标时停机。

符号集 Θ 至少含有 2 个符号。公理指的是不互相矛盾的在符号集合上的相容事实。操作集合至少含有布尔运算与及非，也可以是更复杂的关系运算等变量记录符号。

例如：求解 $an+bn+cn$，其中 $a,b,c,n\in N$，且 $n>2$. 对于此问题，采取对逐个整数依次搜索的办法，可以形成一个算法，但按 Fermat 定理的结论是无解，故算法不会停止。但是，须注意算法定义时的逻辑合理性，即一个算法有许多行，但只有有限行。算法也不能在一步内取得理论上都不存在的结果，如列出所有的[0,1]内的实数。其实，[0,1]之内所有的实数就是[0,1]本身，反而是简单的。

上述的 Church-Turing 命题实际上是一个断言,,并没有更原初的理论论证来证明它。我们知道,Einstein 的广义相对论场方程,断言时空就是那样子的。Schrödinger 量子理论的波函数方程,断言量子世界就是那样子的;并且,已经在极高的精度上实验或者观测表明了 Einstein、Schrödinger 的正确性,那些方程是物质世界运行的客观规律,或曰定律。同样地,Church-Turing 命题是有关计算的定律。有谁能够给出一个超越 Turing 机的计算吗?中国科协在 2019 年 20 大重大科学问题和工程技术难题中曾列出"人工智能系统的智能生成机理"一题,"人工智能是引领现代科技革命和产业变革的战略力量,可使人类从一般性的劳动中解放出来去从事创造性工作,从而对人类社会的发展产生无可估量的伟大贡献。但成功的关键是理解智能生成的机理"。智能生成的机理若在理论上是存在的,那它可能的模型有哪些呢?

根据 Church-Turing 命题再对其进行扩展,可以表述下面的"命题":

计算的远方:Church-Turing 命题的扩展

计算极限=数学极限=智慧极限

计算极限,是指 Turing 模型下所有可能进行的计算所能包含的范畴;数学极限是指所有符合逻辑的理论研究的极限;智慧极限则指生物能够认知的所有范围。作者认为上述扩展了的命题是正确的。计算的远方—她的地平线—美在哪里?它与逻辑理论上的思考能力所达、与人类认知的智慧极限所达,均是相同的。对这个论点当然争议很多,是可以怀疑、批判的。图 5 表示了三者之间的三种可能的包含关系。

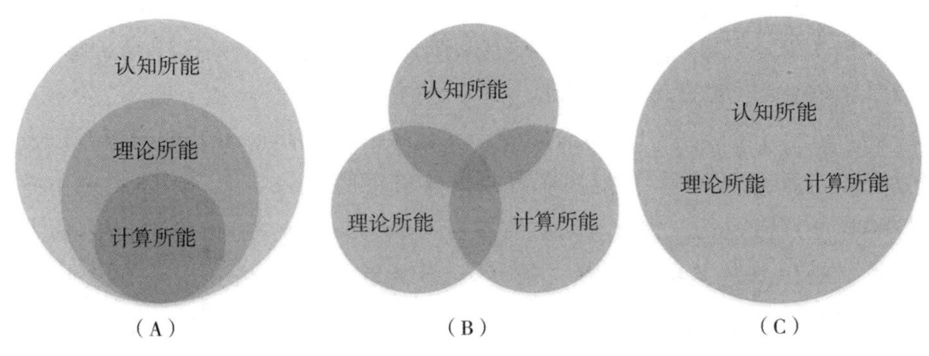

图 5 计算、理论、认知三者的所能范畴

图 5 中,(A)表示三者之间按层次包含,(B)表示三者之间互不相同但有交集重合,(C)表示三者是同一重合的,扩展命题是指(C)。

如果仔细思索,对计算而言,这个命题是醍醐灌顶式的。它对我们关于数学真理、认知智慧与计算能力之间的关系,特别是三者的终极边界,指示了清晰的答案。也就是说,通常以为的,认知智慧高于理论真理再高于计算能力实际上是不正确的。仅受限于公理与逻辑体系的自由自在的数学真理、似乎是充满创造性的认知智慧、看上去只不过是一堆"机械"部件堆砌的计算机器,三者能够达到的高度竟是一样的,它们是统一的!进一步地，这个统一的界限，是可列集合，或者仅仅也就是自然数的集合。行文至此，作者是稍有忐忑的，一定会引起争论，但作者确实坚信这一点。

3. 程序设计语言 P

它只有加一、减一以及跳转三条指令，也是最接近于我们通常使用的计算机底层的编程语言。之所以讨论 P，并不是为了引入功能强大且方便易用的计算程序设计语言，而是为了从根本的层次上，说明计算机器的基本能力：可以严格证明，程序设计语言 P 与强大的 Turing 机，在计算能力上是等价的。毕竟，使用 Turing 机并不能直观地就有了可以编写当代软件程序的样子。

实用的计算机程序语言已经发展出了成千种，普遍使用的几十种。汇编语言 A、C 语言、Java 语言、Python 语言、JavaScript、Linux 操作系统命令及其执行脚本、Matlab 语言乃至 Verlog 等，均与程序设计语言 P 等价，因此 P 与 Turing 机一样是普适的。操作系统 OS 用在硬件层之上，可构成通用的 Turing 计算机器。编译系统提供一种高层语言到底层语言的转译。针对各种各样的应用场景，如太阳系演化模型计算、航空器飞行仿真、天气预报系统、神经网络深度学习算法、CPU 芯片设计、网络主页页面设计、云计算系统管理等等，所面对的主要问题的性质是不同的，就需要各种各样的能够比较优化地开发软件系统、且可发挥底层硬件的潜在效能的多种程序设计语言。程序语言的设计理论，给出如何在新硬件的基础上，适应新的计算形态，创造新的更为便利高效的程序设计语言。C 语言通常都是基础，这与 C 语言本身与这里的语言 P 等价有着无可辩驳的逻辑承接关系。

这里的程序设计语言 P，其物理实现方案是多种多样的，既可以用电子线路来实现，也可以用气动的、纯机械的方式来实现。

程序设计语言 P 的指令：P 中，需要设定变量，用于保存输入量、中间变量以及最终的输出量。变量记为 v，可读可写，对应于物理计算机中的存储器件。一个程序由下表所列的指令按编好的顺序执行。程序行可以带有标号，标号以字符串标示。

程序设计语言 P 的基本指令有三条，可自然地称为增 1、减 1 及跳转指令，其操作结果分别对应的是：

1. v←v＋1//将变量 v 的值增 1 后赋为其新的值。

2. v←v－1//将变量 v 的值减 1 后赋为其新的值，但若 v 的原值为 0 时 v 的值不变。

3. ifv＝0goto L//若 v＝0 则跳转到标号为 L 的程序行执行，否则执行下一行。

注意上述第 2 条指令的执行结果以 0 为下界；这里没有考虑负整数，其实可以用一个符号来表示变量的正负，能得到负数的等价表示方式。第 3 条跳转指令的条件，若换成 v≠0 当然也可以构成另一个稍有不同但等价的程序设计语言，只不过为了区分跳转时的方向，得注意条件满足与否是互反的。一个程序当中，通常需要用到多个变量，我们用加下标的方式区分，即 vi(i＝1,2,…,N)均表示变量。注意 N 应是可以按需到达任意大但有限的整数。为清晰起见，我们通常用 xi、yi、zi 来表示输入变量、输出变量及中间变量，当然全用 vi 来表示一般变量也无不可。用 P 的指令所编写的程序，我们认定，其行数或者所用到的指令总数目是有限的。但需要注意，某个程序有可能会使得变量的值一直增长而达到无穷大。仔细思考，变量的值可能达到无穷大，与变量的数目可以达到无穷大，实际上是一种等价的程序运行结果，因此，我们界定，变量数目总是有限的。

程序运行前，输入变量带有已经设定的值，中间变量及输出变量的值设定为全 0。当然，中间变量及输出变量的初始值也可以看成是不定的，这时候需要注意其初始值对程序运行的影响。程序运行时，从第一条指令开始，到最后一条指令执行完之后，若无后续指令，则程序运行结束，计算的结果存储在输出变量上。如果执行跳转指令时，标号所指向的指令不存在，程序的运行也为终止。

上述定义的程序设计语言 P 的指令表中，向左的箭头“←”表示变量的赋值操作。

但在编写计算程序时，在保证结果正确的前提下，我们按习惯直接使用等号“＝”来表示赋值操作，即将 v←v＋1 写为 v＝v＋1。在程序中，v＝v＋1 表示将变量 v 的值增 1 后再赋给 v 本身。注意，这个记法与通常数学上的相等“＝”概念是不同的，v＝v＋1 在数学上是错误的。

在用语言 P 编写的程序当中，可以使用宏指令。宏指令在此处是指采用了上述三条指令的一段程序，类似于 C 语言中的函数，但在编写及使用宏指令时，特别要注意变量的使用方式。在 P 这种原初语言的情形下，一般应将程序的每个组成部分中，包括所有使用了的宏指令内部，把每个变量都给予不同的命名，这对避免混淆、防范错误是必要的。也就是说，把每个变量按 C 语言中的全局变量来看待。

程序设计语言 P 的指令，可以按逐条指令解释的方式，给出通用计算机器的解释程序！通用是指，只要制造一模一样的物理机器再加上那个解释程序，任何的编写好了的程序就都可以在这个机器上运行了。台式机、手机都是通用计算机器，安装了语音翻译软件就是翻译机，安装了播放软件则变身为电影放映机。这可是当代通用数字计算机的物理可构造性的理论原理基础，它解释了通用机器是如何可以实际制造且能大规模工业生产的。量子计算机也要追求这样的能力，否则只能做量子系统模拟而不能做通用计算，量子计算机的价值就会大为受限了。

4. 可计算性：计算的边界

从前面我们已经知道，Turing 机与其他通用普适的计算模型是等价的。有了这样的结论后，可以对计算问题统一处理。正是由于 Turing 机模型的普适特点，我们具有了在一般条件下来考虑可计算性的问题，这使得对计算问题的解答不仅在理论上更完善，而且在计算上更灵活有效。我们自然要问，使用 Turing 机这样的计算机械，所有可能的问题都是可解答的吗？或者说是可以计算的吗？对这个问题的答案已经知道是否定性的，即存在不可计算的问题，不是任何问题都是可以计算的。这时候，对不可计算的问题，也就不需要对 Turing 机之外的其他模型再去考虑同一个问题的可计算性了。

可计算性的研究是要找到计算所能在理论上的边界。可计算的问题或者问题能够被计算机器可解答，是指在有限的时间内，可以给出问题的正确答案。注意，只需要考虑时间有限的限制条件，因为当时间有限时空间资源的数值自然也是有限的。另外，时间随问题规模的增长速率，在考虑可计算性时我们并不关心，只考虑是否在有限时间内可解。

从可计算(可判定解答)的问题到不可计算的问题具有递进的特性，也即在使用图灵机的条件下，比图灵机更弱的机器的典型问题是可计算的，否则不可计算。典型问题是指是否接受问题、是否为空问题、是否相等问题。可以给出如下的矩阵，清晰地表达可计算性问题上的结论，如表 1 所示。

表 1 可计算性结果矩阵

可计算性矩阵，使用工具：图灵机 M，是否可判定。

问题	DFA 或正则语言	PDA 或 CFL	LBA 或 CSL	图灵机
接受	是	是	是	否
为空	是	是	否	否
相等	是	否	否	否

对角线左上的问题是可计算的，其他不可计算。实际上，有一个一般的结论 Rice 定理，也即图灵机任何非平凡的性质，不存在图灵机算法可计算。另外，两个图灵机是否相等即 EQ_{TM}不但不是可判定的，它既不是图灵可识别，也不是补图灵可识别的。这个问题可以认为是我们目前为止能够提出的最难而无解的问题之一。不能期望编写出这样一个通用的算法程序：它能够辨别任意给定的另外两个软件是否具有同样的功能。这个算法程序与程序正确性的自动检测问题有着直接的关联关系。

上面的可计算性矩阵可以看到，如果对读写进行了限定，那么这样的机器的计算能力就会大大受限！有记忆是好的，仅有有限的记忆就不足够。读写头及读写带是带来计算能力飞跃的关键。由此可以联想到，劳动与声音当然是重要的，但人类智慧的根本是由于出现了可以传承知识的文字及其载体，是文字及纸张造就了人类智慧的大发展。若猿猴能够写写画画，其子孙还能看懂，那么它们也会发展出智能出来。若寻求地外智慧生物，可能就应该寻找这样的证据：即看他们是否会用符号记录他们的概念或事件(不管是用了什么符号)。

在图灵机模型的框架之下，利用递归定理还可以严格证明，父代机器产生子代机器不但可行，而且有具体的方法。机器能够产生或者繁殖自身，计算机病毒就是一个例子。自然地，智能软件是能够再产生智能软件的。如果接受人脑也是一个湿的生物计算机器这个观点的话(图灵机模型就是这样刻画人脑思维模式的)，那么，若考虑到：①机器复制的成本很低且可大规模生产；②机器的迭代速度极快；③机器的存储容量、信息通讯量极大、可靠性高。一旦拥有可以自我复制并能够进化的能力之后，高于人类智能能力的智能机器就是可以设想的实在，至少理论上是完全可能的。人类最聪慧的围棋棋手已经败给了机器，也没有哪个人或一组人能够与手机上的人脸识别程序相抗衡，这些都是很强烈的信号。再下一步，未来某个时候，当机器给出了人类尚未掌握的某个科学原理或技术方案或者有人类已知但长期未解的某个问题由机器给出了正确解答，那我们对机器智能的边界就会有更深的认识。当然，我们也应该宽慰的是，前述的计算远方那个扩展了的命题仍然是说，人类智慧的认知极限与计算的极限相比，并没有更小。

通过把算术形式化的系统编码为字符串，然后在图灵机可计算性的框架下，哥德尔(K.Gödel)的不完全性定理的结论，与图灵机问题的不可判定性是关联的或者就是等同的。K.Gödel 的不完全性定理实际上指明了，即使在纯粹逻辑的体系下，也必须得先验地设定一些无矛盾的公理，然后才能发展逻辑正确前提下的理论体系。不同的公理设定，必定会得到不在一个层次上的逻辑结果，而且，逻辑的层次可以是一直扩展的，这取决于公理设定的粗粒度还是细粒度。

5. 计算复杂性：计算资源的度量

当一个问题是可计算(可判定)时，就要希望在尽可能少的计算资源下完成问题的解答。计算资源通常是指时间或空间，可以在这两个指标的基础上延展而给予其他的赋值，如能源价格。在集群计算的情况下，也可以把通讯量加入考虑因素。一般情况下，我们考虑的是给定问题规模后最坏情况下的时间复杂性。最好情况往往过于乐观，不能表达一个算法在实用中的优势，而平均情况或者特定类型的情况，却过于复杂而往往是很难得到有意义的较为广泛的结论的。

简单而言，计算复杂性就是数清楚一个算法对问题规模(通常用输入串的长度)为 n 时所需要的计算步数 $T(n)$ 或计算空间 $S(n)$。时间复杂性 $T(n)$ 与空间复杂性 $S(n)$ 并不独立，是相关的。时间一去不返而空间可以重用，从数值上讲，$T(n)\geqslant S(n)$。对 $T(n)$ 及 $S(n)$，都有对应的层次定理，是非常精细的层级结构。层次定理表明了，只要资源使用量的多寡达到一定的程度，那么，能够解决的问题类就有区别，越多的资源可以解决越多的问题。由于时间与空间在是否可重用这个性质上是不同的，时间复杂性分层时的“厚度”要厚于空间复杂度的分层。

我们把确定性图灵机多项式时间可判定的问题记为 P，可验证问题记为 NP。等价地，NP 问题也是多代 Turing 机在多项式时间内可解的。P 与 NP 形成两个鲜明的问题类，NPC 即 NP 完全问题除了搜索指数量级的取值空间即暴力搜索外目前别无他法。当然也有更复杂的问题类如 P-Space、Co-NP、Exp-Time、Exp-Space 等。P 与 NP 是否相等，是至今未解的重大难题。大部分研究者接受的猜测是 P 与 NP 不等，即一定有一些问题它们就不可能在现实上可容许的时间内得到解答。通常认为，P 问题实际可解答而 P 之外的 NP 问题无法在大规模情形下求得解答，因为计算用时在理论上讲是太长了。在现实时间限制下存在不可及时解答的计算问题，这虽然与混沌系统不同但或许深层次上有一定的关联。

Cook-Levin 定理，是计算复杂性上的重大成果：如果 SAT 问题(布尔逻辑公式为真的可满足性)多项式时间可解即若 SAT∈P，则所有 NP 问题就是 P 的，或者说，SAT 是 NP 完全的。已经发现了数千(2000 个以上)NP 完全的问题，NP 完全问题是普遍存在的。不幸的是，大部分很有实用价值、很想快速计算的问题是 NP 完全的，如旅行商问题、哈密顿路径问题、Steiner 图问题等，这实际上给我们的实际计算能力设定了界限。

面对 NP 完全的问题时，或者需要减低问题的规模，或者改变问题的性质成为 P 问题，或者采用启发式方法获取非最优或粗糙的解。随机算法是获取近似解的一种客观方法，按适当的随机策略对求解空间进行搜索或随机寻找求解路径，在达到一定目标值后停止。有些 NP 问题是属于 BPP 类的，即在概率意义下只要比扔硬币更好，若独立地运行算法多次，由放大定理，就可大概率地得到正确解。当然在很多情况下，寻求 NP 完全问题的最优解也是不必要的。目前机器学习中大量的算法如深度学习等，采用的策略就是资源受限情况下的近似求解。设计新材料、研发新药品、通讯资源调度等，有太多的问题与高效的算法有关。在资源受限下尽可能快地寻求结果，发展复杂性低的高质量算法，一直是我们要追求的目标，也是计算理论中成果最为丰富的一个方面。

三、计算理论所涉及的一些重要概念

计算理论的论述当然要涉及的一些必要的数学概念并采用适当的符号来表示它们。对基础概念的把握程度，会对计算理论的理解产生重要的影响。一些模糊的甚至错误的认识，根源是在对重要概念的理解上出现了偏差。

1. 集合及其运算

数学上有大量的需要考虑或处理的对象(Object)，这些对象拥有平等的地位并满足特定的条件。这些对象就是数学元素(Element)，而元素整合在一起的整体称为集合(Set)。例如，{石头，剪刀，布}，{2，3，5，7，11，...}。元素有限的集合可以用枚举全部元素的方式描述，无限的集合可以按界定元素性质的方式描述。

集合中元素的关系及其图表示：给定一个集合之后，元素之间会存在一些相互作用后的结果，称为关系(Relation)。关系的结果是布尔逻辑值，真(T)或者假(F)。

集合的势：集合的势(Cardinality)简称集势，也称为集合的基数或规模，是对集合中元素数目的多少的一个度量。集合 A 的集势记为 $|A|$。

$\aleph_0 \neq \aleph_1$ 且 $\aleph_0$ 之间 $\aleph_1$ 不存在中间集势，即任何一个在自然数集合 N 与实数集合 R 之间的无穷集合，其集势要么与 N 的集势相同，要么与 R 的相同，此即为是连续统假设，现在普遍已承认其为连续统公理。是否将此公理纳入一个研究体系中，都是可以的，逻辑上不会产生矛盾。(关于实数，通常讲分为有理数与无理数。有理无理的说法应是来自 rational 及 irrational 的翻译，容易误解。称为比例数及非比例数较为合理一些。)

一个集合 A 的幂集 P^A，其集势为 $|P|=2^{|A|}$，类似地，形式上我们有：$\aleph 1=2^{\aleph 0}$。超越$\aleph 1$ 的集势为$\aleph 2$。实数区间[0,1]上有界的全部连续函数 $f(x)$，$0\leqslant f(x)\leqslant 1$，其集势即为$\aleph 2$，$\aleph 2=2^{\aleph 1}$。仅从直觉上，可以列出集势的序列：$0,k,\aleph 0,\aleph 1,\aleph 2,\cdots$，但是，构造一个集势等于或高于$\aleph 2$ 的集合是很困难的、如果不是不可能的话。有一个似乎是错误的断言是：集势高于$\aleph 0$ 的集合并不存在（不可能构造出来）。这当然是一个重大的问题，目前并没有共识，但是，这个断言反而应该是正确的。这个问题，关联的是数学逻辑本身的根基性极端问题，当然也就是所有可能的科学理论或者智能的极限的问题。

$\aleph 1$ 不是已经构造出来了吗？上述断言若正确，其实就是说，$\aleph 1$ 与更高阶的其他$\aleph^k$（$k\geqslant 2$）一样是虚幻的，其实它们全部等于$\aleph 0$。就是说，自然数集合是一切集合的母集合，其他的集合都在其内。自然数集合又可由素数集合构造，因此也可以说，素数集合是一切集合的母集合。

有一个观点有必要在计算理论中加以讨论。由于所有的认知结果只能用符号串来表达，其中符号集的个数有限是一个合理的规定。公理、推理、结果等都是符号串。而且，所有智能（理论、知识等等）的传播也只能用符号串的形式来传递。那么，由符号串所衍生的一切结果及其传递，所有的可能性就是可数的。也就是说，虽然我们现在认为$\aleph 1>\aleph 0$，似乎还能再递归地一直向上定义下去，但实际上，所有一切仍然是可数的，集势就是$\aleph 0$，超不过。可数无穷中包含可数无穷个可数无穷，当然是可以的。

就拿比例数（有理数）来说，它是可数的，其集势与自然数的集势一致，均为$\aleph 0$。要想使比例数多精确就可以多精确，可以认识、可以“触摸”到。也有无穷可数的非比例数（无理数）可以构造出来，如 e,π,γ：

$$e=\lim_{n\to\infty}\left(1+\frac{1}{n}\right)^n;\quad \pi=2\prod_{n=1}^{\infty}\frac{(2n)^2}{(2n+1)^2};\quad \gamma=\lim_{n\to\infty}\left(\sum_{k=1}^{n}\frac{1}{k}-\ln n\right). \tag{6}$$

当 x,y 均为无理数时，x^y 有可能是有理数，$e^{\ln 2}=2$。其他的无理数，无法构造。不是尚未构造出来而是理论逻辑上不可能构造出来，那便是不存在的。正如物理上的以太，或者人类虚构的鬼魅，并不存在。

2. 函数、语言

函数是对集合间的元素进行关联的映射关系。在计算理论中，函数在广泛的意义上可指被为对被处理的客体对象的变换，是一种计算。

在前面，我们采用了描述元素性质的方式来定义集合 A，A 的形式为：$A=\{x\mid P(x)\}$，其中 P 是各个元素 x 应该满足的性质，它可以用任意一种无逻辑矛盾的语言来定义。考虑一下这样的情况，任何语言都是由符号构成的，符号的个数有限时，有限长的符号组合只能产生有限多的符号串，也就是只有有限多个性质，因此在这种情况下，只能有有限个数的性质，因而只能有有限集势的集合存在。但是，我们当然可以用递归的方法由有限个符号来产生无穷多但可数的符号串。例如，考虑符号集合 $D=\{0,1\}$，那么

N＝{n|其中：n 为 d 若 $d\in D$；n 为 cd 若 $d\in D$ 且 $c\in$ N；$cd=d$ 若 $c=0$.}，就定义了自然数集合 **N**。加入符号"－"，可以得到整数集合 **Z**，再加入符号"/"，可以得到比例数集合 **F**。它们都是无穷但可数的集合。

进一步地，有限多个符号的可数无限并集也只能产生无限可数的符号串，那么，是不是就只能有无限但可数个性质呢？这是对的。问题是，若果如此，无限不可数的集合就没有性质对应了，没有性质也就没有了集合，也就是没有了 R 那样的无限不可数集合。但我们不是很自然地有实数集合 R 甚至还有复数、四元数等吗？这难道不是矛盾的吗？其实，应该注意，一个性质 P 的补即它的反性质，记为 P' 也是一个性质，因此，实数集合 R 是 $R=F\cup G$，其中 F 是由性质 $P1$＝"无限但循环的小数"所界定的比例数，而 G 是由 $P1$ 的反性质 $P2=P1'$＝"无限不循环小数"所界定的非比例数。

公理集合论将新集合的定义严格限定为只能从旧集合的子集构造而来，可以包含旧集合性质的反性质所定义的集合，可避免不必要的悖论。"所有集合的集合"这样的说法，是不合理的，因为并没有定义"所有的集合"这个集合。

关于集势有一个一般的结果：任何一个集合 A 的集势 $|A|$ 必严格小于其幂集 2^A 的集势 $|2^A|$，也称 Cantor 定理。对有限集合，Cantor 定理是显然的。无限可数集合的幂集是不可数集合，按 Cantor 对角化的方法可以证明，$\aleph 0<2^{\aleph_0}=\aleph 1$。

3. 证明方法

科学理论的研究者在逻辑思考中突发奇思、提出高价值的问题或者给出问题的奇妙推理、证明思路，是科学理论发展中令人叹服的现象。但那种现象往往是在通晓大量的既有成果且深刻把握了证明技巧的基础上产生的，是艰辛努力的结果，并不全是信手拈来的。计算理论中会大量采用两种证明技巧：构造性方法及反证方法，这是逻辑推理中最常见的两个方法。

· 构造方法：声明某种特定性质对象的存在性，然后给出构造满足此性质的对象的步骤。

· 反证方法：要证明某个结论成立，先假定它是不成立的，推理引出矛盾，从而证明原设。

构造方法的实质是例举，即至少给出一个满足特定性质的对象。反证方法依据二律背反而来，可有多种变形，但构造主义学派是不认同的。确实，反证方法会留下很难消除的缝隙，缝隙里面是什么？这其实是个很让人困惑的问题。很常用的还有归纳法。很多情况下，采用归纳方法，可以较为容易地定义某个数学对象。当然还有其他方法：如演绎、递归、逼近、映射变换等。

关于反证法，我们多讨论一下。从 Cantor 的不可列数存在，到 Gödel 的不完全性定理，再到 Turing 的不可判定问题，都使用了对角线方法来反证。对角线反证的路线是没有问题的，结论也是没有疑问的。是否可以用反证，倒是可以讨论的。源头在 Cantor。

反证可以用的情形举例：已设定马厩里两匹马一白一黑。若跑出来一匹是白马，则马厩里的另一匹就一定是黑马。反证时：假设仍在马厩里的不是黑马，那它就是白的，但这与已设矛盾，故结论成立。

符合构造主义的反证，其前提条件是，所考虑的对象必须要承认它是非此即彼的。逻辑所研究的对象、集合的元素不是非此即彼时，若使用反证，显然违反构造主义原则。Cantor 关于非比例数存在的论证中，是不是不可以用反证呢？为了好理解其思路，可以加一句（用来澄清或界定其前提条件）：若数可以分为比例数与非比例数，（用对角线方法）……则存在不是比例数的数。这样一来，Cantor 的结论我们就可以接受，没有问题。至于追问：Cantor 凭什么断定说数分可列与不可列？那其实可以换个说法：数分为比例数与比例数的补。随便别的什么两个名称，只要是可以让大家明白的、能够区分两个性质不同的类的两个名称就好了。如果这样也不可以，那就涉及了要不要承认逻辑的基本元素，真与假，或者 1 与 0。逻辑研究的前提是，有两个不同的东西存在，需要区分两个不同的东西。不然呢？一切同一，或者就是一切无从谈起。

科学探索，集合与逻辑是一切的根基，都是在一定范围内，搞明白、弄清楚，也就是分辨这个是这个，那个是那个，不可以区分的便视为同一。还有，即便是怀疑 Cantor 的前提，也可以考虑数学家们现在工作的方式：没弄明白的事（没有给出机器证明），那还可以分两条线走：一边承认它是，另一边承认它不是。例如，连续统假设、黎曼假设是或不是，可扩展得到不同线路上的东西。这太正常了：不在目前未确知的问题前止步，管它前面是山峰还是云朵，先设定它是坚实的山，再看前面是什么，同时也探究那里到底是山还是云或者是有山有云。

不用反证，是自找麻烦，但必须也应该是正确前提下的反证，否则有做作、迂腐之嫌。乱用反证，不小心引至谬误，当然就更不可取了。构造主义实际上是所谓是否符合科学精神的代称，多用几个字表述而已。对计算科学来讲，构造主义更让人有信心，但若把它用到了极端，增加的麻烦也不是一点点。

Gödel 的不完全性定理，实际上意味着说：存在公理！研究什么，得有个起点。这与逻辑与集合的设定一致，互为印证。

4. 字符串与形式语言

人类之所以区别于其他的自然生物，最主要的差别是人类所能进行的智力活动，而智力活动最主要的表现方式就是自然语言。语言不仅是用来传递信息的形式，也是表达知识、处理知识、存储知识的形式。在研究计算理论时，语言代表了一大类的研究对象。这里的语言是形式语言，比自然语言更自由，可以表达包括自然语言、数理逻辑语言等在内的逻辑对象。

以字母（Symbol）或符号为起始。任何的有限个数的标记、记号等都可以做为符号来使用，符号是图形化的，且具有元子的含义，即每个符号是独立的存在，其含义可以单独定义，一个英文字母或一个汉字都可对应一个符号。以下符号都可以作为字母使用：{0，1，啊，并，a，b，δ，ξ，∂，♡，…}。由字母全体组成的非空有限集合称为字母表（Alphabet），记为Σ。如{0，1}，{0，1，a，b，…，z}，或者$\{x_1,x_2,\cdots,x_n;n<\infty\}$等。注意，可以在字母表中加入必要的标点，用来表示间断或分割。也可加入特殊字母□来表示空白符或空格，当无疑义时可直接用空白代替。

由字母表中的符号依次排列构成一个序列，称为字符串（String）。如{aa，10ab，Turing Machine}等等。字符串中所含字母的个数称为字符串的串长度。字符串具有一般意义上来表达信息的能力。每个整数都是字母表{−，0，1，2，…，9}上的一个字符串。把国标汉字当成字母表，常见的汉语成语就是四字的字符串。考虑使用标点符号，一个句子就是一个字符串，再考虑使用分页符号，整本书也是一个字符串。把一幅油画用像素的矩阵表示，每个像素的色彩用数字表示，那么油画也是一个字符串（精细表达时当然会很长）。另外，就像数值中需要使用0一样，我们也会使用不含任何符号的特殊字符串，称为空串，记为ε。注意与空集合的区别。任何字母表上都有这个唯一的空串。一个字母表Σ上所有可能的字符串的集合称为全串集，记为Σ^*，即：

$$\Sigma^*=\{x_1x_2\cdots x_i\cdots xk\mid x_i\in\Sigma,0\leqslant k<\infty\}$$

容易地，全串集Σ^*可以与自然数集N构成等集势，即Σ^*是可数无限集合。当$\Sigma 0=\{0,1\}$，取字母表Σ上的一些串组成的字符串集合，成为Σ上的一个语言（Language），记为$L=L(\Sigma)$。

自然数	0	1	2	3	4	5	6	7	…	k	…
Σ_0^*	ε	0	1	00	01	10	11	000	…	10…1	…

与作为计算工具的Turing机对应，语言是计算理论中最常用的被处理对象，具有一般意义上的代表性。注意，这里对语言的定义是非常宽泛的，只要是一些字符串的集合，无论有限或无限的，都可以称为一个语言。但如果只是随意地给出字符串，比如“Blala，kata，rrr”，就没有研究价值了。我们这里要研究的语言，是在给定一定规则下产生的字符串的集合，然后才能细致地考察此语言的性质。所有素数组成一个语言，所有0和1出现次数相同的字符串也组成一个语言，等等。当$\Sigma=\{0,1\}$，则在二进制下自然数集$N=\Sigma^*$，当$\Sigma 1=\{-,0,1\}$，则整数集$Z=\Sigma^*$，当$\Sigma 2=\{-,/,0,1\}$，则有理（比例）数集$F=\Sigma^*2$，当$\Sigma 3=\{-,\cdot,0,1\}$，则实数集$R=\Sigma^*3$。它们每一个都是一种语言，确实表达了某种特定的数学对象。

几个最简单的语言是：∅（空集），{ε}（空串），Σ（字母表本身），以及Σ^*（全集）。注意，全集Σ^*虽然是其他语言的母集，反而是简单的。因为，全集只要把每个元素按长度大小顺序列出来就可以了，但子语言是全集上受到了某种限制的语言。要界定或者辨别一个子语言，需要考察各个字符串是不是符合子语言的性质或条件，需要额外的处理、判断。例如，$2^{137}-1$ 一定是一个自然数，但是不是一个素数就没有那么明显了。

给定字母表以后，一个语言 $L=L(\Sigma)$ 可以用其**特征函数**的一般形式来刻画。特征函数记为 χL。当 $x\in\Sigma^*$，$\chi L(x)=1$ 若 $x\in L$ 否则为 0。

用二进制表示的偶数的字符串组成的语言，其特征函数 χeven 可以列表如下，其中字符串为偶数时，χeven 的取值为 1，否则为 0：当把 χeven 整个一行视为一个二进制数值的小数部分，那么它就是一个有理数(无限非循环)。这样一来，任何一个在 Σ^* 上的语言就对应了一个数，当然是有无穷多个。由于使用二进制能够表示所有实数，要表示所有的语言，也就需要所有实数。因此，在 Σ^* 上的语言个数有无穷多个且与实数集等势而不可数。

Σ_0^*	ε	0	1	00	01	10	11	000	…	10…1	…
χeven	0	1	0	1	0	1	0	1	…	0	…

现在考虑一下给语言命名的问题。按上面的讨论，在 Σ^* 上的语言个数是不可数多的，那么，怎样才能给所有语言命名呢？一个方案是直接按指定 χeven 的特征函数那样的方式取值来命名，另外一个方案是另行定义一个字母表及其全集 $\Sigma_a^*=\{a,b\}^*$ 来为 Σ^* 上的每个语言来命名；但是，Σ_a^* 是可数集合，它的集势 $\aleph 0$ 怎么可能与所有语言(不可数集合)的集势 $\aleph 1$ 等同呢？这里似乎是出现了矛盾，然而并不是。几乎有价值的语言都是无限的集合，含有无限多个字符串。

从已有的源语言，可以经适当的集合运算诸如并、交、补等来得到新的语言。新语言可能会扩大也可能会缩小。不论源语言还是新语言，当它们为无限集合时其集势均为 $\aleph 0$。

四、关于计算理论教学的一些体会

在计算理论的模型、可计算性、计算复杂性当中，能够体会到也能从其中的结果中明显地看到，它们有着细致而精巧的结构。处处可以看到概念、结构、结果的对称性。图灵机是物理可实现的顶层计算模型，也存在另外一批表面上完全不同于图灵机却与图灵机完全等价的模型。这些模型从各个不同的方向上试图给出可能的“计算”(推理、智慧)，且都归结于图灵机。几乎很可能，这些模型类就是所有我们能够构建的模型类。这个情形是不是说明了，人类确实是万物之灵，不过，理论上是存在与人类一样的万物之灵的机器的。

在概念界定、证明及论证的技术上，计算理论已经建立了坚实的体系。那些经典的方法，值得仔细研究学习。在论述一些观点时不应采取固定不变的叙述顺序，可能先下结论再予以论证，或者反过来，论证之后再下结论。这样的做法主要是想引起学习者的注意。特别是对一些容易混淆的论点，先下结论，就是想使得学生首先有所怀疑，然后再去思索探究，尔后能够达到内省式的肯定。若能在怀疑、思索的基础上获得更进一步的新的认知，实实在在地有所创新创造，则教学就很成功矣。

计算理论学习所用的符号及基本概念，所涉及的学科基础，实际上是可以大大简明化的，有较好的逻辑及数理化生基础，实际上就够了。学习每一部分或每个章节时，应先阅读起头的引导性文字。通常，这些文字会述说接续内容的重要论点。

计算理论中一些基础结果是特别的：模型之间的等价性、递归定理引出的机器自我复制能力、不可判定问题、K.Gödel 不完全性定理、T(n)及 S(n)所对应的层次定理、SAT 问题是 NP 完全的、几千个 NP 完全问题、随机算法错误率的渐进收敛等等，出人意料、令人赞叹。至于 P 与 NP 是否相等的问题，尚不知道何时、怎样才能解答，一旦解答，一定是人类理性思维历史进程中一个伟大的里程碑。

关于 Turing 计算，有几个重要的问题回避不了。在这些问题上还存在较大面积的疑虑，甚至在不了解计算理论的情况下给出了误导性的结论。①Turing 计算只能接受给定了的输入并按编程好的步骤进行计算，且与外界缺少交互。明显地，我们现实世界的人类思维与行动方式不是那样的。②Turing 计算没有人类引以为豪的创造创新能力，也没有文化发展及审美能力。这一条是前一条那个原因导致的。③Turing 计算无法发展或拥有自我意识从而不可能拥有自我意志。对这个问题的讨论大多是用文化或哲学学科的语言来论证的。有一些严肃研究的猜测是，量子系统的运行及其结果可能是自由意志的根源。想要回答上述三个问题，靠几篇论文不可能使人信服，每一个方面都应该是需要几本书籍才可能吧。

作者相信，正如作者自身所经历过的许多困惑、疑虑一样，对本文中所述的一些观点是有极大争议的。但作者的重要目的之一，即是希望能激起读者的思考与批判，获得读者自我的更为深刻的认识。

莫听穿林打叶声，何妨吟啸且徐行。竹杖芒鞋轻胜马，谁怕？一蓑烟雨任平生

——[宋]苏轼

参考文献

[1] M. Sipser, *Introduction to the Theory of Computation*. 3rd Ed., Cengage Learning, 2013.

[2] S.B.Cooper, J.van Leeuwen, Alan Turing-His Work and Impact. *Elsevier*, 2013.

[3] M.D.Davis, R.Sigal, E.J.Weyuker, *Computability, Complexity, and Languages*. 2nd Ed., Academic Press, 1994.

[4] 张兴元、王元元、宋丽华：《计算理论与符号逻辑》，科学出版社 2011 年版。

[5] J. E. Hopcroft, R. Motwani, J. D. Ullman, *Introduction to Automata Theory, Languages, and Computation*. 2nd Ed., Addison-Wesley, 2011.

[6]M.A.Nielsen,I.L.Chuang,*Quantum Computation and Qutantum Information*. Cambridge University Press and Tsinghua University Press,2015.

[7]E.Rich,*Automata ,Computability and Complexity*.Pearson Prentice Hall,2008.

[8]S.Arora,B.Barak,*Computational Complexity-A Modern Approach*.Cambridge University Press,2011.

[9]O.Goldreich,*Computational Complexity-A Conceptual Perspective*.Cambridge University Press,2011.

[10]H.Zenil (Ed.),*A Computable Universe-Understanding and Exploring Nature as Computation*. World Scientific,2013.

[11]R.Penrose 著,王文浩译:《通向实在之路》,湖南科学技术出版社 2013 年版。

[12]张立昂:《可计算性与计算复杂性导引》,北京大学出版社 2004 年版。

[13]T.A.Sudkamp,*Languages and Machines* ,3rd Ed.Pearson,2006.

[14]A.Singh 著,黄爱罗等译:《计算理论基础》,清华大学出版社 2013 年版。

[15]H.R.Lewis,C.H.Papadimitriou 著,张立昂、刘田译:《计算理论基础》,清华大学出版社 2000 年版。

[16]王浩著,邢滔滔等译:《逻辑之旅:从哥德尔到哲学》,浙江大学出版社 2009 年版。

[17]R.Penrose,M.Gardner,*The Emperor's New Mind: Concerning Computers, Minds ,and the Laws of Physics*. Oxford University Press,2002.

[18]吴文俊:《数学机械化》,科学出版社 2003 年版。

创新型人才培养目标下“高等合成化学”课程* 教学方法改革与实践

叶龙武 徐海超 龙腊生 匡 勤**

摘 要:合成化学是多种学科相互融合而形成的一个新的化学分支,它涉及的知识面很广同时应用性很强。“高等合成化学”是厦门大学化学化工学院为本学院化学、化学生物学和其他相关专业的硕士和博士研究生开设的一门通修性基础课程。该课程以合成化学的基本原理及技术应用为主线,合理地整合了无机合成和有机合成两部分,系统介绍了当今无机合成和有机合成领域的新概念和新方法。该课程的最大特色在于将基础知识与最新科研进展相结合、课堂讲授与专题讨论相结合、课题研究与设计实验相结合。我们希望从教学内容优化、教学方法改革、教师队伍及教材等方面对“高等合成化学”的课程建设进行积极的探索,使之最终成为符合研究生教育规律、能够培养出“学以致用”的创新型人才的精品学位课程。

关键词:研究生培养;创新型人才;课程改革;案例教学;合成化学

一、开设“高等合成化学”课程的意义与目标

现代科学技术的发展要求科研工作者具有较强的创新精神和实践能力。熟练运用知识是进行科学研究应具备的基本素质,在运用中实现知识的衍生是创新的本质。如何将

* 课程获厦门大学研究生优秀示范建设课程项目资助。

** 叶龙武,化学化工学院教授,博士生导师,研究方向为有机合成和药物合成,2015 年获得福建省杰出青年科学基金,2016 年获得国家自然科学基金优秀青年基金,2017 年入选教育部青年长江学者计划和福建省青年拔尖人才计划。徐海超,化学化工学院教授,博士生导师,研究方向为有机电化学合成和自由基化学,2015 年获得福建省闽江特聘教授,2017 年获得中国化学会青年化学奖。龙腊生,化学化工学院教授,博士生导师,研究方向为晶态功能材料,2008 年获得国家杰出青年科学基金,现为中国晶体协会理事以及中国《无机化学学报》、美国 *Cryst. Growth Des.* 等期刊编委。匡勤,化学化工学院教授,博士生导师,研究方向为无机纳米材料,2009 年获得中国化学会青年化学奖,2011 年入选教育部新世纪人才支持计划以及首届“香江学者计划”。

“知识”和“运用”两个基本要素结合，是培养创新型人才的关键问题，是现有研究生教育的难题之一。“理论联系实际”的原则众所周知，但要在教学过程中真正实施并不容易。传统的研究生教学模式包括基础理论教学、实验课程、毕业论文等多个环节。这种教学模式的弊端之一在于理论教学与实践教学往往结合比较松散，导致学生在理论学习时不清楚知识的应用，在实践课程中无法与理论知识联系，直接影响到知识运用能力的培养，导致以知识体系和知识运用能力为基础、对知识进行衍生的创新能力培养与预期目标相去更远。为了更好地发挥课程学习在研究生培养中的作用，提高研究生培养质量，2014 年教育部就下发了《关于改进和加强研究生课程建设的意见》(教研〔2014〕5 号)，为新时代下研究生课程建设提出更高的要求——要以研究生成长成才为中心，注重培育独立思考能力和批判性思维，全面提升创新能力和发展能力；要根据学科发展、人才需求变化和课程实际教学效果，及时调整和凝练课程内容，重视通过对经典理论构建、关键问题突破和前沿研究进展的案例式教学等方式，强化研究生对创新过程的理解。[1]由此可见，更好地培养创新型人才是现阶段研究生课程教学改革的核心思想。

合成化学(synthetic chemistry)，又称化学合成，是化学、材料、物理等多种学科相互融合而形成的一个新的化学分支学科。合成化学主要研究的是化合物和功能材料合成的规律和方法，是一门知识涉及面很广同时应用性很强的一门学科，已经逐渐成为有机化学、无机化学、药物化学、高分子化学、材料化学等学科的基础和核心。值得一提的是，为了更好地适应国际化学发展的趋势和促进中国化学研究的转型发展，2018 年度国家自然科学基金委化学科学部进行了全面的学科重新调整，基金资助不再是以传统的化学二级学科(无机化学、有机化学、物理化学、高分子科学等)进行分类，而是调整为以现代化学主要研究方向进行分类资助和管理，其中“合成化学”作为化学学科的基础和核心被列为所有资助方向中的第一个(项目代码 B01)。[2]因此，与合成化学相关的课程在培养具有良好的专业素质、较强的科研创新和技术应用能力的人才中发挥着重要作用。在过去，化学专业的教学实践通常是围绕着化学反应的基本原理以及化合物的结构、表征与性质等内容开展；相对而言，关于合成化学理论基础、设计思想以及先进制备技术等内容的教学工作在很长一段时间内都未得到足够的重视。据初步调查，国内外只有少数一些研究型大学的化学专业在本科阶段的教学实践中开设了合成化学方面的课程。在针对研究生的教学实践中，虽然合成化学受到了较大的重视，但是大多数学校通常只是单独开设了有机合成化学方面的课程(如“高等有机合成”“高分子合成化学”)而忽略了无机合成化学的教学。然而，随着纳米材料、固体无机等研究领域的兴起，无机合成变得越来越重要。此外，通过对比中外研究生阶段的合成化学课程的教学内容与方法，我们发现国外的著名研究型大学(如美国麻省理工、加州大学伯克利分校等)在合成化学的教学实践中大多采取模块式教学方式，而且设计性实验与课堂讨论占有相当大的比例。相比之下，我国研究生阶段的合成化学课程传授内容很多时候仅为本科教学内容的延续，存在内容更新慢、理论与课题脱节、考核方式单一等缺点。显然，过去“合成化学”这种课程的设置以及教学方式远远不能满足培养研究生科研能力和创造性素质的要求，需要逐步提高和完善。特别需要指出的是，国内外尚无一本同时涵盖无机合成与有机合成的统编教材。如何在没有教材的课堂，保证教学质量这是该课程教学实践中所面临的一大难题。

二、我校“高等合成化学”课程的定位、特点及内容

1. 定位与特点

“高等合成化学”是厦门大学化学化工学院为本学院硕士和博士研究生开设的一门必修课程。该课程包含高等无机合成和高等有机合成两大部分的内容，其前身是两门独立的硕士研究生专业必修课程，即“无机合成和研究方法”和“有机合成”，其中“有机合成”曾获福建省优质硕士学位课程。为了引导研究生广泛涉猎不同学科领域、拓宽知识面，培养他们的创新意识，从2000年开始厦门大学化学化工学院将上述两门专业必修课合并成“高等合成化学”。2006年，“高等合成化学”立项为厦门大学优质硕士学位建设课程；2014年，该课程与“高等仪器分析”“量子化学基础”作为化学及生物化学专业硕士和博士研究生必修的通识学位课程，同时对全校其他相关学科开放。

经过多年的教学实践，“高等合成化学”已逐渐发展成为一门整合了无机合成和有机合成两个领域的最新研究成果和教学成果，符合研究生教育规律的研究生学位课程。“高等合成化学”课程的教学特色可以归纳为一条主线、两大模块、三个结合：以合成化学的基本原理及技术应用为主线，通过基础知识与最新科研进展相结合、课堂讲授与专题讨论相结合、课题研究与设计实验相结合等三种方式，在传统的无机合成与有机合成基础上初步建立合成化学新的内容体系。该课程在教学过程中注重把握研究生教育的特点，强调深度与广度结合、基础与前沿的结合，采用代表该领域最新最高水平的专著作为课程教材，结合课程内容引导学生阅读最新的研究文献，并在教学过程中注重以学生为主体实现教学的优化，强调学生获取知识能力的培养，强调创新思维的培养。

2. 教学内容

本课程在立项成为校级研究生精品课程建设项目之后，针对原有教学内容老旧、教学与科研脱节等问题做了诸多有益的调整和尝试。我们重新制定了“高等合成化学”课程的教学大纲，在原有大纲的基础上对知识体系重新进行了梳理，删除了比较陈旧的教学内容，补充了一些与最新前沿领域密切相关的合成方法。目前，本课程教学内容主要分为以下三部分：

(1)合成反应的原理、路线设计与技术：这部分主要介绍合成化学的基本概念、基本原理、主要方法和技术，包括：合成反应原理以及路线设计；合成技术原理与应用(包括：高温合成、低温与真空技术、高压合成、电解合成、微波合成、水热合成、光化学合成等)；晶体生

长理论。这部分可看成合成化学的基础篇,让学生了解合成化学的基本概念,便于进一步的深入学习。

(2)新型无机功能材料的合成与制备:这部分首先以近年来与无机化学领域相关的诺贝尔化学奖,介绍无机合成在科学研究和现代社会文明发展中的基础地位与重要作用。在此基础上,以纳米材料、配位聚合物、团簇材料等几种新兴无机功能材料为实例,介绍无机合成和制备的发展动态和最新研究进展。同时,针对研究生学习服务于创新性的科学研究的特点,就科学研究中的重大进展,介绍学术研究中的科学方法论。这部分主要包括:纳米材料的合成;碳材料的合成;功能配合物材料的合成(酶模型、电性配合物、磁性配合物);自组装技术等。

(3)现代有机合成新技术:这部分则是本科有机合成化学的高级课程。通过该课程的学习,可以有效地巩固和提高学生的有机化学基础知识,增强有机化学知识的应用能力。在深度上,本课程强调基础有机反应、合成原理和方法;在广度上,注重反映有机合成化学的新进展和新成就。在内容上,以逆合成分析法为主线贯穿全课程,以亲核—亲电化学反应性为中心,阐述基础有机化学的基本反应,建立与基础有机化学的衔接;着重阐述碳骨架形成反应、策略和方法这一有机合成的主题,介绍极性颠倒的方法的应用;并介绍成环原理、方法和官能团的导入和转变及其应用,突出不对称合成的原理与方法及其在天然产物全合成中的应用;并通过对高效合成方法、绿色合成的有关思路和组合化学等合成化学前沿的介绍,使学生了解有机合成化学的新进展和趋势。在层次上,本课程针对有机化学专业和化学大方向的研究生进行不同深度和广度课程内容设置,以达到相应的教学目的。

三、“高等合成化学”课程教学的实践与探索

1. 整合教学内容,凝练教学特色

“高等合成化学”该课程涵盖的内容较多,同时又局限于学时数的偏少,因而课程教学内容的精炼和整合必不可少。该课程教学的指导思想是:从合成化学的基本概念、原理和技术出发,然后结合具体案例介绍各种合成技术与策略在无机功能材料合成的运用,最后针对有机合成的难点介绍现代有机合成技术的应用。本课程的教学内容基本囊括了合成化学涉及的重要领域,一定程度上解决了许多研究生由于在原来学校本科阶段未开设合成化学相关课程所导致的基础知识相对薄弱的问题。同时,围绕目前合成化学研究中几大新兴领域和研究热点进行模块式的教学,在深度和广度上体现了合成化学发展的前沿,同时也充分发挥了我校化学在上述研究领域的特色与优势。

2. 结合科研案例讲解,激发学生学习兴趣

由于“高等合成化学”课程中涉及内容较多,如果仍采用传统“满堂灌”的教学方式,会

使得学生觉得学习枯燥无味，昏昏欲睡，而且会觉得许多合成技术和方法与他们科研课题研究无关。因此，在该课程的教学过程中，一方面我们结合一些国内外最新发表的研究成果来介绍合成化学的基本原理和技术在科学研究中的应用；另外一方面，我们通过撰写课程论文的形式，让学生根据自己已经开展的研究工作选择专题，通过查阅文献、设计方案、撰写综述、课堂讨论等方式参与到课程的学习过程来。教师在教学过程中，也会从中节选一些典型的例子来给大家讲评其设计的合成路线的优缺点，并强调设计合成路线过程中需要注意的问题。通过这种案例导向式的教学模式可以提高学生学习的积极性与参与度，变“要我学”为“我要学”，同时也解决了学生在学习和科研过程中常常面临的知识和运用脱节的问题，逐渐培养学生活学活用、学以致用的能力。

3. 变科研实验室为课堂，通过现场教学扩充教学容量

“高等合成化学”课程的教学内容涉及许多特殊合成方法和仪器的应用，传统的课堂教学方式很难让学生对这些合成方法的基本原理与应用有深入的理解和快速的掌握。另一方面，厦门大学化学化工学院科研课题组众多，不仅他们的研究领域覆盖了合成化学所涉及的各个方向，而且各种合成仪器与设备非常齐全。在教学过程中，我们尽可能地发挥本学院的上述优势，通过视频录像或者现场操作等方式向学生直观生动的讲解合成原理和仪器使用时的注意事项，让课堂的讲解不再是“纸上谈兵”，让学生在生动、形象的画面以及轻松的气氛下学习和掌握知识，起到了事半功倍的效果。

4.“大小班”分级教学，保证教学内容的精度

作为化院开设的研究生必修课，选修“高等合成化学”课程的学生来自不同专业，除了无机化学、有机化学两大主要专业方向，也会有催化、结构化学、高分子化学与物理等本院以及材料学院、海洋与地球学院、能源学院等其他学院化学相关专业的学生选修此课。这些学生因专业基础不同、研究方向不同，对于希望获取的合成化学知识有着明显区别。以有机合成化学部分为例，配位化学、有机化学、高分子化学等研究方向的学生对于这部分的学习需求较高，相对而言结构化学、能源化学、材料化学等专业/研究方向的学生在这部分基础较差，且需求较低。为了达到更好的教学效果，本课程从 2017—2018 学年开始尝试“大小班”分级教学，保证教学内容的精度。在教学实践中，无机合成部分是以大班教学为主，而有机合成部分则以小班形式，根据学生的专业背景和实际需求在保证教学大纲知识点的前提下，优化教学内容与案例。从这两年学生对于本课程的测评结果以及反馈意见，这种因材施教、因需施教的教学方式受到了学生的热烈欢迎与大力支持。

5. 改革课程考核方式，突出创新意识考察

“高等合成化学”课程的目标是在学生掌握合成化学的基本原理以及技术的前提下，培养学生的创新思维和自主学习能力。对学生学习效果将采用课堂讨论、专题报告与闭

卷考试相结合的方式进行：

(1)课堂讨论将在课程学习过程中进行，其主要目的是实现对课程学习的过程监控。考核采用的方式是根据每堂课讲授的内容选取研究论文作为参考资料事先发给大家阅读，然后在课堂上进行讨论。

(2)专题报告的目的是培养对研究文献的归纳、分析和总结能力，并唤醒学生对科学发现的敏锐性。考核采用的方式是，让学生根据自己所从事的课题研究提出与合成化学技术与应用相关的若干专题，然后查阅文献，写出 4000～6000 字的综述，在课时充足的情况下以 PPT 形式在课堂上报告和讨论。

(3)闭卷考试则在学期末进行，主要考核学生对这门课程基础知识的掌握。

上述考核方式逐步培养学生自主学习，树立“以学为主、学以致用”的新观念，通过专题报告的考核达到培养学生查阅文献的能力以及扩大知识面的目的。此外，也给学生提供进行语言组织与表达能力的锻炼的机会。

四、教材及教师队伍建设

1. 教材建设

“高等合成化学”是一门针对化学、化学生物学系以及其他相关专业(如材料)开设的研究生学位课程，目前国内外尚无一本可以涵盖无机合成与有机合成的统编教材。在教学过程，主要是参考无机合成化学[3-6]与有机合成化学[7-11]方面著名的教材以及大量的研究性文献，选取其中部分内容结合现代合成化学的新兴研究领域进行讲授。需要强调的是，教材建设长期以来一直是“高等合成化学”这门研究生课程的瓶颈，也导致国内绝大多数高校化学专业没有开设该课程的原因。目前为数不多的已出版教材要么内容过于陈旧，要么层次上不适于作为研究生课程的教学使用。因此，编写一本反映现代合成化学的基础理论、新的反应和合成应用，适合于研究生教学的教材是本课程建设过程中一项非常迫切但仍需长期积累完善的任务。

2. 教师队伍建设情况

“高等合成化学”该课程的教学对授课教师的综合能力要求较高，它要求授课教师不仅具有扎实的基础理论、精深的专业知识、宽广的研究视野以及敏锐的科研思维，而且还要求教师必须将个人科研的内容与教学相结合，达到科研与教学互动、科研促进教学的较高目标。因此，高水平的教师队伍是保证研究生课程高质量教学工作的重要前提条件。经过多年的积累和传承，“高等合成化学”课程已逐渐形成了以学术造诣深厚且教学经验丰富的杰青和优青获得者为课程负责人、青年教师为骨干的教学队伍，该课程组教师团队从立项成为校级精品课程之初的 4 人变为现在的 6 人，所有成员均具有博士学位、高级职称，其中龙腊生教授为国家自然科学基金杰出青年基金，叶龙武教授和徐海超教授则是从国外高水平研究型大学回国的青年高层次人才，匡勤教授则是本校培养的优秀青年教师。这些教师不仅有着很强的科研背景和相当的教学经验，而且在知识储备以及研究方向等方面形成优势互补。此外，课程组还会结合教学内容邀请其他相关研究领域的教师参与到教学中来，充分发挥他们的科研优势，使学生了解学科的最新发展动向，增强创新意识，培养学生综合的研究能力，提高研究生教学质量。

五、课程特色

1. 教学内容与科研及学科前沿的紧密结合

教学上力求在课堂理论教学的基础上扩展书本知识，突出理论的实用性，使学生尽可能多地接触专业前沿，涉猎交叉学科，突出专业课教学的实用性和先进性。增加文献课和讨论课以培养研究生自主学习和科研创新的能力。

2. 本课程采用传统教学方式与现代多媒体教学方式相结合的教学手段

与以教材、黑板和粉笔为主的传统教学媒体相比，多媒体教学具有形象、生动、高效性和信息量大的优势。利用多媒体教学，可以使用大量的多媒体资料，可以直接运用通过互联网获得的最新科技成果。本课程开发制作了课程的电子教案，已将大量的教学资料数字化，系统地归纳整理为多媒体软件，如 PPT 文件，并应用于教学实践，在教学中不断对多媒体教学方式进行优化。所使用的所有课件都上传到学院专设的服务器，供学生浏览、下载。学生在学习过程中有什么困难、疑问或其他需要帮助解决的问题，可以通过电子邮件获得授课老师的指导和帮助。

3. 在课堂讲授中还注重中、英文的合理使用

教学过程中使用大量英文文献和英文参考书，研究生同学在学习过程中提高了英文文献的阅读和理解能力，综合业务素质亦随之提高。担任本课程的四位老师均具有海外研究经历，具有良好的外语基础，并且已经部分采用双语教学。

六、总结

在学校研究生院以及化学化工学院两级领导的支持下，经过教学团队几年来的负重拼搏，“高等合成化学”课程体系日臻完善，以教学为依托，充分发挥学科优势，强化教学与科研相融合的特色，构建多层次、多类型、全方位的创新人才培养体系。不仅很大程度上解决了许多研究生由于在原来学校本科阶段未开设合成化学相关课程所导致的基础知识

相对薄弱的问题，同时显著提升了在学生在创新思维和自主学习等方面的能力。当然，课程教学方面还有一些尚须改进的地方，比如，在教学方法内容及几位任课教师之间的配合还需要进一步的完善。此外，倾听学生对课程效果的反馈，也将促使我们不断改进。我们希望通过持续的课程建设使该课程最终成为符合研究生教育规律、能够培养出“学以致用”的创新型人才的精品研究生学位课程。

参考文献

[1]教育部：《教育部关于改进和加强研究生课程建设的意见》（教研〔2014〕5 号），http://politics.people.com.cn/n/2015/0114/c1001-26383457. html，访问日期：2020 年 5 月 19 日。

[2]国家自然科学基金委员会化学科学部：《2018 年国家自然科学基金委员会化学科学部申请领域与代码调整情况材料》，http://www. cnki. com. cn/Article/CJFDTotal-HXFJ201801011. htm，访问日期：2020 年 5 月 19 日。

[3]徐如人、庞文琴、霍启升：《无机合成与制备化学》，高等教育出版社 2009 年版。

[4]宁桂玲：《高等无机合成》，华东理工大学出版社 2007 年版。

[5]张克立、孙聚堂、袁良杰、冯传启：《无机合成化学》，武汉大学出版社 2004 年版。

[6]赵新华：《固体无机化学基础及新材料的设计合成》，高等教育出版社 2012 年版。

[7]潘春跃：《合成化学》，化学工业出版社 2005 年版。

[8]黄培强、靳立人、陈安齐：《有机合成》，高等教育出版社 2004 年版。

[9]F. A. Carey，R. J. Sundberg，Advanced Organic Chemistry Part B：Reaction and Synthesis（影印版），科学出版社 2009 年版。

[10]魏荣宝：《高等有机合成》，北京大学出版社 2011 年版。

[11]麻生明：《金属参与的现代有机合成反应》，广东科技出版社 2001 年版。

翻转课堂理念指导下
城乡规划专业研究生 GIS 课程的教学改革研究

李　渊　黄竞雄　邱鲤鲤*

摘　要：该文针对城市规划系研究生阶段的专业必修课地理信息系统(Geographic Information System,GIS)课程设置的内容,结合教学特点,将理论学习、实践与翻转课堂、线上线下混合教学等理念相结合,进行 GIS 课程教学的改革研究,将课堂教学与实际研究融为一体,探索研究生课程中翻转课堂理念应用的思路与方法。

关键词：翻转课堂;GIS;MOOC;教学改革

一、引言

现今,地球上大部分信息均与空间位置息息相关。在信息技术不断发展的当代,开展面向空间位置服务的思维训练和空间技能训练显得尤为重要。地理信息系统(Geographic Information System,GIS)是一门多学科结合的理论和技术方法课程,其核心是空间分析,与制图学、统计学、社会科学、系统工程学、城乡规划学等传统科学的理论和方法结合度较高,在多个领域得到了广泛的应用[1]。

党的十九大报告指出,“建设教育强国是中华民族伟大复兴的基础工程,必须把教育事业放到优先位置”[2]。进入 21 世纪,伴随移动互联、大数据等现代信息技术的发展,大学教育的信息化改革正不断推进。建立慕课(Massive Open Online Courses,大型开放式网络课程)并结合翻转课堂理念开展线上线下的混合教学模式是新工科教育背景下互联网+时代的教育需求,这将传统的授课式填鸭教学转换为学生“课前+课后”的自主学习,课中开展教学互动。教师走下讲台,进入学生中参与讨论,这对于解放研究生的潜力无疑

* 李渊,男,博士,厦门大学建筑与土木工程学院建筑系教授、博士生导师,主要从事空间信息技术与建筑、规划与文化遗产保护方向研究。黄竞雄,男,硕士研究生,厦门大学建筑与土木工程学院城市规划系。邱鲤鲤,女,硕士,厦门大学建筑与土木工程学院城市规划系工程师。

具有较大的帮助。翻转课堂的模式改革是当前教学改革的热点，通过丰富的信息化资源将授课内容信息化，实现教学模式“逆序创新”[3]，将课堂时间交给研究生，可以有效拓展研究生的创新能力，充分进行思想的交流与碰撞，引领研究生课程教育向课题导向的模式发展[4]。

二、研究生 GIS 课程教学实践

厦门大学城市规划系于 2009 年开始 GIS 课程建设，在研究生教学计划中属于必修类课程，实行规划设计与地理分析并重的教学模式。笔者负责厦门大学城市规划专业 GIS 课程教学的 10 余年时间内，从城乡规划学的专业要求出发，以研究带动教学，以学科前沿结合专业教育，促进学生自主学习，培养研究生的创新精神。其核心在于培养高水平人才，推进教学、科研的相互结合，通过分析案例与写作范式的实践培训，探索适合研究生自主研究的教学模式。

1. 课程内容

厦门大学建筑与土木工程学院研究生课程“城乡规划方法与技术”是规划编制过程中的分析、研究以及表达方法与技术，包括计算机应用、GIS 技术、统计分析等传统方法，也包括实验、模拟、决策、行为分析、大数据分析等现代方法技术。该课程重点开展空间的思维训练和空间技能训练，提升实践能力和应用的动手能力。课程按照 GIS 的核心技术(ArcGIS 工具、空间坐标与匹配、数据可视化、Model Builder、栅格数据分析、矢量数据分析、三维空间分析、水文分析、网络分析、空间句法分析)，进行教学情境设计，遵循认知和学习规律，按照从基础到应用的过程组织课程教学，适用于高校城乡规划、建筑、人文地理、旅游、社会学等不同专业的学生学习，同时还可供智慧城市与智慧旅游等相关工程技术人员学习。课程设置为 48 学时，含 3 学分，授课对象为城市与区域规划专业研究生，是学科必修课程，课程主要包含两个阶段的内容(表 1)。

表 1 GIS 课程教学安排

阶段	教学内容	教学手段	选用教材
第一阶段	GIS 技术方法和应用。包括城乡规划 GIS 数据获取前沿技术、城乡规划 GIS 计量分析前沿技术、城乡规划 GIS 可视化表达前沿技术	教师讲授，结合 MOOC 的自学与研究探讨	《基于 RS 的城市环境量化分析——遥感技术厦门应用》(李渊、耿旭朴，2019) 《基于 GIS 的景区环境量化分析——以鼓浪屿为例》(李渊，2017) 参考书目： 《基于 GPS 的景区旅游者空间行为分析——以鼓浪屿为例》(李渊，2016) 《城市规划 GIS 技术应用指南》(牛强，2012)
第二阶段	问卷调查、统计分析和大数据应用。包括开展选题的问卷设计、统计分析和网络数据挖掘和大数据应用	课堂学习，探讨与实际研究相结合	

本课程将城乡规划新技术与新方法与当前 GIS 技术的发展前沿相结合，采用启发式教学，以“头脑风暴”的形式使研究生了解 GIS 与遥感系统架构、城市系统工程理论、城市计量模型等理论基础，为研究生的进阶研究提供必要的专业能力保障。实际教学中，课题实践与教学紧密配合，采用现场调研、集中讨论等形式，教师密切跟进各组研究进展，及时进行有关研究课题的理论指导与答疑，并提供实验方法的建议与改进意见，供研究生自主思考与选择。同时，课程实验平台依托厦门大学建筑与土木工程学院的 GIS 与遥感实验室与福建省 BIM 虚拟仿真教学实验中心，进行科研—教学相互促进与融合的教学改革试点。实验室可提供的仪器设备包括 Ebee 热红外成像无人机、莱卡 P40 三维扫描仪、便携式轨迹跟踪仪(基于 GPS)、飞时达 GPCADK 总规控规软件、BIGEMAP 地理数据下载器、GazePoint 眼动仪、VR 虚拟体验环境等，为促进研究生的实际选题开展提供辅助。

2. 教学改革成果

(1)指导研究生积极探索，参加智慧城市竞赛

2019 年年初，“交通银行杯”第六届中国研究生智慧城市技术与创意设计大赛赛事简章发布，笔者作为导师团队成员，先后共同指导百余学生。通过金点子征集、智慧城市校赛、智慧城市精英训练营等环节，与研究生共同研讨和绘制方案，提供城乡规划前沿技术在智慧城市建设中应用参考，最终有三件作品入围国赛(图 1)，与来自全国 27 个省、自治区和直辖市 152 所研究生培养单位约 4400 名参赛选手组成的 1172 支团队角逐，最终两件获得一等奖，一件获得三等奖，取得了良好的社会效益。

在这个过程中，所指导的研究生相互学习，共同进步，在一次次的“头脑风暴”中不断完善创意与实施方案，在赛程中展示了出色的综合素质与创新实践能力，提升了学校和相关学科在全国范围内的竞争力与影响力，也培养了研究生对于问题的探索精神，锻炼了其解决方案的能力。

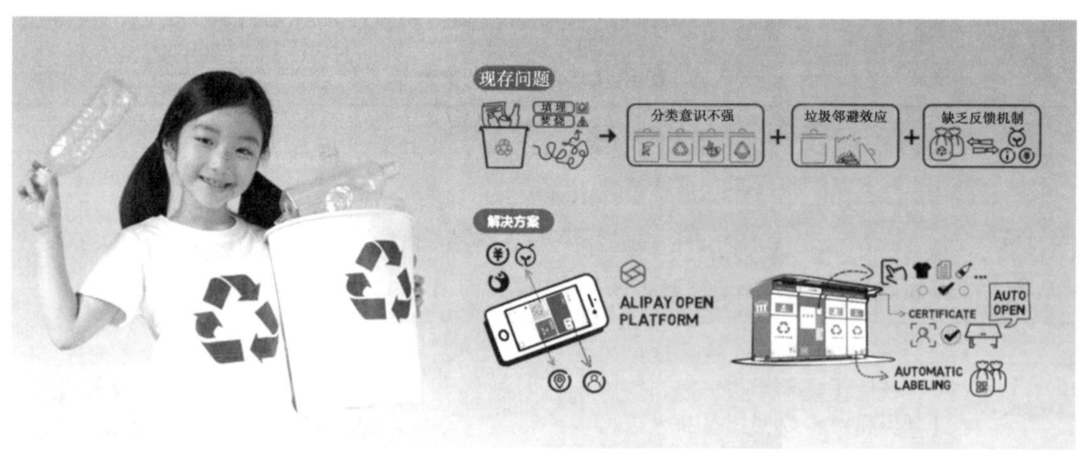

图 1　指导学生参加第六届中国研究生智慧城市技术与创意设计大赛作品

(2)结合教学改革成果申报国家级精品在线开放课程

结合教学改革成果，笔者基于翻转课堂的实际需求出发，开设 MOOC 课程“城乡规划新技术 GIS 应用”。本课程以城乡规划这一综合性较强的学科为应用背景，按照 GIS 的核心技术，进行教学情境设计，遵循认知和学习规律，按照从基础到应用的过程组织课程教学。课程内容包含三个模块：思维启发、技能练习、实务分析。

其中，思维启发讲授前沿空间信息技术和鼓浪屿案例成果，为学生提供空间思维借鉴和案例借鉴。技能训练是借助多个应用软件和教程，使学生掌握空间制图和空间分析能力。实务分析以鼓浪屿世界文化遗产地为案例，开展实地调研，综合利用 GIS 技术，获取环境和人的行为数据，开展分组专题实践。本课程适用于高校城乡规划、建筑、人文地理、旅游、社会学等不同专业的学生学习，同时还可供智慧城市与智慧旅游等相关工程技术人员学习。教学内容与安排见表 2。

表 2　MOOC 课程教学内容及安排

章(节)	主要内容	学时	备注
第一章	GIS 与遥感技术原理 GIS 技术与发展 遥感与遥感数据图像	6	MOOC 在线课程、理论讲授
第二章	ArcGIS 影像配准实验 ArcGIS 空间数据库管理实验 ENVI 遥感数据预处理及图像增强	6	MOOC 在线课程、上机实验
第三章	Ebee 无人机操作实验 GPS 采集器操作实验	6	现场实践教学
第四章	主题(一)：鼓浪屿空间结构与历史风貌建筑	4	MOOC 在线课程、翻转教学
第五章	主题(二)：鼓浪屿三维视线视域	4	MOOC 在线课程、翻转教学
第六章	主题(三)：鼓浪屿空间形态历史演变句法分析	4	MOOC 在线课程、翻转教学
第七章	主题(四)：基于 GPS 与空间句法的旅游者空间行为匹配	4	MOOC 在线课程、翻转教学
第八章	主题(五)：基于 GPS 与社会网络模型的旅游者空间行为关系	4	MOOC 在线课程、翻转教学
第九章	主题(六)：鼓浪屿社区公共空间	4	MOOC 在线课程、翻转教学
第十章	课程总结	2	成果发布、交流研讨

课程基于 MOOC 翻转教学模式(图 2)，以信息化引领，线上线下混合教学，构建以学习者为中心的教学模式创新，促进信息技术与教育的深度融合。应用翻转教学模式，将传统课堂“授课＋作业”模式翻转为“课前 MOOC 学习＋课堂思维碰撞”模式，以 MOOC 课程形式指导学生完成在线学习任务，完成在线测验，教师针对测验反馈情况进行针对性辅导，形成“以学生为中心”的学习与个性化的研究教学模式。通过信息技术的融入，打破传统教学系统的限制，按照研究生认知规律与研究进展有机组合教学单元，可以在网络上进

行实时互动，提倡“开放共享”的教学理念。

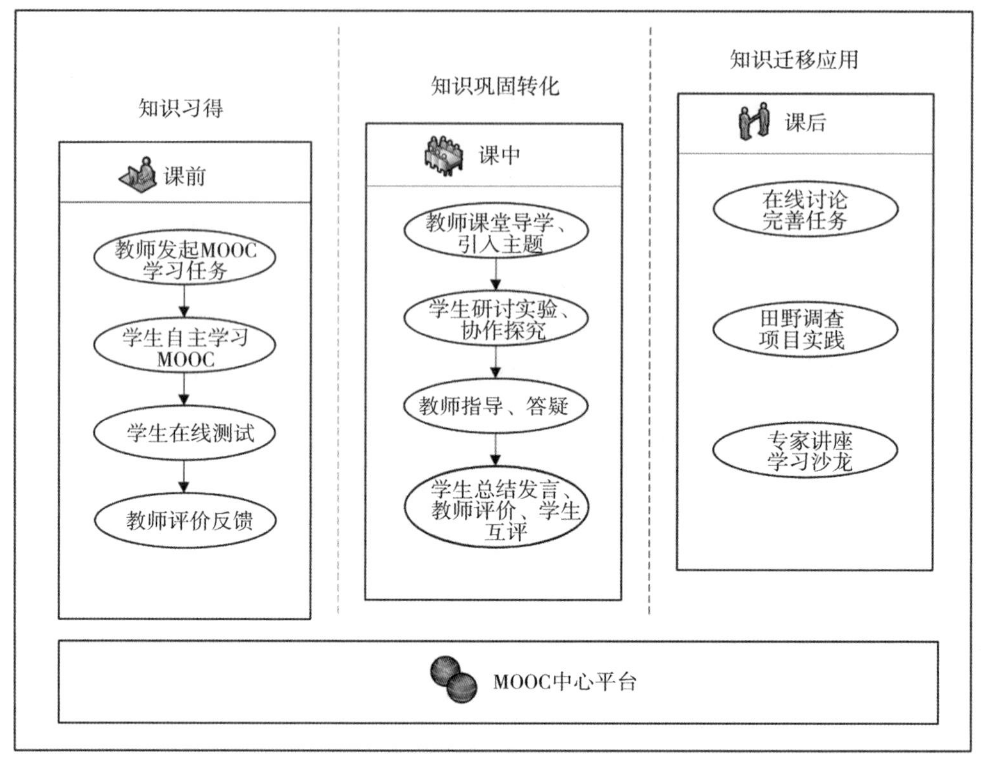

图 2　MOOC 翻转教学模式

(3)结合课程内容开展虚拟仿真实验教学项目建设

围绕“空间场所理解”“空间行为预判”“空间文化感知”“空间要素设计”四方面能力，进行虚拟仿真实验教学项目的申报(图 3)。笔者认为，作为空间的延续，建筑学的目的不是创造空间本身，而是更好地整合建筑空间和使用者行为的关系。因此，如何向学生传授建筑环境的空间分析与人的行为作用的有关知识，使学生们理解建筑环境对行为的影响，了解使用者对环境的需要，一直是当今建筑教育，特别是新工科建设的重要课题[5]。

结合教学改革思想开展的虚拟仿真教学项目融合了空间句法、空间计量模型、空间漫游体验等城乡规划专业的前沿技术，作为 GIS 技术的延伸，虚拟仿真实验教学项目采用“记忆—学习”的数据采集模式，通过收集进行虚拟仿真实验学生的数据，软件进行自我学习与数据迭代，为研究生进行后续的研究提供启发与数据支持。

总而言之，研究生 GIS 课程结合专业知识与实际课题研究，充分挖掘研究生自主学习的潜力。最终完成研究论文或参加创新竞赛，以期刊发表、现场汇报或微信推送等方式完成成果转化。该 GIS 课程获得厦门大学第八届高等教育教学成果二等奖与第三届翻转课堂比赛一等奖，是对教学改革的肯定。

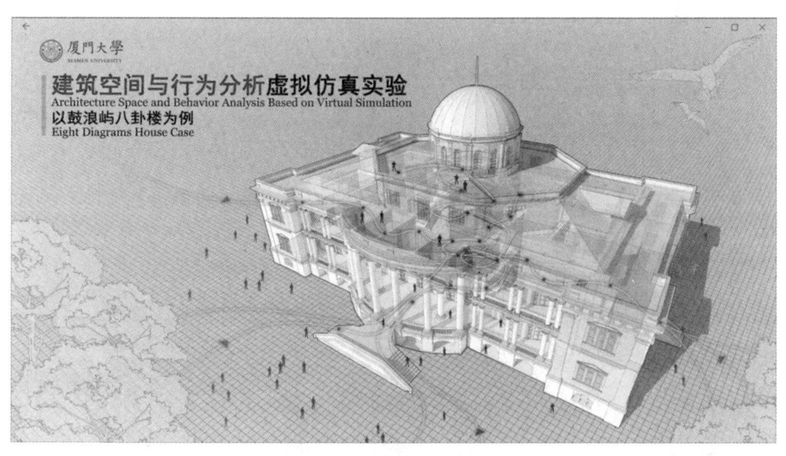

图 3 虚拟仿真实验教学平台

三、线上线下混合教学经验与思考

翻转课堂理念日渐火热的今天，研究生课程教学过程中结合理论与研究进行课堂翻转，由研究生成为课堂主人是大势所趋。总体而言，主要有三个方面的改革思路：其一，是增强教学理念，形成面向不同目标的翻转教学人才培养模式。其二，是增强在线教学手段，形成以 MOOC 和虚拟仿真实验为代表的系列在线教学资源和教学形式。其三，是增强研究型教学实践，提升教学的高阶性，提升设计和研究的结合，并促进问题剖析和设计过程的理性和可评估性。

笔者在所负责的厦门大学城市规划系“城乡规划方法与技术”的教学实践中循序渐进，每一堂课都至少有一位研究生作为课堂主人进行选题方向与研究方法的交流，结合课前学习 MOOC 的心得体会与其他同学进行交流与思辨，从理论学习到实际研究，搭建研究生自主创新探索平台。GIS 课程线上线下混合教学经验如下：

（1）课堂教学与创新思考、创意竞赛相结合

在课程教学体系中依据智慧城市竞赛的要求进行相关知识的讲授与思维训练，将课堂教学与研究生的研究选题相结合，以实际项目夯实专业知识的基础，以实践推动自主学习的进展，使研究生在该过程中对基础知识拥有较高的掌握度。

课堂教学促进创新与生活思考的结合。以本次中国研究生智慧城市技术与创意设计大赛的参赛项目“TIT 垃圾银行——智慧垃圾管理服务体系”为例，该课题思考紧密联系生活经验，秉持“Trash is Treasure”的理念，利用移动互联网、智能硬件等技术，最大程度简化可回收垃圾收集流程来唤醒广大用户的环保意识，通过先进的信息系统全程跟踪用户的每袋垃圾，保证垃圾回收全过程可视化。同时，通过奖励反馈机制，弥补上海管理条例的空白，最大化提高居民参与垃圾分类的积极性，真正实现“每一袋垃圾可追溯，每一次

分类有回馈”。这是混合教学的特色所在。

(2)混合教学改进传统教学方法,积极推进教学改革

以研究生为主体,重在挖掘研究生的创新潜能,广泛开展启发式、讨论式的教学模式。在推动专业教学改革的同时,融合实践教学理念与课题研究与理论教学中,借助在线教学MOOC平台开展翻转课堂理念指导下的教学改革(图4),强化研究生发现问题、解决问题、提出方案的能力,完成翻转课堂教学模式的目的。

图4　翻转课堂教学竞赛实录

(3)结合虚拟仿真教学实践平台,培养扎实技能

线上线下混合教学改革过程中改变了现有的“先讲授,后实操,再反馈”的三步走教学模式,采用虚拟仿真实验教学平台,将实际项目与操作方法融入教学过程中,使研究生在自主学习的过程中就掌握实践项目的操作过程,并可通过在线平台进行教师与研究生的实时交流与反馈,全方位培养研究生扎实的实操技能,为解决研究过程中可能遇到的难题铺平道路。在上述教学改革实践的经验指导下,研究生的创新潜能获得充分挖掘,综合素质进一步提升。教师在各项教学改革项目推进的过程中锻炼了自身的研究与实践能力,同时将前沿研究成果融入课堂教学,以研促教,研教共进,在课堂教学中更注重与研究生的互动,达到教学的有机统一。结合教材编写、MOOC制作与虚拟仿真实验教学平台的开发,不断创新教学组织模式,实现翻转课堂理念在研究生课堂的有效应用,大大提升教学水平与质量,充分保障了科研成果与实践成果的有序产出。

虚拟仿真教学实践平台依托《环境心理学》课程,提出建筑空间与行为分析虚拟仿真实验教学项目。项目以著名国保单位鼓浪屿八卦楼为实验背景,学生完成空间的体验、认知、设计的实验过程。项目的先进性体现在:(1)面向教学设计的实验内容创新,项目团队提出空间认知、行为分析、空间设计的三大实验模块,将虚拟仿真技术融入传统建筑专业教学。(2)依托世界文化遗产鼓浪屿与著名国保单位八卦楼,有效融入课程思政教学点,兼具思政内容和引领性与教学内容的前沿性。(3)采用线上线下混合教学方法,学生课前完成虚拟仿真实验,课堂教师以学生为中心,引导学生进入分析创造等高层次学习过程。

建筑空间与行为分析虚拟仿真实验项目已投入教学使用，实验于 2019 年下旬上线实验空间网站（图 5），面向社会开放。根据网站统计数据，截至 2020 年 2 月底，实验浏览量 5352 人，其中做实验人数 617 人，实验通过率 91.9%，取得良好的社会效益。

图 5　建筑空间与行为分析虚拟仿真实验上线实验空间网站

“虚拟仿真＋翻转课堂”线上线下混合教学模式具有通用的可移植性。建筑空间与行为分析虚拟仿真实验已面向社会开放，其他学校结合自身的特点，可以用，可以学，也可进行本地化“改造”，运用共享实验开展线上线下混合教学模式，避免了资源重复建设的浪费，探索虚拟仿真实验的多样化运用，实现真正“建起来用起来推广开”的良性效应，也是虚拟仿真实验教学项目向虚拟仿真“金课”转化升级的关键。

四、结语

近年的教学改革实践成果显示，翻转课堂背景下的研究生 GIS 教学改革取得一定成效，结合 MOOC 的课堂教学、实际研究训练、虚拟仿真教学实验与竞赛导向的“四位一体”教学体系逐步取代传统授课型教学模式。GIS 教学改革与信息技术的融合，结合课前学习与课堂的观点碰撞，构建了教学情境，在情境内通过翻转课堂的形式促进研究生深度学习与研究的产生。同时，由于课前学习充分，在课堂中的观点展演与交流中更能体现出知识迁移应用的益处，教师在这种环境下可以对研究生的研究进展进行及时的指导，并通过探讨得到下一步研究的方向，尽早挖掘研究生进行课题研究的潜能。

在未来的研究生 GIS 课程教学改革中，教学方法与模式的灵活调整更能启发学生的兴趣与研究点的探寻，以前沿研究成果带动教学改革，开发学生的创新潜能与实践操作能力，而不局限于单纯的 GIS 软件或理论教学，更能加深其对城市规划学科的理解，潜移默化地将学科意识融入学生的思维范式之中。

参考文献

[1]李渊、林晓云、邱鲤鲤:《创新实践背景下的城市规划专业地理信息系统课程的教学改革与思考》,《城市建筑》2018 年第 5 期。

[2]习近平:《决胜全面建成小康社会　夺取新时代中国特色社会主义伟大胜利——在中国共产党第十九次全国代表大会上的报告》,http://www.gov.cn/zhuanti/2017-10/27/content_5234876.htm,访问日期:2019 年 10 月 11 日。

[3]祝智庭、管珏琪、邱慧娴:《翻转课堂国内应用实践与反思》,《电化教育研究》2015 年第 6 期。

[4]林冬梅、李智涛:《国内外翻转课堂研究述评》,《湖北工程学院学报》2019 年第 1 期。

[5]李瑾、张宁、云霄:《新工科背景下工科生自主学习力的深度构建——以 X 大学"现代密码学"SPOC 翻转课堂为例》,《高等工程教育研究》2018 年第 5 期。

新工科背景下现代控制理论课程*教学改革与探索

褚旭阳　洪永强　周伟　李钷　薛文东**

摘　要:新工科的建设对工科学生的能力培养提出了更高的要求,文章针对“现代控制理论”课程教学过程中存在的课程目标不明确,内容和工程技术结合不紧密、学生实践和创新能力培养不足等问题,开展了新一轮教学实践改革。通过改进教学模式,引入工程案例,调整考核方式,利用科研资源等多种教学方法,提高学生的学习效果和认知能力,增强其分析和解决工程控制领域中复杂工程问题的能力。

关键词:现代控制理论;新工科;教学改革

一、背景

为主动应对新一轮科技革命与产业变革,支撑“中国制造 2025”等一系列国家战略,教育部于 2017 年提出建设“新工科”的发展思路,探索中国的工程教育模式,助力高等教育强国建设[1]。“新工科”主要针对人工智能、智能制造、机器人、云计算等新兴专业展开建设,目的是培养实践能力强、创新能力强、具备国际竞争力的高素质复合型新工科人才,在新一轮科技革命和产业革命中具备较强的竞争力[2-3]。

---

* 课程获厦门大学研究生优秀示范建设课程项目资助。

** 褚旭阳,男,吉林长春人,工学博士,厦门大学机电工程系副教授,长期从事特种加工方面的研究工作。洪永强,男,厦门大学教授,博导。厦门大学教学名师,主要从事测控技术与仪器和机电一体化相关领域的教学和科研工作。主讲课程有:现代控制理论、机电控制工程、计算机接口技术、微机原理及应用、自动控制原理,C 语言程序设计等。周伟,男,工学博士,厦门大学教授、博导,国家优秀青年科学基金获得者。目前担任厦门大学机电工程系系主任、福建省精密制造业技术开发基地主任、福建省微纳制造工程技术研究中心副主任、福建省机械工程学会副秘书长。长期从事于精密制造技术、高效传热技术与装备、氢燃料电池等方面的研究工作。李钷,男,工学博士,厦门大学仪器与电气系副教授,长期从电能变换系统建模与控制方面的研究工作。薛文东,男,工学博士,厦门大学仪器与电气系讲师,主讲的《数字电子技术》被评为厦大大学教学示范课程。从事工业自动化、光伏产业化技术、嵌入式系统方面的研究工作。

现代控制理论是自动控制理论的重要组成部分，是为解决航空宇航、机器人、人工智能等领域中复杂控制问题而形成的新的控制理论[4]。厦门大学航空航天学院针对机械工程、仪器科学与技术和电气工程等工科专业的研究生开设了“现代控制理论”课程，旨在通过对本课程的学习，使学生系统地获得现代控制理论的基本知识，掌握设计多输入多输出、时变等复杂控制系统的基本方法，培养学生利用数学工具解决工程问题的能力，为人工智能、智能制造、机器人、云计算等领域的应用提供理论基础。

二、课程面临的问题与挑战

现代控制理论的应用领域与新工科重点发展的领域高度契合，是新工科专业的重要理论基础课程之一。“新工科”的建设思路也为“现代控制理论”课程注入了新的理念：面向人工智能、智能制造等新兴产业，紧密结合工程技术，培养学生实践和创新能力。但是，现有的课程教学内容和方法已经不能满足“新工科”的培养要求，面临诸多挑战。

（一）课程理论性强，面向目标不明确

“现代控制理论”课程以高等数学、工程数学、自动控制原理等课程为基础，课程内容一直包含大量的公式推导、证明及理论计算等环节，知识点相对枯燥和抽象。许多学生在学习过程中只注重公式的推导和求解，却忽略了控制对象各参数之间的物理意义和逻辑关系。掌握的知识通常只能停留在复杂的公式表达式上，甚至有一些同学把“现代控制理论”课程当作一门数学课学习，将很多精力放在公式的变换和推导上，忽略了现代控制理论的本质，忽略了现代控制理论在解决非线性、时变系统等复杂系统智能控制方面的重要作用。

（二）课程内容和工程技术结合不紧密

厦门大学航空航天学院招收机械工程、仪器科学与技术、电气工程、航空宇航与制造等专业毕业的优秀本科毕业生，学生的本科教育背景多种多样，包含机械设计制造及其自动化、材料加工工程、精密仪器与机械等专业，而现代控制理论建立了一套普遍适用的理论体系，可以用来解决机械问题、电气问题、热力学问题甚至经济问题和人口问题等。理论的广泛性和专业的多样性导致了课堂讲授的内容偏向于共性的基础性知识，与相关专业的应用背景结合不是很紧密，学生学习过程中缺乏代入感，不能很好地将所学的理论知识应用到相关工程应用中，也很难将所学理论知识和工程技术建立思维上的联系。

（三）学生实践和创新能力培养不足

目前，本课程只有48个学时，讲授的包括控制系统的状态空间、系统的解、能控能观性、稳定性、线性定常系统综合、最优控制等六部分内容。受到课时的限制，实践环节的教

学内容严重不足，学生掌握了系统分析和控制的基本方法，却没有掌握这些方法的应用场合和实践过程。此外，课堂讲授的内容均为基础知识，所解决的问题也围绕在线性定常系统，对于在工程实践中常常面临的非线性和时变系统等内容教授不足。这使得学生缺乏解决复杂控制问题的能力，无法将所学习的知识应用到科研和创新工作中。

基于上述问题，我们总结多年的任教经验，逐渐摸索出一套现代控制理论的教学方法，以弥补传统课程教学内容和模式的不足，激发学生的学习兴趣和潜能，满足"新工科"对人才培养的要求。

三、教学改革与探索

1. 改进教学方法

(1)对比分析，"以旧增新"。针对现代控制理论知识点相对枯燥和抽象的问题，课程教学中广泛采用对比分析法，引导学生利用旧知识学习新内容，启发他们思考各种理论之间的差异，加深对理论知识的理解，构建和完善自身的理论知识体系。例如，在学习离散控制系统时，就可以从连续系统的描述、求解和特性入手，分析比较两种系统的异同，触类旁通，提高学习效率。对比分析法还可以应用在经典控制理论和现代控制理论的比较、定常系统和时变系统的比较、线性系统和非线性系统的比较、自由运动和受迫运动比较等诸多内容的学习中，学习效率事半功倍。

(2)"避重就轻"，抓住重点。课程尽量避开烦琐的公式推导和数学证明，仅仅把数学内容当作现代控制理论的工具，避免学生将过多的精力关注在理论运算上，引导学生抓住事物的本质，剖析数学公式背后的物理意义。例如，在讲解状态空间的线性变换时需要大量公式推导和数学运算，包括求矩阵的逆、求特征向量和特征根等等，学生很容易将注意力集中在公式和计算上，而对课程核心知识点(状态空间表达的多样性和转换方法)理解不透彻。实际上，现代控制理论只是利用这些线性代数的运算方法将系统在不同的状态空间内进行投射。因此，在授课过程中需要"避重就轻"，探寻繁杂矩阵运算背后的物理意义，将状态空间的变换从数学公式中解放出来。

(3)实现课程上网，启动虚拟实验平台建设。为了提高教学效果，课程建立了网络教学平台。平台发布了课程的教学大纲、教案、习题、实验指导、参考文献、网络课件、授课录像等教学资源，学生可以通过网络随时随地访问，完成预习、复习和课后作业等相关环节，平台还增加了网络公共留言板功能，学生将难点问题在线反馈，教师通过网络解答。课程网上平台上线 2 年以来累积了近万次的访问量。此外，为了给学生提供更多的实践环节，课程启动了基于网络的远程虚拟实验项目建设，利用 LabVIEW、Simulink 等工具对倒立摆、弹簧阻尼等系统进行建模仿真，使学生通过网络随时随地进行实验，增强理论学习的实践应用。

2. 紧密结合工程技术

（1）突出现代控制理论的工程背景，加强理论与工程技术的联系。为了使现代控制理论和工程技术更为紧密结合，课程在教学过程中大量采用工程案例进行讲解，例如倒立摆系统、弹簧振子系统、电气系统等。通过剖析系统的结构，指明工程问题中蕴含的基本理论，然后再讲解古典控制理论以及现代控制理论对这些工程问题的分析和解决方法。这些例子贯穿于每一章节，从系统的建模，到系统的求解，再到系统的能控性和能观性，最后到系统的优化控制。这些案例使学生主动发现和思考现代控制理论的优势和特点，并将深刻理解状态空间法在工程中的应用模式，不断加强现代控制理论和工程技术之间的联系。

（2）将 MATLAB 语言的知识穿插到教学内容中，培养学生利用计算机解决工程问题的能力。从理论的学习到工程应用，还需要跨过中间的技术环节。MATLAB 软件不仅可以对现代控制理论的状态空间、系统运动、能控能观性、稳定性和反馈控制器进行计算，还可以通过理论建模将实际工程问题用仿真实现，是工程实践必不可少的环节。因此，课程在每一章节结束后，安排了 MATLAB 语言的讲解，把本章理论内容相对应的关键指令、计算案例和控制流程等依次举例说明，课后布置关于 MATLAB 的实践作业，反复练习。通过工具语言的学习，有效提高了学生分析问题、解决问题的能力，补齐了理论学习与工程技术之间的缺口。

3. 提高学生实践和创新能力

（1）调整考核方式，增强实践引导。有效的考核方式对学生的学习热情和积极性有着重要的影响，是课程中非常重要的环节。原有的现代控制理论采用期末闭卷考试的方式考核。为了进一步提高学生的实践能力和创新能力，课程采用了全方位、多层次的考核办法，采用作业成绩、随堂考试成绩、课堂参与以及期末闭卷考试等多种成绩综合的方式进行考核，并逐渐提高实践环节的分数比重，引导学生加强工程实践。此外，课程还设置了免考条件，鼓励学生通过撰写现代控制理论相关的学术论文、创新性作业或其他相关科研成果等方式替代期末闭卷考试，增强学生的创新能力培养。

（2）瞄准科研方向，精准布置作业。为了进一步提高学生的工程实践能力，课程设置了开放式的工程作业。学生根据自身的研究方向，自主选择合适的受控对象进行系统分析和控制器设计，将课程学习的知识迅速地转化成科研实践。例如电气工程的学生选择直流电机控制系统、RC 电路投切系统作为研究目标，机械工程的学生选择汽车悬架控制系统、运动主轴控制系统作为研究目标。每位学生将科研方向和现代控制理论的教学有机结合起来，极大调动学生从理论学习到实践过程的积极性。

四、课程效果分析与总结

经过多年的尝试和改进，现代控制理论课程的教学质量显著提高，并逐渐从纯理论教学逐渐发展为学生开展工程实践和工程应用的平台，已经形成了学生主动参与和思考的良好教学氛围，具体表现在如下几个方面。

(1)在理论教学部分，通过教学内容和方法的调整，学生已经从繁杂的数学计算中解脱出来，更为关注现代控制理论的基本原理和核心思想。学生在学习过程中能够抓住课程的重点，掌握基础理论知识更为牢靠，无论是平时的作业成绩，还是期末考试卷面分数均较好地体现了这一点。

(2)在实践教学中，学生较好地掌握了 MATLAB、Simulink 等工程计算分析工具，并能够将其利用在数学建模、状态空间构建、系统能控能观性和稳定性分析、控制器设计和优化等环节中，既实现了控制系统分析设计整个过程的全覆盖，又实现课程理论知识的全覆盖，学生对课程的内容的理解更加完整和深刻，形成了理论和实验紧密结合的学习氛围。

(3)在创新方面，通过工程作业的引导，学生积极将所学习的知识投入自身研究方向中去，完成了精密加工隔振系统建模与分析、压电悬臂梁的现代控制理论设计与优化、微量注射泵推进系统的建模与仿真、无人机纵向运动系统分析与优化等优秀的工程作业，这些教学实践与学生的研究方向密切相关，帮助学生在理论方面寻求创新。一些学生继续将工程作业扩展，撰写学术论文并发表在国际期刊上(Harmonics Detection via Input Observer with Grid Frequency Fluctuation)，进一步推动了学生科研创新能力的培养。

但是，现代控制理论的教学也存在着一些问题。首先，学生本科专业的多样性在教学效果上体现出较大的差距。一些学生存在基础理论知识欠缺、建模能力不足等问题，直接影响了课程的教学效果，而这些问题并不是通过本课程的教学就能解决。因此，课程后续将对预备知识进行归纳和总结，帮助相关学生克服知识储备不够的问题。其次，由于课程学时所限，目前无法开展实验教学，这一定程度上限制了学生实践能力的培养。随着虚拟现实技术的发展，课程拟通过网络虚拟仿真的方式开展实验，可以使学生利用课后时间弥补实践环节。但由于线上实验资源匮乏，后续课程还需加强线上实验条件的建设。

课堂是新工科人才培养的主渠道，课堂一端连接着学生，一端连接着国家战略需求和产业发展。当传统的教学方式已经不再适合未来工科人才的培养时，就要求教师进一步转变教学理念，在教学方法，教学内容和教学方式上不断创新；继续加强理论与工程实践的联系，充分发挥工程案例的引导作用；打通科研与教学之间的通道，将科研资源转化为教学资源，让实验室里的科研成果变成“活教材”。只有这样，才能实现培养“善于从工程中发现科学问题，并能运用科学原理解决工程难题，能够解决人类面临重大问题和国家重大战略需求的未来工程领军人才”的最终目标。

参考文献

[1]林健:《面向未来的中国新工科建设》,《清华大学教育研究》2017 年第 2 期。

[2]钟登华:《新工科建设的内涵与行动》,《高等工程教育研究》2017 年第 3 期。

[3]夏博、胡雪、曾海峰、葛云、张立新、赵庆展:《基于"新工科"项目的机械工程控制基础课程的教学探索与启示》,《高教学刊》2019 年第 14 期。

[4]刘豹、唐万生:《现代控制理论》,机械工业出版社 2006 年版。

基于新工科的弹塑性力学*教学改革设想

张灿辉**

摘　要：为了满足新工科要求我国需要培养更高创新能力的新时代人才，而作为土木工程、岩土工程和工程力学等专业基础理论课程的弹塑性力学是创新能力的主要驱动，但目前该课程远没有得到大部分研究生的重视，这对创新能力的培养产生了很大的限制，极大地影响了将来的发展潜力。本文基于新工科的创新性要求，对弹塑性力学的教学内容及其教学方式提出了一些改革设想，强调学生需要加强力学知识增加力学思维训练才能发展成为具有创新能力的新工科人才。

关键词：新工科；弹塑性力学；创新驱动；教学改革

一、前言

为了培养创新型人才，能够在未来快速发展的新产业中引领时代，近年来催生了各种与新工科有关的研究项目与实践项目，形成了一系列战略共识包括复旦共识和天大行动以及北京指南等[1-2]。需要指出，新工科的最主要特征是培养学生的创新能力，而要具有创新能力学生必须具备良好的力学思维习惯。弹塑性力学课程作为力学的核心课程[2]十分有利于让学生在拥有深厚的力学知识基础上进行有效的力学思维训练[3-4]。然而，因为弹塑性力学需要进行高度的力学抽象和严密的逻辑推理，需要涉及许多数学推导，特别是进行复杂的偏微分方程求解，所以学生普遍认为弹塑性力学难度很大[5]。本文基于新工科的要求，在弹塑性力学课程体系和教学方法方面进行了一些教学改革尝试。

二、力学思维和新工科

工程、力学和数学是力学思维过程中的三个落脚点，其中力学是沟通和连接数学和工

* 课程获厦门大学研究生优秀示范建设课程项目资助。

** 张灿辉，厦门大学建筑与土木工程学院副教授。

程的桥梁。所谓力学思维就是在工程、力学和数学三者之间进行互相转换的思维过程，包括两个思维方向相反的数学思维和工程思维。数学思维是把工程问题进行力学抽象再利用数学方法进行求解的思维过程，要求能对实际工程问题进行力学建模，然后进行定量数学描述并求解，可以培养从多个问题中总结出一般力学规律的抽象归纳能力，而工程思维是一种基本理论知识的应用过程，是培养把同一个理论应用到多种工程领域的具体演绎能力，善于工程思维的人才能够举一反三和触类旁通，具有很强的创造能力。在工程思维过程中力学关心的是实际问题中具有普遍意义的基本原理而不是一个特定专业的专门知识，所以经常是利用机械专业知识却可以理解土木专业、水利专业或航空航天专业以及其他相关行业的知识。一般可以把主要力学课程分为力学基础课程、力学核心课程、行业力学课程以及横断面力学课程四类[2]，其中弹塑性力学属于力学核心课程，可以对学生进行十分有效的力学思维训练。弹塑性力学是土木工程研究生教育中的重要基础课程，不仅是一些专业课程包括有限单元法、结构动力分析、复合材料力学和断裂力学、高等混凝土结构、钢结构、桥梁工程等等的基础，也是 NASTRAN、ABAQUS 和 ANSYS 等多种商用软件的核心技术内容，在现代工程的大型结构数值模拟和分析计算中，进行深入分析的基础仍然是弹塑性力学的求解方法。

新工科的人才培养是以学生为中心而以成果为导向的，这种培养模式决定了发展新工科的基础和根源是创新驱动性。事实上新技术的不断变革和发展，必然要求科学技术人员具备很强的创新能力，所以，从根源上来说创新才能驱动新工科的产生和发展。可见培养创新能力是新工科教育改革中最关键从而最迫切的任务，而这种创新能力的培养正是研究生培养的关键指标，为此，有两点需要强调：

1. 核心变革的创新必然涉及力学问题

真正的创新绝不仅仅是变换一些表面上的形式，而是要深入内部对所存在问题进行深刻分析才能解决核心技术问题，不断产生根本性的突破，而几乎所有工科专业包括土木工程、机械工程、航空工程甚至证券市场的大数据工程，当进入其核心进行分析几乎都会涉及力学问题即归结为力学模型的简化从而最终建立数学模型并进行求解，所以，力学可以认为是许多工科专业的核心和骨架，想达到其最高水平几乎很难不触及力学问题。有一个有意思的现象，很多工科专业的博士毕业论文都特别类似于力学专业的博士毕业论文，为什么？因为要达到该专业的博士水平，必须深入该专业的核心去发现问题并解决问题，而这些核心问题事实上几乎都是力学问题。

2. 力学专业不能取消

众所周知，力学是新工科地下部分的根系基础，新工科的具体专业是其枝叶顶端，顶端枝叶的茂盛必须地下根系的支持。但是，力学作为新工科专业基础课程，是否需要将它作为与其他新工科完全并列的力学专业？很多工科专业老师都具备力学基础，是否可以让这些老师来上力学课而不需要另外建立力学专业？现在很多高校都取消了力学专业，某些工科院系甚至取消力学课程(或许直接在专业课里面增加力学基础内容而没有开设力学课程)，这显然不合适！一方面，想给学生一杯水教师首先应该拥有一桶水，而力学老师一般更具备这个条件，专业课老师一般较难胜任。另一方面，如前所述，工科专业的顶层一般相当于力学专业，其核心问题往往归结为力学问题，所以需要力学专业的专家和学者进行分析和解决。可见，保留力学专业与其他新工科专业并行，不仅教学中需要，而且实际科技发展也需要。

三、优化课程体系组织教学内容

根据土木工程和岩土工程以及工程力学等学科的不同培养要求，对弹塑性力学课程体系进行了如下优化：

1. 对平面问题基本理论进一步加强

平面问题的基本理论是弹性力学的基础，这些基本理论也是空间问题和有限元方法等后续内容的基础，因此讲授中需合理分配课时，对平面问题的基本理论及其直角坐标解答进行重点讲解和课堂讨论。

2. 精简内容

由于差分法求解平面问题要手算从而需要较大计算工作量，在目前计算机性能日新月异的情况下，已经没有太大的实用性，把该部分内容删去，考虑到复变函数课程有些学生不一定上过，所以平面问题复变函数解答这一章也删去。另外，推导平面问题级数形式解答的公式非常复杂，学生如果有兴趣可以自学做一些了解即可。这样就可以节省课时，从而讲深讲透主要内容。

3. 加强例题讲解

理论抽象并且题目难做是本课程的特点，因此在讲授完每一章的理论内容之后增加许多丰富精彩的例题，帮助学生了解本课程的难点和关键点，并且结合生活中的具体实例帮助学生理解和接受一些抽象的概念，同时在教学过程中穿插一些必要的高等数学内容帮助学生解决一些数学上的推导和计算困难。

4. 补充内容

在教学中适当补充一些其他方面的内容，增加和丰富学生的知识领域，例如在进行楔形体承受竖直重力和侧向水压力的讲解中，增加了有关量纲分析理论，使学生了解在科学研究和实际工程应用中量纲分析是一个十分有效的工具。在介绍塑性力学的两种最常见的屈服条件过程中，要求学生回顾材料力学所学的第三强度条件和第四强度条件，并了解它们之间的内在关系，使得学生所学的材料力学内容能够进一步升华到塑性力学。

5. 弹塑性概念对比分析

学习弹塑性力学，着重使得学生理解，弹性力学的本构方程必须满足广义胡克定律的应力应变一一对应关系，而当材料进入塑性变形以后其应力和应变关系就和加载的历史有关，必须利用全量理论或者增量理论才能正确描述，从而通过对比分析让学生掌握了弹性力学和塑性力学有什么样的区别和什么样的联系。

四、改革教学方式

1. 循序渐进的学习方法

在土木工程的硕士研究生学习阶段，所有学校都必须开设弹性力学或弹塑性力学课程，但在本科阶段的力学类课程中一般已经开设了三大力学包括理论力学、材料力学和结构力学，而且这三大力学都是重点课程。因此，可以在教学中从材料力学的基本概念和基本问题切入，逐渐引申扩展到弹性力学或塑性力学。例如，从材料力学的最重要假设即平截面假设切入，在弹性力学的教学中可以求解纯弯曲梁和横力弯曲梁问题，通过纯弯曲梁的精确结果与材料力学完全一致证明材料力学中纯弯曲梁的平截面假设完全成立，但是通过横力弯曲梁问题的弹性力学精确解答可以证明材料力学的平截面假设并不成立，只有当高垮比较大时才能近似满足。这种循序渐进的学习方法可以逐步引导学生进入弹性力学课程，而且让学生觉得弹性力学比材料力学更高级更有用。事实上学生在本科时期接触到的材料力学只是一维的变形体力学，其内力是横截面上的合内力而所涉及的也只是一维常微分方程(结构力学主要研究杆梁组成的结构，所采用的先拆再搭求解方法与微分方程无关，而拆开以后的单元仍然基于材料力学解答，所以本质上仍然是材料力学的范围)，因此学生对于弹性力学中分布内力即应力及其多维偏微分方程组可能脑子会一下子转不过弯来，为此在教学中建议首先介绍较简单的二维平面问题，可以考虑选择徐芝纶的《弹性力学简明教程》第一章到第四章作为初始学习内容[6]。

2. 传统板书与现代多媒体相结合

许多高等院校目前普遍减少理论课的学时，弹塑性力学课程作为一门典型的理论课程自然避免不了类似的困境：一方面要保证完整和连贯的知识理论体系，另一方面单一的传统板书模式很大地限制了教学效率，所以需要综合采用现代化多媒体教学模式和传统板书模式才能有效地解决效率问题从而摆脱这一学时不足的困境。现代化多媒体教学模式采用文字和图形甚至动画对课程内容进行加工，形成生动和精彩的课件，然后利用电脑进行演示，可以提供大量的课堂信息，极大地提高教学效率，使得老师的创造性和积极性得到充分发挥。然而，对于弹塑性力学需要推导许多复杂的数学公式，如果仅仅采用现代化多媒体教学方式，又会使得教学进度过快，学生往往跟不上电脑播放的节奏。为此，为了弥补单一教学手段的不足，有必要在弹塑性力学的授课中恰当结合传统的板书教学模式和现代化的多媒体教学模式。本课程将多媒体教学与板书进行充分结合，根据不同的教学内容和教学目标采用不同的教学模式。在具体实施过程中，由于每届学生特点略有不同，根据内容需要可在部分教学过程中穿插讨论或让学生上台讲授部分内容，以提高整体的学习效果，促进毕业要求指标点的达成。

3．理论学习和实践相结合

在新工科背景下，学好弹塑性力学就是需要在分析问题和解决问题过程中逐渐养成良好的力学思维习惯，只有习惯了良好的力学思维才能具备新工科所需要的创新驱动力，从而应对未来日新月异的科技新局面。在弹塑性力学的实际教学中首先要回答学生一个最常问的问题“学弹塑性力学有用吗？”学生的“有用”一般指弹塑性力学课程所学到的内容在毕业以后参加工作是否用得上，而老师对此只能无奈地回答“没用”，很多毕业以后的师兄师姐也会反馈说在实际工作中确实很少用到弹性力学更不用说塑性力学这些抽象的理论和复杂的公式。但弹塑性力学真的没有用吗？事实是，很多实际工程人员在应用数值分析软件时要么不知道计算结果是不是正确，要么就算能够知道结果是错的也不知错在哪里更不知道如何解决[7]。这是为什么？这其实就是没有真正掌握基本理论所导致的必然结果。可见，并非弹塑性力学的理论和公式没有用，而是由于没有真正掌握这些理论和公式所以根本没法用。而真正学好并掌握弹塑性力学的基本概念和基本原理应该包括深入理解和灵活应用，因此，必须加强学习基础理论知识，并且注重应用与实践，这是一个学习实践再学习再实践的不断循环往复的过程。“学而时习之，不亦说乎！”“习”就是“实践”（不是简单的“复习”），要在学习之后进行实践，才能真正学好知识，这已经在教育界乃至整个社会达成共识。正基于此，很多专家和学者都反复强调要在学习理论知识的基础上增加实践活动，在教学中结合工程课题训练，培养学生能够使用力学基本原理去解决复杂的实际工程难题。然而，虽然结合实际工程课题的实践十分重要，但这并不是唯一的实践方式和途径，为此，有两点需要指出：

（1）习题训练是一种需要首先完成的最基本训练

实践不仅仅是实际工程中的课题和项目，教学中的例题和课后的习题也是一种实践，是一种最简单的实践，是一种首先必须进行的实践。如果连课后的习题都做不出来，怎么能够去很好的解决实际工程项目中存在的更大更复杂的难题？需要指出，学和用不是简单的谁先谁后的问题，是一个循环往复不断提高的过程。要在学的过程中不断实践，通过实践发现了不足之后，再返回来进行更深入的学习。因此，通过习题训练的实践，一则发现理论学习的不足再返回去弥补甚至重新学习。学习中经常是以为基本概念和基本原理都已经完全掌握了，当在做习题的时候才发现根本还没有正确理解，于是要返回去重新学习和理解基本概念和基本原理中不清楚甚至错误的认识。二则通过习题训练学会解决问题的基本方法和技巧。如前所述，真正掌握基本概念和基本原理包括对其正确理解和在实践中的灵活应用，而习题训练就是在培养学生的基本原理的应用能力，习题训练中的基本方法和技巧是实际工程中基本原理应用能力的很重要基础。

(2)公式推导也是一种实践

基本原理的正确和深入理解十分重要，这是理论能不能在实践中很好应用的基础和前提，只有对基本概念和基本原理能够深入理解，才能在实际问题中进行灵活应用。事实上基本概念和基本理论是前人的经验总结，教师在授课过程中也会经常介绍自己的心得和体会，这些经验和心得体会不仅可以帮助学生节省学习时间，而且可以为学生指明学习的方向从而少走弯路。但如何才能深入理解基本感念和基本原理即把前人的经验和体会变成自己的心得体会？公式推导是一个有效的途径，从这个意义上说，公式推导也是一种实践。可见学习中的数学公式推导过程也是十分重要的，有时候看书上的推导过程和老师课堂上的推导过程，感觉都没有什么问题甚至理所当然，但自己动手推导才发现不是那么顺畅和理所当然，甚至推导不下去，原因在哪里？根源还是对基本概念和原理还没有完全掌握，如果理解不深入和不深刻，推导就会不顺畅，而如果理解错了就会因为推导错误而根本进行不下去，但这种情况只有在动手进行推导才能暴露出来，所以理论上的推导十分必要，只有通过亲自推导才能真正透彻理解很多原理，所以公式推导也是一种学习后的实践，一种习题训练之前的实践，这在弹塑性力学课程由于包含更多数学推导而显得更加突出。现在很多人对复杂的公式推导由于枯燥而不重视甚至认为不需要，是不可取的，事实上由于压缩学时而不能在课堂上采用板书进行实际推导(虽然采用现代多媒体教学，但相当于看书上推导而不是动手推导)，已经产生了很大的学习问题，如果在学生中再传播推导不重要的思想，将产生更不利的影响。

五、改革课程考核方式

传统的课程考核方式一般采用填空题、选择题结合少量的计算题，因为弹塑性力学的考核内容主要包括基本概念和基本原理及其应用，特别是塑性力学主要以基本概念和基本原理为主，所以采用填空和选择的考核方式更合适。但是，作者在传统考核方式的基础上增加一些大作业形式的实践性考核内容，由学生结合自己导师的研究内容并经任课老师同意确定大作业的内容，完成之后不仅提交报告而且进行现场答辩。根据实际结果发现，学生经过了大作业的实践，对基本概念和基本理论的理解和掌握更加深入和透彻，往往能够提出一些意想不到的闪光点，这就是创新的源泉，也是新工科所需要的宝贵驱动力。

六、结论

本文根据新工科创新驱动性要求详细论述了力学专业的必要性，并对教学内容和教学方式改革进行了探索，强调了学生在实际工程项目实践之外，习题训练是一种首先需要完成的最基本训练，同时公式推导也是深入理解基本概念和基本原理的一种必要的训练。

参考文献

[1]胡波、冯辉、韩伟力等:《加快新工科建设，推进工程教育改革创新》,《复旦教育论坛》2017 年第 2 期。

[2]张海生:《我国高校“新工科”建设的实践探索与分类发展》,《重庆高教研究》2018 年第 1 期。

[3]李同林等:《弹塑性力学》,中国地质大学出版社 2006 年版，第 5～150 页。

[4]马宏伟、张伟伟:《新工科力学课程体系的几点思考》,《高等工程教育研究》2018 年第 3 期。

[5]吴爱华、侯永峰等:《加快发展和建设新工科主动适应和引领新经济》,《高等工程教育研究》2017 年第 1 期。

[6]徐芝纶:《弹性力学简明教程》,高等教育出版社 2013 年版，第 9～87 页。

[7]崔春义、赵九野等:《新工科建设背景下弹塑性力学课程教学改革研究与实践》,《航海教育研究》2019 年第 2 期。

硕士生思政课实践教学改革探析*

罗　文**

摘　要：硕士生思政课开展实践教学改革是新时代研究生思政课教学工作的要求，实践教学是思政课课堂理论教学的延伸和拓展，具有重要的实践育人功能，应探索建立适合硕士生的思政课实践教学模式。但硕士生思政课实践教学也面临着不少现实难题，主要是对硕士生思政课实践教学重视不足、管理较为松散、保障不够充分、评价考核机制有待完善等。适合硕士生特点的思政课实践教学模式选择，应立足于硕士生成长成才的规律，满足研究生对实践教学的实际需求，带有课题研究性质的社会调查是十分适合硕士生的一种思政课实践教学模式。通过凝聚对硕士生思政课开展实践教学的共识，合理设计实施方案，有序推进实践教学，完善硕士生思政课实践教学的管理机制、保障机制和考评机制，构筑以社会调查为抓手的硕士生思政课实践教学模式是一条切实可行的改革路径。

关键词：硕士生；思政课；教学改革；实践教学；社会调查

思想政治理论课（以下简称“思政课”）是高校立德树人工作的主渠道和主阵地，肩负培养时代新人的重托。为此，在高校从大专生、本科生到硕士生、博士生无例外都要求开设思政课进行思想政治教育。研究生思想活跃，独立、成熟、多元、多样、多变以及个体差异性是其特点，这使得以硕士研究生为教育对象的思政课教学面临着不少挑战。硕士生思政课教学急需超越传统知识灌输的方式，进行以提高实效性、获得感为目标的教学改革。本科生思政课教学改革后，实践教学已成为“标配”。在校领导和有关职能部门的大力支持下，厦门大学马克思主义学院努力推动思政课实践教学改革，除了本科生思政课实践教学已实现全覆盖，近期也在硕士生思政课中积极推进实践教学改革。研究和探索硕士生思政课实践教学改革是当前研究生课程教学改革的客观需要。

---

* 基金项目：2018 年厦门大学教学改革研究项目（思政类专项）“三位一体教学模式下思想政治理论课考核方式的改革与创新研究”（项目编号 JG20180301）；厦门大学 2018 年“课程思政”建设计划立项项目：“基础课”有关“培养法治思维”问题的专题教学设计与研究。

** 罗文，厦门大学马克思主义学院副教授、思政课教学改革研究中心主任。

一、开展实践教学改革是新时代研究生思政课教学工作的要求

(一)硕士生思政课实践教学是课堂理论教学的延伸和拓展

高校思政课的实践教学，指在教师的指导下，有组织、有计划、有目的地引导学生主动参与思政课教学建构的实践性教学活动，通常以社会调查、参观考察、公益活动等形式在课堂外进行。习近平总书记在 2019 年 3 月 18 日全国思政课教师座谈会的讲话中指出："要坚持理论性和实践性相统一，用科学理论培养人，重视思政课的实践性，把思政小课堂同社会大课堂结合起来，教育引导学生立鸿鹄志，做奋斗者。"[1] 2018 年 4 月，教育部颁发文件《新时代高校思想政治理论课教学工作基本要求》，文件中指出："实践教学作为课堂教学的延伸拓展，重在帮助学生巩固课堂学习效果，深化对教学重点难点问题的理解和掌握。要制定实践教学大纲，整合实践教学资源，拓展实践教学形式，注重实践教学效果。"因此，应当重视思政课的实践教学，加大实践教学投入，让学生在社会实践的熔炉里接受教育。

实践教学强调教师的引导和学生的主动参与，鼓励学生带着问题走出课堂，进行理论知识的拓展与深化、实践操作的锻炼与体悟。实践教学，让学生在实践中达到自我教育、理论联系实际、促成知行统一的效果，进而巩固和深化课堂理论教学成果，实现理论教学与实践教学二者的有机融通。思政课的实践教学还着眼于锻炼和提高学生运用马克思主义理论分析、解决实际问题的能力，促进学生实现理论与实践的相统一。

(二)实践教学在硕士生思政课教学中发挥着重要的实践育人功能

实践教学的价值在于"实践育人"。思想政治教育与实践本身具有内在的关联性，实践的观点是马克思主义理论的精髓，马克思说："不是从观念出发来解释实践，而是从物质实践出发来解释观念的东西。"[2] 思政课教学内容与社会现实联系紧密，需要面对和化解的学生思想问题也比较复杂。这决定了思政课除了课堂教学的主阵地，走出课堂开辟实践教学第二课堂有必要性。除了在课堂上阐释理论，还应让学生在现实中、从具体实践中去学习和体会，加深对理论知识的理解和感悟，实现实践育人的效果。学生学习马克思主义理论，确立马克思主义的立场、观点与方法，树立正确的世界观、人生观和价值观，需要在实践教学中获得落地，通过内化和外化的动态过程逐步实现知行统一，从而推动受教育者自觉践行社会主义核心价值观。这正是思政课开展实践教学的价值所在。

实践教学的价值还在于能调动和发挥学生的主观能动性。习近平总书记在全国思政课教师座谈会的讲话中指出："要坚持主导性和主体性相统一，思政课教学离不开教师的主导，同时要加大对学生的认知规律和接受特点的研究，发挥学生主体性作用。"[3] 实践教学能够增强受教育者的情境感受和体悟，积极调动受教育者进行自我教育的内在动因，可

以帮助学生获取知识、培养能力、提高素质，引导学生自己教育自己，发掘他们内在的积极性和创造性，提高他们的自我认识、自我评价、自我管理的能力水平。这是一种把教育与自我教育结合起来的好方法，可以将被动接受思想政治教育转变为主动参与思想政治教育，实现单向灌输向共同探索的建构式教学转化，是改善思政课获得感、提高教学实效性的重要途径。

(三)探索建立适合硕士生的思政课实践教学模式

硕士生思政课实践教学的模式有多种选择。从实践场所分，有课堂实践、校园实践和校外实践；从实践形式分，有社会调查、现场教学、情境虚拟实践、社会实验、辩论会、演讲赛、参观考察、人物访谈、公益活动、志愿者服务、情景剧表演、短视频拍摄、主题课件制作等。但基于硕士生的能力和特点，以及多数学校研究生教学的实际情况，在校内外进行社会调查，尤其是走出校门的社会调查，是一种比较适合硕士生的思政课实践教学模式，成为很多学校的首选。

调查的方法是进行思想政治教育的重要途径，有利于学生加深对理论的理解，并且有助于提高学生研究的能力和社会活动能力。[4]思政课的社会调查，是结合思政课教学内容，面向社会现实问题，组织学生开展实证调研。这种实践教学形式是兼具理论向度的一种实践教学模式，有助于研究生在实践中深入理解马克思主义的科学内涵与方法体系，感悟马克思主义理论的强大生命力与现实解释力，加深对理论知识的理解，起到将理论知识转化为理论信仰的催化作用。社会调查还为思政课教学的重难点与社会热点问题之间提供了有效对接的途径，具有很好的问题导向，推动了思政课教学方法由传统灌输式向情境式、体验式、启发式的创造性转化。通过社会调查，锻炼学生运用马克思主义理论分析和解决实际问题的能力，从中进行理论知识的拓展与深化、实践的锻炼与体悟、能力素质的培养与提高，有助于学生在深入的调研中深刻认同中国特色社会主义，增强“四个自信”。研究生在社会调查的实践教学中不仅可以内化理论知识，在一定程度上还培养了研究与创新能力，是一种融思政课教学与科研训练于一体的实践教学模式，这不仅有利于提高研究生的思想政治素质，还有利于锻炼研究生的科研素质。因此社会调查模式凭借多重的教学效果使其成为硕士生思政课实践教学改革的重要抓手。

二、硕士生思政课实践教学的现实难题

(一)对硕士生思政课实践教学重视不足

主观上对硕士生思政课实践教学重视不足，主要是因为认识上仍然存在误区，对硕士生思政课是否需要开展实践教学缺乏应有的共识。部分教学管理者和部分思政课教师以及部分研究生都存在这样一个现象：认为本科生阶段思政课搞实践教学就可以了，研究生

阶段就没必要做了，甚至连研究生阶段还要不要上思政课部分人都还存有模糊认识。对硕士生思政课实践教学存在畏难情绪、怕麻烦的心态，将实践教学看作是思政课的额外负担，缺乏对思政课理论教学与实践教学一体两面、有效融通的认知与认同，“重课堂、轻课外，重理论、轻实践”的现象依然存在。

(二)对硕士生思政课实践教学的管理较为松散

思政课实践教学通常在课外或校外组织进行，与课堂教学相比更加复杂、烦琐，这就需要学校主管领导、教学管理部门、学生管理部门以及参与实践教学的师生密切配合、通力合作，才能确保实践教学顺利开展。但目前不少高校在实践教学的组织管理上，存在制度不完善、机制不合理的状况，在实践教学的具体运行过程中，管理主体不明确、管理规则不健全、考核方式不统一等问题依然存在。不少学校硕士生思政课实践教学在教学计划、实施方案、实践报告规范、考核评价标准等方面仍存在空白或不完善的问题，究其原因，不外乎是硕士生思政课实践教学的管理较为松散所致，建章立制不到位，缺乏规范化、制度化的管理。

(三)对硕士生思政课实践教学的保障不够充分

随着研究生招生人数的逐年增加，硕士生思政课的授课班级经常是大班上课，课时少，人数多，课堂教学任务本已经很繁重，更何况组织数量众多的学生在课堂外进行实践教学，过程复杂、管理困难、安全隐患多、生师比过高、老师负担重，这些客观因素严重制约了思政课实践教学的进一步拓展。实践教学活动过程中的安全预案也急待建立，相关安全问题需制定预案，未雨绸缪。实践教学活动需要一定的经费保障，虽然教育部曾明确要求各高校每年要划拨专项经费用于思政课实践教学，但一些高校由于种种原因，并没有落实硕士生的思政课实践教学专项经费，有的学校虽有，但没有给足给到位，不能满足实践教学的实际需求。实践教学的长效保障机制亟待建立。

(四)硕士生思政课实践教学评价考核机制有待完善

硕士生思政课实践教学的评价考核机制还需要不断完善。由于实践教学的多样性、复杂性、实践性，实践教学的量化评价操作难度较大。但为了确保学生实践教学成绩评定的公平公正，硕士生思政课实践教学的评价考核机制需认真研究、科学设计、统一标准，加强评价考核的规范性，减少随意性。同时还应建立对实践教学指导教师的合理考核办法和激励机制。

三、构筑社会调查为主的硕士生思政课实践教学模式

(一)充分重视硕士生思政课实践教学

习近平总书记在全国思政课教师座谈会的讲话中强调:“要建立党委统一领导、党政齐抓共管、有关部门各负其责、全社会协同配合的工作格局,推动形成全党全社会办好思政课、教师认真讲好思政课、学生积极学好思政课的良好氛围。”[5]因此硕士生思政课开展实践教学改革需要凝聚各方共识,除了教学负责部门、相关老师和学生,还需要学校有关职能部门共同参与和大力支持。可以建立由思政课教学负责单位牵头,学校主管领导和学校各有关部门负责人共同参加的实践教学联络会议制度,加强各方的协调合作,筹划实践教学的顶层设计,明确硕士生思政课实践教学的学分安排(可从 2 学分的硕士生思政课“中国特色社会主义理论与实践研究”拿出 1 学分用于实践教学),确定投入实践教学的经费额度,合理配置资源,检查督促实践教学计划的执行情况,形成合力推进硕士生思政课实践教学改革的局面。

(二)选择适合硕士生特点的思政课实践教学模式

适合硕士生特点的思政课实践教学模式选择,应立足于硕士生成长成才的规律,满足研究生对实践教学的实际需求,带有课题研究性质的社会调查是十分适合硕士生的一种思政课实践教学模式选择。为什么选择社会调查作为硕士生思政课实践教学的主要模式?一是能发挥研究生的能力素质专长;二是方便与指导老师的科研需求相结合;三是可实现教学、科研、育人三者的有机融合。在实践教学过程中要注重调动和发挥学生参与实践的自觉性、积极性和创造性,促进实践教学效果的提升。社会调查的实践选题应深耕教材,结合“中国特色社会主义理论与实践”展开对马克思主义中国化最新成果的现实运用,硕士生调研课题的深度应当比本科生更加深入,努力培养和激发研究生的创新思维能力。

(三)合理设计硕士生思政课实践教学实施方案

明确担任硕士生思政课教学任务的教师负责指导任教班级的研究生实践教学事宜。任课教师要指导学生围绕思政课教学内容,面向社会现实问题、焦点问题设计调研具体主题,调查成果以调研报告形式呈现,并作为实践教学环节成绩评定的主要依据。学生以课题小组的形式开展社会调查活动,通常学生自愿组成 10 人左右的小组,小组成员需要分工配合,通过问卷调查、文献阅览、访谈和观察记录等方法,进行数据资料的收集整理、分析研究、讨论总结、提炼观点,共同完成不少于 5000 字的调研报告。

硕士生思政课实践教学需做到整体有序推进。图 1 为硕士生思政课社会调查实践教学的基本组织流程图。

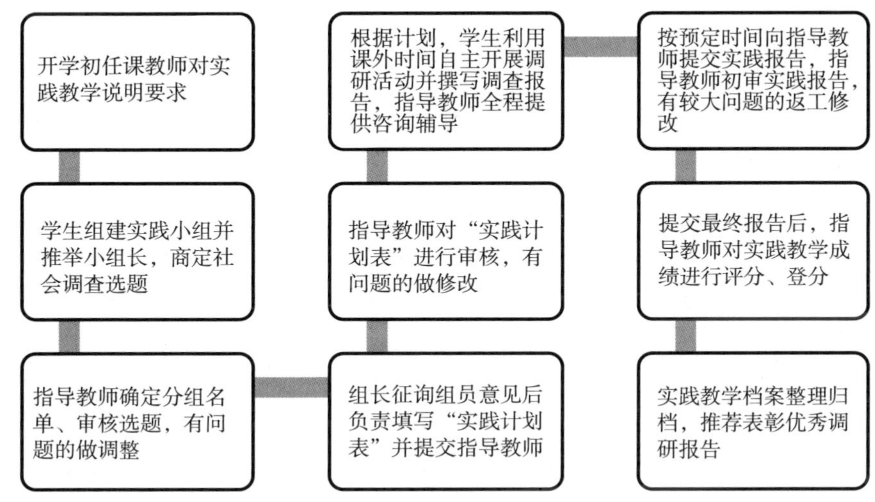

图 1　硕士生思政课社会调查实践教学的基本组织流程图

(四)建立健全硕士生思政课实践教学管理和保障机制

加强硕士生思政课实践教学的规范化建设，构建制度化、程序化的实践教学管理机制，将实践教学全面纳入硕士生思政课的教学计划，制订翔实的实践教学实施方案，强化对实践教学工作的检查监督，形成对思政课实践教学的科学引领。通过建章立制，以制度化建设推动硕士生思政课实践教学改革与发展。学校每年按时划拨硕士生思政课实践教学专项经费，保障硕士生思政课实践教学的顺利实施。

(五)完善硕士生思政课实践教学的考评机制

实践教学纳入硕士生思政课的考核评价体系，研究生思政课实践教学成果可按 40% 左右占比折算成分数计入课程的总成绩。教师承担实践教学指导工作计入工作量。学校每学年组织一次实践教学优秀成果的评选，把研究生思政课的优秀调研报告纳入遴选范围，对表现优秀的学生团队和指导老师给予奖励，并将优秀的社会调查报告结集出版，提高实践教学成果的显示度，形成有效的激励机制。

进一步完善硕士生思政课实践教学考核评价体系，采用定性评价与定量评价相结合的方式以及过程评价与结果评价相结合的评价方法，力求全面反映和客观评价实践教学效果。以社会调查来说，着重考察学生的调研态度、选题意义，注重调研报告内容、形式规范、鼓励创新。调查报告撰写要求叙述清楚，条理清晰，数据、资料翔实，结论有理有据。影响社会调查实践教学成绩评定的主要因素如表 1 所示。

表 1 成绩评定因素表

考核要素	评价因子	分值比例(%)
选题	选题意义与价值	15
态度	实践计划内容详细、完善	10
	调查问卷设计科学、合理	10
内容	实践报告内容丰富、材料翔实	20
	实践报告语言表达流畅,逻辑正确	10
形式	实践报告结构完整、条理清晰	10
	报告文本排版清楚、格式规范	10
创新	观点的科学性、正确性、创新性	15

四、结语

硕士生思政课开展实践教学对提高硕士生学习思政课的主动性、积极性,培养勇于探索的创新精神和善于解决问题的实践能力,增进对社会的了解,进一步加深对理论的理解,促进理论与实际相结合,不断增强运用马克思主义理论分析解决实际问题能力等方面都具有十分重要的作用。因此,必须凝聚各方共识,进一步重视硕士生思政课的实践教学,协同推进硕士生思政课实践教学改革,构筑以社会调查为抓手的硕士生思政课实践教学模式是一条切实可行的改革路径。

参考文献

[1][3][5]《立德树人,习近平强调办好这个"关键课程"》,http://politics.people.com.cn/n1/2019/0319/c1001-30983801.html? form=rect,2019 年 3 月 19 日。

[2]《马克思恩格斯全集》第 3 卷,人民出版社 1982 年版,第 43 页。

[4]潘懋元主编:《高等学校教学原理与方法》,人民教育出版社 1995 年版,第 203 页。

基于数字技术介入的研究生建筑设计课程教学改革与实践*

饶金通　张燕来　李立新**

摘　要：当前教育部提出建设和发展新工科，全面深化高等教育改革，加快工程教育改革创新已成为高校教育改革的热点。在新工科背景下，建筑学科研究生的创新培养存在许多问题，其中最为典型的问题是研究生对前沿数字技术的掌握比较单一且不够全面，难以支撑后续创新课题的研究，甚至目前还存在不断降低的师资和生源质量等问题，因此想要实现新工科背景下的建筑学科研究生的有效培养，首先要系统地掌握前沿的数字技术，其次理论与实践相结合，实现数字技术与专业课程的有效融合，这都要求对现有课程体系的更新与改造，构建数字技术介入的研究生建筑设计课程体系。

关键词：新工科；数字技术；研究生教学改革

为了应对新一轮科技革命和产业革命，2017 年教育部提出新工科研究与建设改革战略，要求各高校根据办学定位的优势特色，主动谋划，深入开展多样化探索与实践，推动工程教育的改革创新。为推动工程教育改革创新，2017 年教育部分别在复旦大学、天津大学、北京召开了高等工程教育发展战略研讨会，与会高校对新时期工程人才培养进行了热烈讨论，共同探讨了新工科的内涵特征、新工科建设与发展的路径选择，形成了新工科三部曲："复旦共识""天大行动""北京指南"，重点对工程教育的新理念、学科专业的新结构、人才培养的新模式、教育教学的新质量、分类发展的新体系等进行战略性研讨，并最终审议通过《新工科研究与实践项目指南》，提出新工科建设指导意见[1-3]。

新工科背景下的中国建筑教育面临来自学科外部的挑战主要有：生态可持续问题、数字技术的发展和未来社会的不确定性[4]。从整个建筑行业的发展来看，这种挑战又在观

*　项目资助：2017 年教育部首批新工科研究与实践项目"基于数字技术的建筑师培养体系研究与实践"。

**　饶金通，男，福建武平人，厦门大学建筑与土木工程学院高级工程师。张燕来，厦门大学建筑与土木工程学院，副教授，建筑系副主任，主要研究建筑设计及其理论、现当代艺术与建筑、历史地段城市更新、当代地域建筑设计。李立新，厦门大学建筑与土木工程学院，副教授，副院长，主要研究建筑设计与理论研究、地域建筑理论与创作研究、城市规划与城市设计。

念和技术两个层面同时凸显，所有这些问题都在大学教育中得以体现，尤其在研究生培养阶段，因此在新工科背景下，对建筑学专业的研究生培养体系提出新的挑战与要求。

一、新工科下数字技术介入的教学改革

当前建筑数字化技术的迅速发展，尤其基于BIM的信息技术革命对建筑设计乃至建筑业的影响越来越大，数字化技术为建筑设计提供了一种全面提高设计质量、工作效率、经济效益的新思路和新方法。在建筑学专业研究生教育阶段，数字化介入的建筑设计课程的教学目标是使学生在了解建筑数字技术尤其BIM的最新发展动向的基础上，具备多维空间思维能力和研究能力，不仅掌握应用计算机辅助建筑方案构思和绘图的技能，还应直接介入相关建筑学研究。因此面对建筑学数字化技术不断推陈出新的时代潮流，必须创新教学理念、更新课程内容、革新教学方法，建立一套符合建筑学整体发展方向的、科学合理的数字化介入的研究生建筑设计课程体系。

随着整个社会对建筑专业人才需求的转变，建筑学专业培养的人才向复合型、专业交叉转变，对课程的内容也提出了新的要求，另一方面许多院校还面临一个生源的重要问题，自己培养的优秀本科生不断外流，研究生的来源变得非常广泛，水平参差不齐，许多层次不高，这些院校只注重考研结果，不注意专业素质的培养，更不用说数字技术的教学与培养，这给研究生阶段的毕业课题研究带来极大的障碍，因而也对研究生的培养课程体系提出了数字技术课程体系的介入要求。

因此，面向建筑学专业研究生教育，面向新工科的教学改革，我们提出以数字技术介入建筑设计为基点，以促进素质教育为主题，以提高人才培养为核心，丰富课程体系，改革教学方法与手段，推进教学平台建设，将教学、研究与设计实践相结合，促进高等教育与科技、经济、社会紧密结合。

二、教学改革的主要思路

面向教育部新工科的建设要求，综合性高校要对催生新技术和孕育新产业发挥引领作用，发挥学科综合优势，主动作为，推动学科交叉融合和跨界整合，产生新的技术，培育新的工科领域，培养科学基础厚、工程能力强、综合素质高的人才[5-6]。

近年来我院建筑学专业从学科发展特点出发，坚持探求自我办学特色，构建以“厚基础、宽口径、强能力、高素质”为目标的建筑专业复合型人才培养体系，充分利用本校人文社科学科优势，强调以建筑设计的主干课程为核心，结合“双一流”学科建设，引入新的方法、新的理念，结合具体的数字化设计技术，深入发展研究导向的建筑师教育培养框架，以新技术为支撑帮助学生建立合理的知识结构、兼具实践技术与理论水平，从而保障较高的专业教育质量。学院提出构建以建筑设计系列课程为特色教学体系的主轴，以数字技术

课程(BIM+、参数化、绿色建筑等)、人文课程(文化、地理、气候等)为支撑,构成"一轴两翼"的研究生教学体系。

数字技术的介入带来新的问题,由于学时的受限,如何在有限的学时内且在研究生低年级学习阶段,系统地引入并掌握众多的前沿数字技术体系也是一个难题,采用基于MOOCs/SPOC的翻转课堂教学方式成为合适的教学改革方向,一方面通过教学视频的线上学习确保基础学习,另一方面通过课堂的线下学习,结合案例式讨论学习,线上线下结合的混合教学方式可以有效地解决信息化时代建筑数字化教育的教学难题。

1. 紧跟行业最新发展,科学构建课程体系

课程内容紧跟最新行业动态,深度和广度上不断更新,开设综合性数字技术课程"建筑数字化技术"实现从建筑方案的设计和表现阶段到数字化建筑设计理论的研究与实践的提升与转变,与新数字技术深度融合,目的是让研究生树立全新的数字技术思维:BIM+VR、BIM+GIS、BIM+三维打印、三维点云+、无人机实景建模+、机器臂智能建造等新技术的应用,实现对空间的认知从二维向"真实三维"的数字模型应用。

2. 改进教学方法,积极参与教学改革

以研究生为主体,广泛开展启发式、讨论式、案例式等教学形式,以参与各项教学改革为契机,运用在线课程、MOOC、翻转课堂、虚拟仿真教学实验等最新教学理念与教学手段,提高课堂效率。课程改革以问题为牵引,在知识的关联中展开教学,改变传统的并行式课程架构,构建以建筑设计课为核心的课程之间的融合,运用新型数字设计为支撑,引导着学生找到知识的源泉及其恰当的运用方式,并引导知识的合成以形成对问题的有效解决方案。

3. 将课堂教学与工程设计实践项目、建筑设计竞赛相结合

学院多年来的办学方针,以建筑设计实践为主轴的职业建筑师培养作为目标,引入数字技术后,在新工科教学改革下,要求数字技术进一步应用在工程实践项目和建筑设计竞赛,同时根据导师的研究方向和研究课题,结合前沿数字技术,差异性地进行个性化培养,积极参加各类科创竞赛。

三、教学改革的主要措施

1. 教学课程体系革新

(1)教学课程体系的革新,新设"建筑数字化技术"系列课程

数字系列课程开设的目的让研究生了解国内外建筑数字化技术理论前沿和学术动

态、掌握建筑数字化技术的发展现状和发展趋势，把握数字化技术的最新专业应用，结合专业应用研究，应用最新的数字化技术，提升设计研究的前瞻性和创新性。要求学生掌握基本的数字化技术：建筑信息模型、三维数字化采集与应用、建筑虚拟现实展示；建筑的参数化生成与设计；建筑三维模型的三维打印、基于机器人的智能建造等最新数字化技术与应用；要求学生了解本专业的数字化技术应用现状和应用趋势，提高研究生的学术研究创新性。

(2)数字课程内容定制性教学

教学内容与研究生研究方向紧密结合，通过定制型教学，因材施教，根据研究生的研究方向，构建教学内容与教学主题。要求研究生对相应的研究方向专题进行调研，撰写学术调研报告，以论文的形式提交专题报告，并在课堂上进行交流，不同研究领域的学生进行交流与碰撞，拓宽知识的广度与深度，教学内容与最新前沿数字技术保持同步更新(见表1)。

表1 课程内容改革前后教学内容变化

课程名称	改革前	改革后
建筑设计研究	数字化建筑设计专题	直接引入 Rihno&Grasshopper、LumenRT、Mars、VR 等软件学习并应用于设计研究。
建筑数字化技术	无	(新开设课程)BIM & BIM+应用；BIM+GIS+物联网研究、三维扫描与三维打印、眼动仪+空间行为分析、机器臂智能建造、参数化设计、人工智能技术、大数据技术等
建筑设计竞赛及实践项目	无	与课程结合、以项目小组的形式进行，结合前沿的三维打印、机器臂智能建造、人工智能等数字技术参加各类科创竞赛；

(3)以赛促研，研究与成果转换相结合

将课程教学与工程实践相结合，逐步提高学生的理论水平和工程实践能力。内容上以数字化设计创新型实验为载体，形式上采取理论学习与创新创业项目相结合，课堂学习与社会实践相结合的方式，搭建学生创新创业发展平台。积极组织学生参加研究生智慧城市设计竞赛、国际SD太阳能十项全能竞赛、全国“互联网+”大学生创新创业大赛等各项学术赛事，以赛促研，提高研究成果的质量。

2. 教学方法改革

(1)三位一体的教学体系改革

以研究生的研究方向为主体，导师提前介入，任课教师为辅，形成教师、导师、学生三位一体的数字技术联合教学模式，同时以导师的研究主题为引导，确定数字技术的教学内容、教学实践方向来实践教学，既为学生打下数字技术的扎实基础，同时又为学生的未来研究课题提前打下技术基础。

(2)研究生新金课建设与应用

针对新工科建设的大背景,教学中要建设金课和利用已建设好的金课,进行基于MOOCs/SPOC的翻转课堂教学改革。随着数字化、智能化教学方式与个性化学习模式的发展,进行基于MOOCs/SPOC的“翻转课堂”教学模式改革。课前SPOC,学生通过电脑、Ipad、手机等客户端观看教学视频并完成测验;课上翻转课堂+SPOC,学生在教师指导下进行上机实验、课堂研讨等活动;课后SPOC,学生完善课上项目练习,教师线上答疑。该教学方法旨在提高学生的知识构建能力、创新能力和批判性思维,提高课堂教学质量。

(3)线上线下的混合教学模式

采用在线教育与实体课堂混合教学模式,学生课前自主安排实践,学习课程微视频,课内通过任课教师组织课堂活动将知识内化,提高学习的效率与质量,同时可以有更多的时间结合课程设计来加强教学实践,从而让基于数字技术的参数化设计理念融入整个建筑设计过程。

(4)注重理论与实践相结合,积极参与各类竞赛

学院组织科创竞赛辅导营,聘请院内专业教师、校外专家作为创业导师,定期举行科创讲座,对学生进行创新创业训练,提升学生的创新意识,积累创业意识。同时依托工程实践项目、建筑设计大赛、联合设计、国际工作营,组织学生自主选题,建筑设计方向和数字化技术方向教师相互配合协同指导,使学生在设计构思方案时,将建筑数字技术和建筑设计理论结合起来一起教学,提高学生在建筑设计中应用数字化技术的综合能力。

3. 教学科研平台建设

(1)依托省级BIM虚拟仿真实验教学平台,以BIM全生命周期为主线,建设基于BIM的虚拟仿真实验教学模块,目前结合课程内容,正在建设“建筑空间与行为分析虚拟仿真实验”、“闽南侨乡传统村落保护与营造虚拟仿真实验教学项目”和“三维点云数据的采集与应用虚拟仿真项目”等多个研究生教学模块,在节省人力时间成本的前提下,使研究生获得必要的实践专业训练。

(2)依托厦门市文化遗产数字化保护与应用实验室与数字化设计实验室,提供各类数字化技术设备如三维扫描仪、Ebee无人机、GPS数据采集仪、便携式眼动仪、热红外相机,机器人加工系统等数字设备,指导研究生开展各类科研设计项目及建筑工程实践项目。

(3)校企合作虚拟现实技术在建筑设计课程的协同实践平台

通过联合业内知名的某虚拟现实技术应用公司,邀请国内其他院校师生,联合举行研究生建筑课程设计教学实践,实现基于VR的空间设计课程协同教学模式,提出基于3D交互的体验式、情景式教学的理念,以学生为中心,通过基于VR的全新的案例分析、公众参与、方案比较和推敲、成果汇报和展示方法,在教学中获得增加乐趣、提升效率、提高质量、节约成本、有成就感等多重教学效果。

四、教学改革的主要创新点

1. 响应国家号召，探索数字化技术的实践应用

党的十九大报告提出的“乡村振兴”战略将乡村建设提高到了国家战略的高度。通过充分意识到数字化技术在乡村建设和文化发展中的重要价值，先后以“数字乡建”“文化遗产数字化信息”等为手段介入对闽南地区传统村落和重要建筑文化遗产的保护与更新，探索了一条以研究生教育与实践为主线的数字化技术应用之路。

2. 构建数字技术与设计课程交叉融合的课程体系

课程内容紧跟最新行业动态，深度和广度上不断更新，建设包括“建筑数字化技术”“建筑设计数字化表现”“建筑信息模型”“虚拟现实技术”“数字建筑技术概论”等专业必修、选修课程，实现从建筑方案的设计和表现阶段到数字化建筑设计理论的研究与实践的提升与转变，实现数字技术与专业课程的深度融合。

3. 新技术教学手段的应用，提升学生学习效率

以研究生为主体，广泛开展启发式、讨论式、案例式等教学形式，以参与各项教学改革为契机，运用在线课程、MOOC、翻转课堂、虚拟仿真教学实验等最新教学理念与教学手段，提高课堂效率。应用光辉城市 Mars 系统，把建筑设计与虚拟现实技术结合在一起，实现探讨 VR 技术在教育领域的应用，汲取全新的授课理念，实现设计师专注于设计，表现交给技术。

4. 以竞促学，以赛促研，搭建创新平台

从理论学习到实验实践，从单项训练到综合训练，从创新意识培养到建筑工程实训，形式上采取理论学习与设计竞赛、工程实践相结合，通过以竞促学，以赛促研，搭建研究生产、学、研、创综合发展创新平台。

五、结论

在新工科建设背景下，理工科研究生教育是国家高层次教育体系中非常重要的成部分，其中的核心任务就是完成研究生创新精神的培养以及创新意识的培养，最后促使其成为高级专门人才类型[7]。本文通过数字技术的介入，针对建筑学专业的创新型研究生的培养体系，提出数字技术与建筑专业课程的深度融合，利用新的教学技术进行教学方法的改革创新，进行了一些教学尝试与探索，获得了一定的教学经验和教学改革思路，仍有许

多不足，显然新工科建设是一场全新的高等教育革命，需要不断地改革、实践、反馈、创新再改革创新，持续地推进新工科的教学改革与实践，是一项长期的国家教育发展战略。

参考文献

[1]《“新工科”建设复旦共识》，《高等工程教育研究》2017 年第 1 期。

[2]《“新工科”建设行动路线（“天大行动”）》，《高等工程教育研究》2017 年第 2 期。

[3]《新工科建设指南（“北京指南”）》，《高等工程教育研究》2017 年第 4 期。

[4]饶金通、孙明宇、李立新：《基于数字技术的建筑学新工科建设研究与思考》，《厦门大学学报》（哲学社会科学版）2017 年增刊（教学研究一辑）。

[5]胡波、冯辉、韩伟力、徐雷：《加快新工科建设，推进工程教育改革创新》，《复旦教育论坛》2017 年第 2 期。

[6]李枫、翟婷：《工科研究生创新能力的提升路径》，《中国高校科技》2018 年第 12 期。

[7]袁凌杰：《新工科背景下的理工科研究生培养对策研究》，《高教学刊》2018 年第 19 期。

研究生课程“无机复合材料及工艺”教改浅析

岳光辉　沈晓红*

摘　要:“无机复合材料及工艺”在材料学相关专业的研究生专业类基础知识体系课程中占据非常重要的地位,在材料科学与工程相关的基础研究和前沿研发领域中具有不可小觑的地位。研究生学习了该课程后,可以使他们充分了解无机复合材料的基本知识与基础理论、复合材料的界面的结构特征和微结构的调控,熟悉复合材料的合成工艺,为以后从事材料科类或材料工程领域的科学研究或技术开发打下牢固基础。为了促进教学质量大幅提升,同时使学习该课程的研究生具有较系统的专业知识、突出的专业技术能力和创造能力,本文扫描当前该课程在授课环节中出现的一些不足之处,结合本学科的主要特征,探究了本课程中包括教学主旨内容、教学主要方式和考核方式在内的教学改革。

关键词:无机复合材料;研究生教学;教学方法;教改

“无机复合材料及工艺”是材料学院材料类专业研究生的一门“地位尊崇”的专业知识基础类课程,也是材料工程领域专业学位硕士研究生的一门重要的学位课程。它是材料科学与材料工程等密切相关的研究领域的基础课程,在现代材料工程应用中占据着必不可缺的显著地位。该课程具有强大且复杂的理论体系,其研究内容属于当今材料类科学研究领域的前沿,其研究成果具有超前的实用探索性和实际应用性。该科目以让研究生把握无机复合材料科目涉及的基体材料、增强体材料的基本结构及其相应的物理、化学特性,初步明了无机复合材料成分、配料及配比的搭配与取舍,了解其无机复合材料成型的基本原理和基本制备途径,初步明确并掌握增强复合材料性能的表界面的处理工艺和调控方法,深入地了解复合材料表界面的探究方案以及通过不同的工艺手段对复合材料的表界面进行可控调控的方法为教学的主要目的。学习该课程,可以让研究生能在不远的未来科学研究或者实际的生产生活中能较为自如的应用复合材料相关的基本理论等对复合材料性能和应用前景作出较为准确的判断和预测,并能对复合材料的性能进行初步的、

* 岳光辉,厦门大学材料学院副教授,研究方向为材料物理与化学;沈晓红,厦门大学材料学院研究生秘书,硕士研究生,主要负责教学管理具体工作。

合理的解析和调控。该科目是材料科学工程中不可或缺的一个课程，其在课程体系中的地位非常重要。本论文根据该科目的基本特征，融汇当前授课过程中出现的一些缺点和不足之处展开初步的探究，并根据自己在近十年在该科目的课程建设贯通于尝试性的课程改革而取得的一点微末的初步结果给予简单的阐述。

一、该科目的教学特征及目前的状态

“无机复合材料及工艺”内容涵盖面非常之广，它和材料化学、材料物理、无机材料、无机材料加工成型工艺、材料测试分析方法等很多的专业类课程具有非常密切的关系。熟练地把握本课程的基础知识和理论体系，进而合理有效地使用该课程的基本知识以及其相关的物理和化学科目的理论原理来面对现实的科研或工作生活中遇到的麻烦予以合理且恰当的判断和“解析”，并给出处理具体问题的有效且可行的实施方案是该课程对学生的基本要求。“无机复合材料及工艺”课程的内容涵盖了无机复合材料的基本组成部分的构建物质、基础的复合理论、材料的合成方案方法和实际应用过程中展现出来的特性，表/界面的基础知识体系及其调控等等较为基本的理论体系和其制备合成工艺。该科目主要是造就研究生对专业知识的实际应用及应变的能力，使得学生可以在无机复合材料的基本构型和基本物理化学特性予以正确的判断和解析。通过学习该课程，研究生拥有对无机复合材料的组分合理的选择以及复合材料结构正确的分析的能力，并通过恰当的合成工艺调控来设计制备出所设想的无机复合材料的能力[1]。该课程被当作材料科学与工程领域的一门地位显著的不可替代的专业基础理论课程，不但能促进研究生的专业兴趣和专业技能的提高，在培养研究生的动手能力和创新性思维方面也逐渐凸现其重要的辅助作用。

本人从事该课程的授课任务已经十年有余，该科目在授课过程中出现的一些不足之处也逐渐地被揭露出来：

1. 教学内容略显陈旧，需要任课教师不断注入新鲜血液

无机复合材料按照基体材料的不同可以分为陶瓷基复合材料、金属基复合材料以及碳碳复合材料三大块主要内容。这些内容乃材料科学与工程学科不断探索更新的前沿，也是该学科的教学的主要教学内容和当前科学研究的热门问题和重中之重。当下，我所看到的教材仅仅是涵盖了各种基础的无机复合材料及其制备的基础工艺，其内包含了各种金属、陶瓷和碳材料的基体相材料和增强体相材料、表界面机理、复合材料制备工艺及其结构调控、物化特性等[2]。然而，现今作为社会主体的科学技术与日俱增、技术发展一日千里，故此，作为科学技术血肉的教授知识体系也需要结合材料科学的日新月异而进行新鲜血液的不断输入和补充。最新的复合理论、新型的复合工艺、最新的性能及其性能调控的方法手段等都需要持续不断的增添到该课程当中去，以此来实现并确保该科目在现

实应用和研究中的热点和前瞻性地位。

2. 课程授受方式应趋于多元化

当前,我们所能看到的教授课程仍多是传统的教师在讲台上“口若悬河、纸上谈兵”、研究生们在下面被动的填鸭式“听”的“云山雾罩,不明所以”。这就使得学生只能从教科书或者网络上看到那些非实体的复合材料或者其“图片”制品,至于其中制备过程部分也仅仅得知于教材上的白纸黑字及其示意图或者网络中略带色彩的照片中来体会其实践性和操控性,学生根本无从于在实践中对成型工艺进行实时监控,“自己动手丰衣足食”更甚空谈。这无异于纸上谈兵的教学方式与该科目所倡导的可以应用于现实生活并不断的改造生活进而获得更精致的生活的特征相违背。这种教学也对研究生在相应的专业基础知识和理论的进一步的探究产生了严重的影响,从而导致了学生对该课程学习失去了应有的热情。除了这些,无机复合材料的基本物理化学特性、表/界面微观特征的研究及其可行的调控也缺乏必要的实验检测方法和深入的机理探究与其匹配,教授中的言传身教、纸上谈兵和案例解析不及现实中实验结果产生的教学效果的十分之一,更无须谈及培养研究生们对基础理论与实践过程中产生的具体的现实的问题实施对比和探究的基本技能,没办法提高研究生的实施技能以及现实的单独面对并解析问题和妥善化解难关并通关的技能,更没有任何旨在鼓舞研究生的开创观点、创造观念的能力。

3. 改变现有的考核方式

我们认为课程考核应该是以核查研究生们在基本理论知识的理解、应用以及独立分析问题和合理有效的解决生活中遇到的难题的过程中培养出来的综合技能为目的。但当今大多的课程都纯粹属于一种闭卷笔答题的范畴,而且设定试卷笔答题目的得分占期末最终成绩的70%甚至更多。这种考核方式只是注重研究生对纸上谈到的“排兵布阵”的识记能力,基本上难以体现对研究生在实际问题中利用所学到的基础专业理论结合实际的环境条件,进行因地制宜的实际的排兵演练的技能,至于激发研究生们的创新观点和创造更完善的理论更是无从谈起。故此,我们认为我们急需对该科目的考察方式从根本上进行改革。

二、课程教改初探

针对上述的三个主要问题,结合“无机复合材料及工艺”课程知识点分散和具有很强的应用性的主要特点,本人觉得可以从以下三个方面着手进行该研究生课程的教学改革。

1. 课程授受内容增改

针对材料科学与工程专业的特点,以及我们的教学主体——材料工程专业的硕士研究生，我们选定 Krishan K. Chawla 编著的 *Composite Materials*：*Science and Engineering* 以及 Sanjay Mazumdar 编著的 *Composites Manufacturing*：*Materials*，*product*，*and Process Engineering* 为主要参考书，以此编绘了我们的教学课件；以 *Journal of Composite Materials*，*Applied Composite Materials*，*Advanced Composite Materials*，*Composites Science and Technology* 等国际知名杂志所报道的最新的无机复合材料为教学案例，补充和完善我们的教学内容，力求教学内容紧跟当今复合材料研究的前沿。通过讲解本领域的基础知识理论和最新的材料、工艺和物理化学性能等前沿动态，结合自身的科研课题和科研经历，分析复合材料应用的实例以求达到增强教学效果，实现科研服务于教学的目的。

在整个授课过程中我们注重突出课程的重点和课程衔接，结合最新的文献报道讲授无机复合材料研究领域的最新前沿动态和最新的应用亮点。例如教学内容包含讨论碳碳复合材料的光/电催化，也就是最新的石墨烯包覆碳纳米量子点纳米复合材料在光催化和电催化领域的最新应用等等。目前本课程的教学瞄准当前科研界的新兴研究热点，以最基本的复合材料基体、增强体的设计与选择，复合材料微观结构的调控（包括复合材料表/界面的调控等），复合材料的合成工艺调控以及复合材料性能的调控和应用为主要教学内容，以典型的案例、基础的理论体系、最新的复合材料性能与应用引发学生的学习兴趣和热情，从而培养学生们在实际的科研工作和生产应用中分析、解决问题的能力[3]。

2. 课程授受方式改进

第一，为了充分调动学生们的积极性和主动性，我们改变了现有的传统课堂上的老师唱独角戏的教学方式，让研究生们直接参与到课堂教学活动中。例如，为了让学生了解复合材料的基本概况以及其重要的应用前景，我们找到了美国航空航天局（NANA）录制的关于纳米复合材料（Nanocomposites）的视频，让学生们根据视频了解复合材料的基本构成以及其最尖端的应用前景，从而充分提高了研究生们在学上的主动性和积极性，培养出了学生自己的学习和自学热情。此外，我们让每一个上课的学生，按照自己的研究兴趣结合现实中的研究方向在复合材料相关的英文杂志上找一篇最新的文献，并让每个学生约15分钟的时间让他们汇报他们根据这篇文献中获得的关于复合材料的认知。作为老师，我们根据他选择的文献对学生进行引导性的提问和评价，找到文献中对复合材料的创新点和不足，以及提出解决不足的基本设想。这些方式方法很好地提高了研究生们对于该课程学习的主动性和积极性，为他们以后的在复合材料领域的科学研发和自主创新筑出了坚实的基石。

第二，在上课教授的过程中，众多先进的授课手段和多媒体课件被我们十分巧妙地引入，并利用其多元化，可视化等优点来增加授课的效果[4,5]。通过现代科技化手段，那些只能意会不能言传的机理或机制被我们用可视化充分的实现了可视化或变成直接的可言传身教，从而把一些模糊且虚拟化的复合材料相关的知识理论等以现实复合材料工艺用

3D模拟软件进行立体现行和可以实际“触摸”的展示出来。这些模拟出来的视频授课方式虽非真实的，但最少也让学生们用最直接的感官了解了复合材料的基本理论以及复合材料成型工艺的细节。

第三，我们适当选择当前航空航天、国防以及日常生活的一些难以用传统材料来解决的实际问题引入日常的授课实践活动中。研究生根据实际的问题结合自己所学到的复合材料的基本理论以及复合材料的成型工艺等复合材料相关的基础知识，提出解决问题的方法，并选取适当的基体材料、增强体材料，设定特殊的微观结构和表/界面调控结构从而设计出该复合材料。当然，由于我们条件的限制，很难把设计的材料实现具体制备合成出来，但最少也能让学生们体验到一种设计理念的锻炼和创新[7]。

此外，我们从复合材料生产和实际应用问题出发[8]，让学生们在这一学期根据自己的喜好在实验室条件许可下设计制备出一种复合材料并对其预期性能予以实际的预测，并与实际测试的得到的结果相对比。并根据自己制备合成的材料说明该复合材料的基体、增前体的结构和性能，以及复合后得到的结构和性能对比说明设计和现实的差别并提出改进的方法或机制。

总之，上述教学方法的改变，不仅仅使得研究生们对学习该课程的兴趣和热情得到了极大的提升，激发了研究生学习和科学探索的兴趣，更使得研究生们具有了主动动手并进行创新性思维的技能，使得授课的具体成效得到了显著的提升。

3. 课程考核方式的探究

目前研究生的课程期末考核仅仅是侧重于他们对知识的识记，却忽视了考查他们的理解能力和知识综合运用的技能。目前这样“横行无忌”的只注重卷面成绩的期末考试使得本来就对教学内容缺乏兴趣的研究生直接失去了最后一丝步入该课程大厦的兴趣，更何谈使研究生能系统地掌握该课程的基础知识体系。进而要求研究生们对所学知识的综合运用更是无从谈起，而作为最终目的的开拓知识体系和创新技能都成了纸上谈兵。这不但降低了整个的知识授受的效果，而且它与培养具有创新能力的研究生的教学目的相悖。该科目的主要目的是核查研究生对无机复合材料相关知识的理解能力，培育出他们系统而全面的分析问题的能力、探究并恰当的解决实际问题的能力。故此，我们把实际问题作为主体导入到期末考察中，要求学生运用专业理论知识对现实生活中的题目进行合理的、正确且恰当的解析，并设计出合理有效的处理生活中难题的方法。这样，我们不仅仅能获得研究生对无机复合材料基本知识体系的掌握和理解水平，还可以获得研究生们对知识的实践技能。此外，卷面考核成绩被降到了一个极低的比例值，我们综合考察学生们参与教学过程中参与探讨时的表现给出的一份成绩。最后，我们结合专业文献汇报讨论的得分，实际合成复合材料及其报告的成绩和期末笔试的得分按照1∶1∶1来评定学生的最终成绩得分。

三、初见成效的教学改革

“无机复合材料及工艺”在我院材料类专业的硕士研究生学位专业课程中占据着重要的地位。复合材料学科及其技术不断推进创新，这就要求教师能对该科目的授课主要内容和知识的传授方式实施不间断的且正面的改进，并进行新鲜血液的持续输入与完美融合的摸索，其目的不只是提升该科目现有的教学效果，更是满足将来的日常科学研究和实践工作对研究生自身素质的需要。现代高科技的授课方式被我们引入教学改革的摸索过程中，我们利用先进的计算机模拟手段把抽象的理论具体化，把模糊的工艺可视化，从而激励了研究生探究该课程奥秘的激情，促进研究生对专业基础知识的理解和运用。此外，简单复合材料的设计制备及其实用性展示的授受模式充分培养了研究亲身深入到本专业的未知现象和先进的知识理论探索的无限活力和巨大的愿望，使得研究生的动手能力得以大幅提高、研究思路得到了开阔，解析现实生活中难题的实施能力和解决问题的创造开发技能也得到了锻炼和提高。最后，通过对传统考察模式的摸索和改进，授课过程中的氛围得到空前的提升。师生之间的热烈的课堂讨论和互动以及教学过程中的实际实施环节完美结合为锻炼出具有高质量的复合材料学相关学科研发型人才，提高研究生的开创性思维、超前意识以及勤勉的动手能力等基本素质和技能起到了意想不到的作用。

当然，“无机复合材料及工艺”的教学改革将成为一个负载的不断进步、不断摸索提高的长时间的课题，还需要在授课过程中根据实际的教学工作不断探究，摸索出一条更好的培育创造型新时代接班人的崭新的道路，造就出具有良好的职业道德修养、过硬的专业素质和创造研发技能突出的新一代接班人，为祖国复合材料学科的持续发展备足原材料和人才。

参考文献

[1]马庆宇:《〈复合材料概论〉教学改革浅析》,《教育教学论坛》2013 年第 2 期。

[2]岳光辉、彭栋梁:《材料学科〈固物理学〉教学初探》,《厦门大学学报》(哲学社会科学版)2009 年教学研究二辑。

[3]岳光辉、彭栋梁:《物理教学中学生创新品格的培养》,《中国科教创新导刊》2009 年第 518 期。

[4]周世芳:《传统教学方式的弊端及现代信息技术的作用》,《中学教学参考》2010 年第 13 期。

[5]孔繁晟、严春艳等:《多媒体教学中易出现的问题和对策》,《中国科技创新导刊》2008 年第 25 期。

[6]张雯、张青松、王文一、张桂芳:《微媒体时代材料类专业〈材料表面与界面〉课程教学改革探索》,《教育教学论坛》2019 年第 32 期。

[7]张奇伟、孙海勤:《〈复合材料原理〉课程教学实践与改革》,《教育教学论坛》2018年第2期。

[8]刘瑞平、陈华辉:《互动式与案例式教学模式在复合材料课程教学中的应用探索》,《科技创新导报》2018年第19期。

地基处理研究生课堂教学改革探索与实践*

陈东霞**

摘　要:地基处理传统教学模式缺乏系统性、实践性和前瞻性。针对地基处理涉及学科领域多,实践性强且内容庞杂等特点,对研究生的地基处理课程内容进行调整。根据内容的特点分别以多媒体式、案例式、虚拟交互式及探讨式等教学方法展开教学,并采用多样化全过程的考核方式对学生的学习情况进行检验。这些课堂教学改革的探索与实践提高了教学质量,锻炼了研究生的实践能力和工程意识,为今后研究生地基处理课堂教学改革提供借鉴。

关键词:地基处理;多媒体教学;案例式教学;虚拟交互式;讨论式教学

一、引言

地基处理技术的发展是岩土工程界最为活跃的领域之一[1]。随着地基处理技术水平的日新月异,施工工艺的改进完善,机械设备的改造升级,地基处理课堂教学也需要进行相应的改革与探索。传统的教学模式缺乏系统性、实践性和前瞻性,主要表现在以下三个方面:

地基处理教材方面:目前已有的地基处理教材偏重设计理论的介绍,但对工程实践的介绍内容偏少,缺乏完整的工程实例[2]。此外,由于教材出版的滞后性,教材内容更新速度较慢,对采用新技术新方法的地基处理案例的介绍较少,很难涵盖地基处理领域的最新动态,难以反映最新的科研成果。

课程教学方法方面:地基处理涉及地基处理技术的发展,对具体工程的地质条件分析和地基处理方法的选择、设计、优化、检测等环节,与实际工程联系紧密,不仅对理论知识要求高,对工程分析能力以及工程经验同样有较高的要求。传统依赖教材"照本宣科"的

* 项目资助:专业学位研究生地基处理课程的项目化教学改革与实践(项目编号:JG20200425)。

** 陈东霞,厦门大学建筑与土木工程学院,讲师,岩土工程实验室主任,主要研究方向:岩土工程。

授课方法不能满足培养高水平、高素质的研究生的实际需求。此外，地基处理这类应用性较强学科的实践性、复杂性和可变性不能仅靠课堂讲解，还需要实践教学环节加以补充，否则易造成教学内容与工程实际分离。

课程考核评价方面：以往地基处理课程的考核评价方式单一，一般采用平时作业和期末考试作为考查方式。由于地基处理课程中实践教学环节必不可少，单一的考核方法无法检验学习全过程中各个环节（尤其是实践环节），难以评价学生的实践能力、创新能力及工程意识，易造成学生为了应付考试而学习，进而缺乏自主学习的积极性和对工程实践的认识能力。

地基处理是土木工程、水利工程学生的专业课程之一。很多高校开设了地基处理课程，如何提高地基处理教学质量是这些年教育者、研究者和工程单位共同关心的问题。针对传统教学过程中存在的问题，笔者将从地基处理研究生课程的特点出发，分别从教学内容、教学方法及考核方式三个方面展开教学改革探索和实践。

二、地基处理研究生课程特点

1. 地基处理课程的特点

首先，地基处理课程具有多学科交叉的特点。其内容涉及的相关领域较多，与工程地质、土力学、弹性力学、基础工程、土工合成材料、土木工程施工技术、原位测试技术以及环境岩土工程等课程均有密切联系。此外，它还是基础工程、路基工程、基坑工程等相关内容知识的补充。

其次，地基处理方法众多，内容庞杂。单是地基处理可分为八大类：置换法、振密挤密法、排水固结法、灌入固化物法、加筋法、冷热处理法、托换法、纠倾和迁移。每个大类里又可分若干种地基处理方法，如排水固结法可分为加载预压法、超载预压法、真空预压法、真空预压联合堆载法、电渗法、降低地下水位法等。在课程学时有限的情况下，教学过程中需要思考如何选择和组织教学内容。

最后，地基处理是一门实践性强的课程，通常理论落后于实践[3]。表 1 是几种地基处理方法在我国应用的最早年份。从中可以看出，大部分地基处理技术是 20 世纪 50 年代到 1995 年发展或引进的。在工程实践之后总结发展起来了地基处理理论。1988 年《地基处理手册》《地基处理》《地基处理新技术》等书籍相继出版，正是总结了我国地基处理方面的经验、方法和有关理论原理、设计计算、施工工艺与测试技术等内容。因此，地基处理课程教学需要遵从“实践—理论—再实践”的原则，要重视实践，同时用基本理论指导工程实践。

表 1 部分地基处理技术在我国应用最早年份

地基处理方法	年份	地基处理方法	年份
普通砂井法	20 世纪 50 年代	土工合成材料	20 世纪 70 年代末
真空预压法	1980 年	强夯置换法	1988 年
袋装砂井法	20 世纪 70 年代	EPS 超轻质填料法	1995 年
塑料排水带法	1981 年	低强度桩复合地基法	1990 年
砂桩法	20 世纪 50 年代	刚性桩复合地基法	1981 年
土桩法	20 世纪 50 年代中	锚杆静压桩法	1982 年
灰土桩	20 世纪 60 年代中	掏土纠倾法	20 世纪 60 年代初
振冲法	1977 年	顶升纠倾法	1986 年
强夯法	1978 年	树根桩法	1981 年
高压喷射注浆法	1972 年	沉管碎石桩法	1987 年
浆液深层搅拌法	1977 年	石灰桩法	1953 年
粉体深层搅拌法	1983 年		

资料来源：龚晓南：《地基处理技术发展与展望》，中国水利电力出版社 2004 年版，第 3 页。

2. 地基处理课程的教学对象

课程内容、教学方法及考核方式通常会因教学对象而异。当地基处理的授课对象为土木工程方向的研究生时，需要考虑因材施教，对地基处理的课程内容、教学方法和考核方式做相应地调整与改进。

首先，由于土力学课程开设较早（大学二年级下），存在学生对土力学基本理论认识模糊且有遗忘等问题，在讲授地基处理“加固机理”内容时学生无法及时掌握消化。因此，需要在地基处理课程讲授中引入先修课程中与地基处理相关知识点和概念，帮助学生回顾并理解各课程知识点之间的关系。其次，研究生已经掌握较为系统的理论知识，其学习主动性、探索性要高于本科生，因此需要对课程内容增加深度和广度。且该阶段学生已经参加过现场实习，对施工有一定的了解，这为新教学方法的实施奠定基础。最后，研究生班级的学生数量较少，为新教学方法的开展提供有利条件。新教学方法如案例式教学、讨论式教学等需要师生课堂上互动频繁，这些教学方法需要小班教学才可能彻底深入地开展并长期有效地实施。

三、地基处理课程内容调整

由于地基处理课程具有涉及学科领域多、内容庞杂且实践性强等特点，笔者对研究生的地基处理课程内容进行调整。主要分为三个模块：一是地基处理方法；二是复合地基理论;三是地基处理新技术新发展。先介绍几类工程中应用广泛的地基处理方法,再介绍复合地基理论及其工程应用,最后介绍地基处理新技术新发展。内容安排体现了由简入繁,循序渐进。各模块内容的选择遵循"重视基本概念和原理,突出应用性和实践性"的原则,同时满足研究生课程的难度、深度、广度等要求。

1. 地基处理模块

地基处理模块的主要内容如表2所示[5]。首先,绪论中介绍地基处理的目的意义等内容时,将工程地质、土力学以及基础工程等课程相关知识点与地基处理相关概念有机地结合起来。其次,介绍地基处理质量检测。考虑到虽然地基处理的方法众多,但是施工完成后的地基质量检测方法基本相同,因此将地基处理各类质量检测方法分成地基的承载力检测、桩间土的挤密效果检测、和地基的防渗检测三类进行讲解,可避免赘述[4]。最后,介绍换填法、振密挤密法、排水固结法和灌入固化物法四类地基处理方法[5]。从每一类地基处理方法中精选一到两种方法展开详细介绍,如排水固结法中,重点介绍堆载预压法和真空预压法,介绍定义、适用范围、加固机理、设计计算和施工方法,并辅以工程实例介绍其工程应用。

表2 地基处理教学内容安排

篇目	详细内容
1 绪论	1.1 地基处理目的和意义
	1.2 软弱土和不良土的基本性状
	1.3 地基处理分类、选用原则、规划程序及发展方向
2 地基处理质量检测	2.1 地基的承载力检测
	2.2 桩间土的挤密效果检测
	2.3 地基的防渗检测
3 换填法	3.1 换土垫层法
	3.2 强夯置换法
	3.3 EPS超轻质料填土法
4 振密挤密法	4.1 强夯法
	4.2 碎(砂)石桩
	4.3 石灰桩、灰土桩
	4.4 水泥粉煤灰碎石桩
5 排水固结法	5.1 一般堆载预压法、超载预压法
	5.2 真空预压法
	5.3 降低地下水位法和电渗法

续表

篇目	详细内容
6 灌入固化物法	6.1 灌浆法
	6.2 水泥土搅拌法

2. 复合地基理论模块

复合地基理论模块的主要内容如表 3 所示[6]，该模块主要介绍在理论计算和工程应用中均已发展得比较成熟复合地基处理方法。先介绍复合地基及其在基础工程中的地位，阐明复合地基与地基处理、浅基础和桩基础、双层地基及复合桩基的区别与联系，掌握复合土的基本性状；再介绍散体材料桩和黏结材料桩复合地基承载力的计算模式及相关计算理论；最后介绍散体材料桩、柔性桩及刚性桩等复合地基沉降的计算。

表 3　复合地基理论教学内容安排

篇目	详细内容
1 复合地基及其在基础工程中的地位	1.1 复合地基概念、分类、形成条件及选用原则
	1.2 复合地基与地基处理
	1.3 复合地基与浅基础和桩基础
	1.4 复合地基与双层地基、复合地基与复合桩基
2 复合土的基本性状	2.1 水泥土及其复合土的基本性状
	2.2 灰土基本性状
	2.3 土工合成材料复合土体性状
3 散体材料桩复合地基承载力	3.1 散体材料桩承载力计算模式
	3.2 Brauns 散体材料桩承载力计算式
	3.3 圆筒形孔扩张理论散体材料桩承载力计算式
	3.4 Wong.H.Y.散体材料桩承载力计算式
	3.5 Hughes 和 Withers 散体材料桩承载力计算式
4 黏结材料桩复合地基承载力	4.1 柔性桩承载力
	4.2 刚性桩承载力
	4.3 黏结材料桩复合地基承载力
5 复合地基沉降计算	5.1 散体材料桩复合地基沉降计算
	5.2 柔性桩复合地基沉降计算
	5.3 刚性桩复合地基沉降计算

3. 地基处理新技术新发展

地基处理新技术新发展模块的主要内容如表 4 所示[6]。这个模块内容可时常更新。目前主要介绍桩网复合地基、桩承堤以及长短桩复合地基这些地基处理新技术，同时介绍复合地基发展的热门方向之一——复合地基优化设计和按沉降控制设计[7]。桩网复合地基和桩承堤以及长短桩复合地基是近年来在工程应用中发展较快的地基处理新技术。桩网复合地基和桩承堤两种形式特别适用于天然软土上快速修筑路堤或堤坝类构筑物，长短桩复合地基适用于加固深厚软土地基工程。按沉降控制设计理论近年来不断得到业内人士的重视，介绍按沉降控制复合地基优化设计供学生展开讨论。

表 4　地基处理新技术新发展教学内容安排

篇目	详细内容
1 桩网复合地基和桩承堤	1.1 桩网复合地基承载力
	1.2 桩承堤的计算
2 长短桩复合地基	2.1 长短桩复合地基承载力计算
	2.2 长短桩复合地基布置形式和受力性状
3 复合地基优化设计和按沉降控制设计	3.1 最优设计理论
	3.2 复合地基优化的设计思路
	3.3 按沉降控制的设计思路
	3.4 按沉降控制的复合地基优化设计

四、地基处理教学方法改进

地基处理内容调整为三个模块，地基处理、复合地基理论和地基处理新技术新发展，根据三个模块内容的特点，采用不同的教学方法展开教学。特别是结合地基处理实践性强的特点，将多媒体式、案例式、虚拟交互式及讨论式教学法引入课堂，在有限的课堂时间内发挥最佳的教学效果。

1. 地基质量检测中的多媒体教学

对于“地基处理质量检测”这部分内容可搜集钻孔取样、静力触探试验、标准贯入试验、轻型触探试验、载荷试验、取芯试验、波速测试、注水试验、拉拔试验等相关的图片、视频，直观化地展示各类地基处理的检测手段和方法；通过图片、动画、视频的讲解，扩大课程信息量，构建内涵丰富的多媒体教学模式，帮助学生建立一定的感性认识，熟悉各类检测试验和检测方法。

2. 地基处理方法中的案例式教学

对“地基处理模块中各类处理方法”和“复合地基工程应用”采用案例式为主导的教学模式，使学生能够系统地运用所学知识来分析和解决问题，综合培养工程实践能力，以便在今后的工作中能够举一反三、触类旁通。

案例教学是以学生为中心，以案例为基础，通过呈现案例情境，将理论与实践紧密结合，引导学生发现问题、分析问题、解决问题，进而掌握理论、形成观点、提高能力的一种教学方式[8]。在案例式教学过程中，案例搜集和讲解可以是教师，也可以是学生。在案例讲解的过程中将“教—学—思—用”紧密结合起来。工程案例可通过校企合作项目或当地一些地基处理工程项目获取。每种地基处理方法各搜集一两个典型的工程案例[9]，介绍该地基处理方法的适用范围、加固机理、设计计算、施工步骤等，通过图片、视频等多媒体技术，丰富学生的工程背景知识，积累工程经验；对于工程应用广泛的地基处理方法，可以通过不同地区、不同地质情况下应用的典型案例，比较其设计方法和施工工艺，体现地基处理方法应用具有地域性的特点，培养学生能够“学以致用、活学活用”。同时，讨论分析地基处理失败的案例，加深学生对各种地基处理方法的适用范围和局限性的理解，使学生意识到专业理论指导工程实践和积累工程实践经验的重要性。最后，在地基处理模块教学结束后，给定一个具体工程的勘察资料，工程要求、施工机械设备等，要求学生提出地基处理设计方案，完成设计计算书和相应图纸绘制。通过案例式的互动实践教学，调动学生的主动性，激发学生的创造性，培养学生勤于思考善于思考的习惯，并从中提高分析问题和解决具体工程问题的能力，增强学生对所学知识的应用和创新能力。

3. 地基处理施工方法中的虚拟交互教学

随着“虚拟现实与仿真技术”“三维互动技术”“网络技术”“数据库技术”等先进的计算机软件技术发展以及智能化的仿真虚拟教学平台发展，可以采用三维虚拟技术，开发如标准贯入试验、载荷试验等质量检测或者强夯法、真空预压法等施工方法的虚拟教学系统，采用 3dsmax 软件制作三维模型，根据相关内容的需要，设置问题进行虚拟交互，达到理想的教学效果。

4. 地基处理新技术新发展的讨论式教学

讨论式教学法有助于调动课堂教学氛围，有助于学生将所学各门课程专业知识融会贯通，有助于学生初步树立分析问题的工程意识。地基处理新技术新发展这个模块具有开放性主题的特点，针对这个特点采用讨论式教学模式。即学生先自行查阅相关资料，了解地基处理的新技术及国内外新的发展动态，然后选择其中的几种新技术、新理论及新工艺的工程案例展开讨论、探索与研究。大家各抒己见，相互启发，不仅使学生了解了本学科发展的新动向，而且激发了学生继续探究科学问题的动力。

五、地基处理考核方式多样化

“地基处理”课程以往常见的考核方式是采用80%的期末考试成绩加上20%的平时成绩作为最终成绩。期末考试采用闭卷考试，命题题型设置为名词解释、选择题、简答题和计算题等。平时成绩包括考勤和平时作业。这种考核方式过于单一，且命题倾向标准化，考核结果难以体现学生思考能力、分析问题和解决问题能力的考核。

为了调动学生学习积极性，培养学生独立思考、分析、解决工程实践问题的能力，改变过去单一评分标准的传统模式，采用多样化的考核方式，即最终成绩由学生平时作业成绩、课程设计大作业成绩、案例分析课堂讨论成绩、期末考试成绩四个部分组成。其中平时作业主要是各章节学习中与基本理论与概念相关的计算题和简答题组成，取平时作业成绩的平均值作为平时作业成绩；课程设计大作业是布置一个工程实例，要求给出具体的地基处理方案，根据提交的地基处理设计计算书和施工图评定课程设计大作业成绩；案例分析课堂讨论成绩主要是案例搜集、讲解、分析时的PPT展示及汇报以及讨论过程中的发言表现进行评定；期末考试采取开卷考，题目的形式和难度参考“全国注册岩土工程专业考试”进行设置，重点考查学生分析问题和解决问题的能力。四个部分的权值分别为：平时作业成绩20%，案例分析课堂讨论成绩30%，课程设计大作业成绩20%，期末考试成绩30%。

采用新的考核方式可以对学生学习情况进行全面的检验，使得考核的目的不再简单地考查学生对知识的掌握程度作为给定成绩的依据，而是以考核为手段，对学生在地基处理学习的全过程展开不同层次的考核。多样化的考核方式不仅丰富了检验方法，激发学生学习的积极性、自主性和创造性，而且能够全面考核学生的学习情况和能力培养，使得考核结果更加合理，促进地基处理教学进入良性发展。

六、结论

地基处理研究生课程教学对土木工程专业研究生掌握知识、提高能力和培养科学素养具有重要作用。基于近年来地基处理研究生课程的课堂教学经验积累，分析了地基处理课程体系的特点，调整了地基处理的教学内容，并针对各部分教学内容自身的特点，采用适当的教学方法，起到了事半功倍的作用。尤其是案例式、虚拟交互及讨论式教学方法的实施，加强了研究生的工程实践能力，培养他们的工程意识及独立科研能力，为今后的创新和发展奠定基础。

参考文献

[1]郑刚、龚晓南、谢永利：《地基处理技术发展综述》，《土木工程学报》2012年第

2 期。

[2]雷勇、贺建青、陈秋南:《地基处理课程特点及教学方法探讨》,《高等建筑教育》2016 年第 4 期。

[3]龚晓南:《地基处理技术发展与展望》,中国水利电力出版社 2004 年版,第 3 页。

[4]程建军:《地基处理课程实践教学改革研究》,《高等建筑教育》2018 年第 4 期。

[5]叶书麟、叶观宝:《地基处理》,中国建筑工业出版社 2004 年版,第 3～4 页。

[6]龚晓南:《复合地基理论及工程应用》,中国建筑工业出版社 2018 年版,第 9～12 页。

[7]化建新、闫德刚、赵杰伟等:《七届全国岩土工程实录交流会特邀报告——地基处理综述及新进展》,《岩土工程技术》2015 年第 6 期。

[8]邵光辉:《专业学位研究生地基处理新技术教学案例库建设与应用》,《教育教学论坛》2019 年第 5 期。

[9]梁越、王俊杰:《地基处理新技术研究生课堂教学模式研究》,《高等建筑教育》2015 年第 2 期。

翻转课堂在城市设计课程中的创新与应用*

林小如　王安琳　赵苏磊**

摘　要：城市规划快题设计是众多城市规划院校的城市设计课程中的一部分，它具备激发学生即兴创造力思维和形象表达能力的特点，需要探索与之相适应的，能够激发学生学习热情和创作能力的授课形式。在我国推进高等教育“课堂革命”的背景环境下，翻转课堂受到高教界的广泛关注。据此，笔者通过三年的授课实践，对城市设计课程中的快题设计翻转课堂基本模式进行适应性调整和创新性修正，探索出适用于本课程的翻转课堂变体模式 OCTIAS（O 目标制定—C 案例探索—T 测试试错—I 视频学习—A 课堂活动—S 总结提升）。首先在视频学习前插入“案例旅行式探索”和“试错积累有益失败”两个板块。其次，在课堂活动中，对学生反映的问题进行针对性梳理，学生试错方案的自评、互评并修正课前试错方案。最后，畅想未来城市可能出现的问题及其空间组织应对。实践表明，OCTIAS 模式较传统教学模式，可以提高城市设计课程的趣味性，提升学生理论知识学习的扎实度、实践操作的灵活性、对现实问题思考的主动性以及批判性思维和表达能力。

关键词：翻转课堂；城市规划；快题设计；创新模式；应用

一、城市规划快题设计课堂的“翻转诉求”

1. 城市规划快题设计的课程特点

城市规划快题设计是城市规划方案设计的原型构思，是方案设计最初的形态化描述，

---

* 基金资助：国家自然科学青年基金（51708471）反脆性大城市地域结构的测评体系及空间组织范型研究。福建省本科高校教育教学改革研究项目“面向实施的国土空间规划教学改革”（FBJG20200285）。

** 林小如，厦门大学建筑与土木工程学院助理教授，研究方向为国土空间规划和城市设计。王安琳，厦门大学建筑与土木工程学院硕士研究生。赵苏磊，厦门大学建筑与土木工程学院硕士研究生。

是设计者创造思维最活跃的阶段。以速写为载体对一个设计由抽象见解到具有结构与形态的思想表达,是方案生命力的关键内核。在这个集中创作的时空过程中,快题设计表现出原创性、灵感性、活跃性和设想性。因此,城市规划快题设计课程需要能够激发这种即兴创造力思维和形象表达能力的授课形式。

那么,为什么要学城市规划快题设计呢?据抽样调查国内20所典型的城市规划系设系高校的规划本科生课程显示,开设城市规划快题设计课程的学校有18所,各个学校的学时安排在16～32个学时不等,多以专业选修课的形式设置,部分学校将该课程穿插在城市设计专业必修课一同设置。城市规划是一门应用性、实践性很强的学科,城市规划理论知识始终要转化为生产力,快题水平的高低决定了“产品”内核的优劣;快题设计能够在短时间展现设计者对系统理论知识的理解程度与应用水平,因此是行内约定俗成的重要考核环节;快题设计训练能反复锤炼并强化学生对空间的组织能力,提高设计的专注度、锻炼逻辑思维的严谨性与解决问题的敏捷度和创新能力。

2. 传统课堂的形式与缺陷

调查显示,传统城市规划快题设计课程一般采取“原理解释—案例分析—任务书下达—设计方法应用”的授课形式。学生在学习过程暴露出对理论讲解兴趣不佳,对案例分析体验不深,设计实践过程中对关键问题的针对性不强的问题,甚至有部分高校直接采用“任务书下达—设计实践—打分结课”的授课模式,该模式下的学生只体会了快速设计实践过程,而缺乏对原理、方法、技巧和重点的系统学习和创新性探索。相应的设计作业普遍存在设计方法和空间构成套路化、设计表达装饰化、方案个性缺失、主题特色不强、应用价值欠佳等共性问题。

既然传统的快题设计课堂教学存在诸多问题,那么,有没有可能通过创新课程授课形式,来改善教学效果?

3. 翻转课堂的传统范式突破与课堂激活

翻转课堂颠覆了传统课堂的“先课堂讲授,再进行课后问题解决”的基本形式,从时空上进行调整,对教学形式进行翻转:讲授由课内变成课前,由集体空间变为个体空间,由教师讲授变为视频讲授;问题解决从课后、课外、个体作业变成课堂、集体、测试及活动。可以说,翻转课堂也就是翻转了传统的授课形式、课堂主角和思维模式的一种授课形式。

近年来,翻转课堂在全世界的实践过程中还产生了多种变体,如在课前增加观看视频后的课前练习,课中测试/课中汇报及反馈;如增加课前独立探索和课中协作学习的环节;又如插入课前社交媒体交流,课上回复知识点确定研究问题等环节[1];另有Lo等人提出“课前视频学习后激发旧知&示证新知,课上应用新知和融会贯通”的翻转模式[2],强调课上回顾,针对性解析和应用探索[3],再有翻转课堂的翻转版即视频前植入问题、测试,让学生试错“裸考”,经历千姿百态的错误。根据Kapur提出的“有益失败论”,这些错误会激发学生对知识点的好奇心和兴趣而让学生更为深刻地理解视频讲授的理论知识点[4]，当这些错误的“总集”拿到课堂上，会让教师更加明确哪些地方是学生的薄弱环节，而错误集的展示也让学生从其他人身上读懂更多的错误可能，错误具有不可遍历性，但当经历和累积的错误集变大了，犯错的空间也相应变小了。最后就是翻转课堂的综合模式，即学前探索—视频讲授—课堂应用(Explore-Flip-Apply)[5]。然而学前探索阶段也占用课堂时间，可执行性不强。郭建鹏提出了翻转课堂的整合版：O-PIRTAS，包括：(1)有益失败测试—目标—准备；(2)视频；(3)回顾—测试—活动—总结；(4)展示精品集；(5)讨论提升[6]。

二、城市规划快题设计的翻转探索

纵观琳琅满目的翻转课堂的形式变体，哪一种变体最适用于城市规划课程中的城市设计课堂教学呢？笔者进行了三年的快题设计课程教学创新的实践探索，根据学生的学习反馈，通过设计作业成绩比对、课堂思维活跃度测评(问题数与互动性)、方案特色评估、方案落地性与实用价值评估以及思考问题的聚焦水平评估这几个维度，进行快题设计翻转课堂逐年的教学模式修正与优化(见表1)。

表1 不同版本的城市规划快题设计翻转课堂教学实践探索比较

翻转课堂形式变体/教学效果指标	学生学习反馈	课堂平均提问数量	设计作业平均分及分布	方案特色与	现实价值考虑
1.0 视频学习(含案例分析)—课堂测试—课堂讨论	提问不多，学习热情和乐趣也不大。完成课程任务	2～6	80 高低分段少	★★	★
2.0 学前测试—视频学习(含案例分析)—课堂讨论	提问多，与优秀案例差距大，意犹未尽，主动学习	8～20	78 高分段少	★★★	★★
3.0 目标确定—C案例旅行—T课前测试—I教学视频—A课堂活动，讨论和修正	提问多，深度理解优秀案例，主动学习和质疑精神	12～25	83 高中分段多	★★★★	★★★★

三年的教学实践比较显示，OCTIAS的教学模式在学生学习效果反馈中，评价最好，学生对快题设计充满兴趣和热情，由原来的被动吸收知识变成主动学习和探索。学生在明确学习目标的前提下，经过优秀案例和Google工具在世界各地进行已建成环境的精彩案例研究后，在课前进行指定主题限定时间下的规划设计测试，通过这样的试错环节强化学生的深度思考和自主探索，从中积累了很多问题，而后再将问题带回课堂。这些自主经历之后得出来的问题在活跃课堂氛围的同时，锻炼了学生的质疑精神，最后扫除了疑惑并

加深了对知识点和规划实践的理解。学生设计作业的成绩相较 1.0 版本和 2.0 版本有了比较明显的提升，而且这只是学生自己探索案例后“裸考”的成绩，是在视频学习和课堂上的讨论修正方案之前的成绩，因为学生是带着明确的目标、好奇心、热情和创意区完成自己的测试的。3.0 版本的最大成效还在于方案特色和使用价值两方面的显著进步。

那么，城市规划快题设计翻转课堂的 3.0 版本具体该如何操作呢？

三、快题设计课程的适应性翻转模式：OCTIAS

1. 目标确定

根据布卢姆的教育目标分离学理论[7]，教育目标分为理解记忆的低阶目标和应用、分析、评价、创造等高阶目标，传统课堂更加注重记忆和理解的满堂讲授，而应用和创造等环节多以课后作业的形式完成，其间缺乏集体形式的分析、评价与讨论、辩论等高阶目标环节。3.0 版本的授课模式将对理论、规则及城市空间要素组织原则等理解、记忆阶段的知识点通过“翻转”，以视频的形式移到课堂之外，解放出来的课堂时间用来使学生的学习从理解记忆向分析应用、评价和创造等高阶提升，同时巩固和加强对视频中知识点的记忆和理解。

2. 案例旅行

优秀案例的学习对城市设计或快题设计课程学习是一道惯用程序，因此“案例解读”这个课程环节对教学效果的好坏至关重要。在翻转课堂 1.0 或 2.0 版本的教学中，学生可能存在“不想看”或“看不懂”视频的现象，“不想看”往往是因为缺乏自主学习动机，而“看不懂”是由于缺乏扎实的先前知识基础。学生通过对课前优秀案例的探索和类比能够发展出一定基础的先前知识，意识到自己先前知识的局限性，这种不平衡有利于对其自身好奇心和求知欲的驱动，从而为后面接受系统的视屏知识讲授打下必要的基础。[8]因此，不同于翻转课堂 1.0 和 2.0 版本中直接进行视频学习，笔者建议学生以个人的形式在课外课前完成这个准备活动。

“案例旅行”是通过“案例名单”让学生课前自行探索学习，这里的“旅行”并未必是真正意义的实地旅行，而是在了解教学目标后，在案例资料中“旅行”，利用 Google 等软件到不同优秀案例实地进行空间组织逻辑、规模、尺度、文化特色、形态风格及与周边环境融合等方面的比对学习。这个环节让学生针对目标和问题，在案例资料和 Google 工具中，抑或是实际空间样本的优秀城市空间中徜徉。好奇心和兴趣牵引着学生大脑迅速建立空间要素组织逻辑认知秩序，这为下一步的“盲演”奠定了认知基础，积累了针对特定主题的丰富的空间组织规律和经验模式，同时也能激发学生的想象和力创造力。除此之外，鼓励学生将学习的案例在课堂交流的环节，将精彩案例以讲故事的形式进行集体交流，培养兴趣并强化表达能力。鼓励学生在进行“案例旅行”的过程中养成做规划笔记的习惯，做个生活和学习的有心人：整理旅行的空间日记、会议资料素材分类整理记录、照片资料整理与总结等，可以为后面的课堂讨论环节丰富多彩的“故事会”做深刻而有趣的素材积累。

3. 有益的错误积累：课前“盲演”

大量研究表明，讲授要发挥作用需要一定的时机，需要在讲授之前先让学生进行相关的探索性活动，帮助学生发展领域的辨别性知识。[9]“盲演”就是在尚未进行系统的理论知识视频学习的前提下，对课程任务进行快速设计，即城市规划快题设计的实践环节。凭着经验及案例旅行的积累，没有什么比亲自进行一遍系统思考和操作更能清晰把握对设计主题对象各环节的难易程度，越是觉得实践困难和疑惑重重，越是激发学生自主学习视频系统知识的主动性和迫切性；同样，也没有什么比亲历式犯错更让学生印象深刻：假设平均 1 个学生犯错 5 个，全班 30 个学生有 100 多个错误在课堂环节相互交流形成一个共享错误集，这将很大程度活泼课堂气氛，同时也让学生后面设计过程中跨过更多的“陷阱”，避开更多的套路。这是本环节盲演的价值：提供更多有益的错误集。[10]

4. 课前视频教学

与所有的翻转课堂一样，设计理论、规则、方法等知识点讲解的形式在课前由学生个人独立完成。由于在课前完成了盲演的学生难免遇到诸多的困惑，迫切想找到“标准答案”，这个时候进行知识点及原理方法的系统讲解，学生的吸收效率是很高的，学习的姿态也是主动的。不管是视频学习过程中考生的案例共鸣还是尚存的种种疑惑，都是前期“盲演”所贡献的教学效果的正向增量，完成课堂学习，学生可将尚存的疑问及可能的质疑记录下来，通过网络的形式反馈给教师，也是完成课前课程学习的一个标志。这个环节从某种程度上能够改善中国学生上课不提问的窘境。不会提问可能说明不善思考，这两个过程的对比让学生通过主动试错、主动思考、主动提问，强化能动思考能力，提高汇报、评价等表达能力，激发质疑精神和创新能力，同时也是教师线上监控和了解学生学习效果的一种方式。

5. 课堂活动：“试错”作品展示、修正和问题讨论

回顾课前内容。课堂活动式在学生完成课前“盲演”和视频学习之后，进入到线下课堂进一步学习。教师首先要通过回顾课前的视频内容带领学生快速回忆知识要点，并将注意力集中在目标内容上，从心理认知上做好高阶目标学习的准备。该回顾环节作为从线上视频学习到线下课堂学习的过渡，起着承上启下的作用。[11]参照教学目标，前面几个环节主要针对低阶教学目标，而本环节的课堂活动则是针对高阶教学目标而设计。把课堂时间尽可能解放出来进行高阶能力的提升，这正是城市规划快题设计翻转课堂的核心优势。通过试错作品的集中展示，学生的分组与辩论，自评与互评，以及“盲演”与视频学

习后针对留下的关键问题与质疑的讨论，完成高阶的深层学习。教师可以针对学生视频学习后提出的问题，并设计相应的教学活动，如汇报、辩论、角色扮演、空间模拟体验等。通过面对面的交流、互动、合作、体验来挖掘学生更深层的潜力、加深学生对知识的理解、拓展学生的思维场域，同时活跃课堂氛围、丰富授课形式也提高学生兴趣，最终达到理想的教学效果。[12]

6. 课堂总结：拓展延伸与鼓励创新

最后一个环节是进行城市设计知识点总结延伸与针对未来城市联想的创新讨论。教师在对整个教学过程进行内容总结、反思和提升之后，要求学生主动思考最重要和深层的结构体系，帮助学生将散落的知识点完成触类旁通的体系化的建构，增加知识的延展性。例如，设计工业园区和设计校园空间，两类空间组织看起来毫无关联，但事实上，产业园区和校园空间都遵循动静分离的原则。产业园中的生产区、仓储区属于动区，生活区属于内向静区，商业服务及展示区属于外向静区，应分开设置。而校园中的运动场属于动区，科研办公区属于核心静区，生活区属于内向静区。这两类空间中，校园中的图书馆与工业园区中的展示中心常是两个园区中的标志性建筑/文化建筑（核心性）。这种联系性的比较总结，能够强化学生知识点的体系结构框架的建立，并锻炼学生的联想思维。最后，教师可以更加开放性地鼓励学生对现行的各类标准进行审视、思考与质疑，以及对未来城市的需求进行联想和探索，提高学生的质疑精神和创新思维。

四、结论与讨论

研究表明，在推进高等教育课堂改革的环境下，建筑、城市规划和景观设计等设计课程实际上在形式上早已是“半翻转”模式。然而，如何让这种特色强烈的课程从“不自觉”的“半翻转”状态，通过教学模式的创新，提高课堂灵活性、趣味性，改善学生学习效果，从低阶的理解、记忆的学习目标提升到应用、评价、创造等高阶目标，最终找到一种以学生为本的智慧翻转模式是本文的研究重点。研究发现，“目标确定—案例旅行—盲演试错—视频教学—课堂活动—总结提升”的翻转课堂模式（OCTIAS）是目前最适合城市规划快题设计课程的课堂组织模式。

翻转课堂的可贵在于“翻转”的多面性、灵活性和多元适应性，从而产生无数模式变体以适应多种学科多种课程，故笔者认为翻转课堂不应该有一个绝对的普适性模式，它就像“创新课堂”这样的范畴一样，涵盖了一切颠覆传统课堂模式的新授课范式。它更应该是一种理念式的内涵，在一个创新的基本框架体系下，横向上有适应于不同学科，甚至不同课程特点的灵活变体；纵向上应该不断尝试调整，在师生互动下不断修正，进而实现一种成长的动态的翻转，这才是“翻转课堂”的精髓。通过多元性、灵活性、趣味性和深刻性的授课模式在不同特色的专业课堂上呈现，达到学生善于探索、主动学习并乐于创新，教师在教学实验中不断修正和改进教学模式,课堂上有创新激荡与思想共鸣,学生的质疑精神和探索精神得到充分激励的教学效果。只有这样,我国的"课堂革命"理想才可能以百花齐放的精彩形式出现在不同高校不同学科和不同课程上。

参考文献

[1] 张金磊、王颖、张宝辉:《翻转课堂教学模式研究》,《远程教育杂志》2012 年第 4 期。

[2]LO C K, LIE C W, HEW K F. Applying "First Principles of Instruction" as a design theory of the flipped classroom: findings from a collective study of four secondary school subjects,*Computers & Education*, 2018(118): 150－165.

[3]郭建鹏:《翻转课堂与高校教学创新》,厦门大学出版社 2018 年版,第 190 页。

[4]KAPUR M. Productive failure in learning math,*Cognitive Science*, 2014(38): 1008－1022.

[5]MUSALLAM R. Cycles of Learning. Explore－flip－apply: introduction and example,https://www.cyclesoflearning.com/home/apedagogy－first－approach－to－the－flipped－classroom.

[6]郭建鹏:《翻转课堂教学模式:变式与统一》,《中国高教研究》2019 年第 6 期。

[7] BLOOM B S. *Taxonomy of educational objectives, the classification of educational goals, handbook I: cognitive domain*,New York: David McKay Company, 1956. 56－61.

[8] SONG Y, KAPUR M. How to flip the classroom－ "productive failure or traditional flipped classroom" pedagogical design? *Educational Technology & Society*, 2017(1): 292－305.

[9]SCHWARTZ D, CHASE C, OPPEZZO M, et al. Practicing versus inventing with contrasting cases: The effects of telling first on learning and transfer,*Journal of Educational Psychology*, 2011(103): 759－775.

[10]FYFE E, RITTLE－JOHNSON B, DECARO M. The effects of feedback during exploratory mathematics problem solving: prior knowledge matters,Journal of Educational Psychology, 2012(104): 1094－1108.

[11]陈君贤:《翻转课堂中运用"五星教学模式"的探索与实践》,《电化教育研究》2016 年第 10 期。

[12]亓玉慧、高盼望:《基于首要教学原理的翻转课堂教学设计探索》,《山东师范大学学报》(人文社会科学版)2018 年第 2 期。

计算材料学课程教学改革与探索*

卢 勇**

摘 要:计算材料学课程是材料学专业中重要的基础专业课程之一,新的教学方法的探索,能够使其适应现代材料科学的发展。本文介绍了基于多尺度材料虚拟仿真教学的课程设计思路、教学方法的探究以及教学实验平台的建设,总结了教学实践中的经验,为进一步推行该课程的虚拟仿真教学提供借鉴。

关键词:高校教学;计算材料学;虚拟仿真教学

一、引言

进入21世纪以来,物理、化学、计算机技术等相关学科的发展,极大推动了材料学理论体系的完善,也促进了计算材料学普及和应用[1]。计算材料学作为材料学研究的重要组成部分已经在新材料研发中发挥了举足轻重的作用[2]。通过计算材料学的各种不同尺度的模型和方法,能够开展从量子尺度到宏观尺度的材料结构、组织和性能的计算和模拟[3,4]。近年来,随着材料基因计划的实施,基于计算材料学方法,预测材料基础物性参数,整合材料实验观察和测量数据,最终实现材料性能预测和材料行为模拟[2],可以为材料的设计、制备和产业化提供最有价值的信息。材料基因组计划的大规模实施,把早期被动、偶然性的材料设计和研发推进到了主动的、基于数据库和多尺度的高通量材料集成设计阶段[5,6]。计算材料学作为材料基因研究中的重要研究手段,受到了越来越多的学者的重视[7,8]。

然而,在我国高等院校材料学专业中开设计算材料学课程还相对较晚。早期计算材

---

* 项目支持:福建省本科高校教育教学改革研究项目(FBJG20180060)。

** 卢勇,厦门大学材料学院助理教授,硕士研究生导师,主要从事材料热力学和动力学计算、相场法理论建模,微观组织模拟等方面的研究。已在国际知名的 *Nature Communication*, *Physical Review Letter*, *Journal of Alloys and Compounds*,等刊物上发表学术论文60余篇,并主持多项省部级科研项目。主讲"计算材料学""材料动力学与相变原理""材料设计方法导论"等课程。

料学课程的教学主要以理论教学为主。随着虚拟仿真教学技术和材料学专业软件的发展，在计算材料学课程中开展虚拟仿真教学和上机实验教学已经越来越受到欢迎[9,10]。未来材料学发展的关键是基于材料基因组计划所催生的新的材料研发和设计理念，而新的材料设计方法主要基于材料设计的虚拟仿真实验。计算材料学课程作为材料学专业的基础学科，应当紧跟材料发展前沿，改革教学理念，探索新的教学方法，为国家培养出符合新的材料设计理念的高层次人才。

本文以厦门大学材料学院在计算材料学教学中的改革实践为例，重点介绍基于材料基因组理念的多尺度材料虚拟仿真教学的课程设计思路、教学方法的探究以及教学实验平台建设实践等。

二、计算材料学教学现状与改革思考

计算材料学课程作为一门重要的理论和实践相结合的专业课程，一直以来都采用传统教学模式进行教学内容和方法的设计，这种教学模式很难产生良好的教学效果，不利于现阶段的学科发展和人才培养模式。笔者认为，目前计算材料学课程教学主要存在以下问题：首先，计算材料学课程一直以理论教学为主，教学侧重点为讲解诸如量子力学、分子动力学、蒙特卡罗、介观动力学等方法，并简单介绍这些方法在材料学研究中的应用。对于材料学专业学生，这些理论模型较为复杂，难以在较短的学时内让学生理解并掌握这些模型，阻碍了学生进一步对这些方法的适用范围和局限性的掌握。其次，这些理论模型的应用在教学过程中也通常被作为重点来介绍，在学生不了解材料研究背景的情况下，理解一种理论方法的具体应用变得非常困难。最后，计算材料学的研究方法存在时间尺度和空间尺度的模型耦合[8]，把各种模型孤立起来讲解，不利于学生从整体上掌握计算方法并在实践中应用多种耦合模型解决具体的科学问题。

为了紧跟材料前沿理论和方法的发展，计算材料学课程的教学改革也应当从改变材料设计理念和方法入手。对于高通量的材料基因设计理念来说，给出具备特定性能材料的成分、结构、组织、工艺等方案是计算材料学的主要目标，这种有目的的材料计算设计可以有效提高材料的研发效率和成本[11]。然而，这对于材料的物性、热力学和动力学性质、相变和组织转变规律、宏观性能等基本数据的全面性和准确性要求非常高。材料设计往往是针对性能的设计，而决定性能的因素却通常涉及从量子尺度的电子相互作用到介观尺度的组织，材料基因组计划旨在寻找和建立材料的原子排列—相的组成—显微组织的形成—材料宏观性能之间的相互关系。计算材料学发挥的主要作用是补充实验无法测定的材料组成、结构、性能的数据，并基于大量的材料数据预测新材料或者优化材料性能[12]。因此，笔者认为计算材料学教学改革主要基于各种模型和方法的耦合计算，以及高通量计算方法的应用，主要有以下几个方面：

(1)在教学过程中应当注重不同方法之间的联系，从更宏观的角度审视材料的理论模型、制备方法和工程应用。用材料设计计算的实例来说明不同方法之间的联系，让学生了解哪些方法之间可以较好地实现空间或者时间尺度的耦合，哪些方法之间可实现参数的传递。

(2)在教学中强调高通量计算和大规模并行计算的重要性。目前，针对材料学中的科学问题已经可以基于超级计算机实现大规模并行计算，或者通过对软件或者程序的修改实现高通量计算。

(3)在教学过程中贯彻理论教学和实验教学并重，通过设计具有连贯性的上机实验案例完成不同计算方法的理论教学和软件操作教学，这有助于帮助学生对“化学组分—微结构—宏观性质和性能”内在关联的系统认知。

(4)在教学过程中让学生通过自己设计实验并通过上机操作，独立完成计算实验，引导学生运用所学的理论方法设计计算实验，并通过不同的计算模型和软件解决实际问题。

三、多尺度材料计算实验设计

经过多年的教学实践，我们在计算材料学的教学中设计了多种不同的材料计算实验，帮助学生更好的理解和运用计算材料学的各种模型和方法。材料计算实验的设计主要以材料基因组的理念为指导，设计包括材料集成数据库优化技术、多尺度材料计算方法耦合以及多尺度材料设计应用等多方面的材料虚拟仿真实验[13-15]。本文以计算相图、扩散动力学和组织演化模拟三种方法为例，介绍基于这三种方法耦合计算的计算实验设计。

(1)Cr—Cu—Ni 各子二元系和三元系相图热力学数据库的优化

本实验的教学目标是通过二元系和三元系相图的优化和计算帮助学生理解热力学模型，计算相图和 CALPHAD 技术的核心理论和计算方法，并帮助学生了解热力学计算在合金设计中的应用。实验中用到了 Pandat 和 Thermo-Calc 两种热力学计算软件[16]。在实验过程中，首先指导学生通过单组元的 SGTE 数据库[17]构建 Cr—Cu、Cr—Ni 和 Cu—Ni 三个二元热力学数据库文件，然后通过与实验相平衡数据进行对比，确定需要优化的热力学参数，并在实验相平衡数据和热力学性质数据的基础上开展三个二元系热力学参数的优化。指导学生通过相平衡的优化，理解正规熔体模型、亚点阵模型等热力学模型和参数的含义及其对热力学平衡的影响。在此基础上，通过三个子二元系构建三元系的热力学数据库文件，完成三元数据库待优化参数的定义，并基于实验相图开展等温截面、液相面、纵截面等相图的优化和计算。在这一过程中指导学生完成低组元到高组元热力学模型的数据耦合，通过实验数据和计算结果误差极小化，实现三元数据库的优化。三元 Cr—Cu—Ni 热力学数据库优化完成后，指导学生通过各自的数据库文件计算二元和三元合金的热力学性质、相分数计算和凝固过程模拟。

(2)Cr—Cu—Ni 各子二元和三元系扩散动力学数据库的优化

本实验的教学目标是通过二元系和三元系扩散系数的优化，帮助学生理解扩散动力学理论、扩散系数的计算方法以及扩散偶浓度曲线的模拟，帮助学生了解扩散动力学计算在合金设计中的应用。本实验主要通过 Dictra 软件完成上机实验。首先，指导学生基于已知的自扩散和杂质扩散系数构建 Cr—Cu、Cr—Ni 和 Cu—Ni 三个二元系的扩散数据文件，在热力学数据库的基础上，基于扩散系数的实验数据和扩散偶实验的浓度—距离曲线开展互扩散系数的优化和计算，并与实验结果进行对比。指导学生通过扩散偶浓度—距离曲线的模拟，理解扩散动力学模型和参数的含义。在二元系扩散优化的基础上，构建 Cr—Cu—Ni 三元系的扩散动力学数据文件，基于实验信息优化三元扩散参数。对三元系扩散偶的浓度—距离曲线进行模拟，计算合金扩散路径曲线，并与实验数据进行对比。在此过程中，通过三元扩散参数的模拟帮助学生理解二元和三元扩散模型的差异，以及各参数对扩散过程的影响。

(3)Cr—Cu—Ni 三元合金凝固过程，晶粒长大过程和沉淀过程的组织演化模拟

本实验的教学目标是通过凝固过程中枝晶的形核、长大，固相晶粒长大和粗化，沉淀相析出过程的相场法模拟，帮助学生热力学和扩散动力学数据在组织演化模拟中的应用，了解铸造、热处理、时效等工艺中参数控制对材料相变和组织演化的影响，以及简单的材料成分和组织设计方法。实验中用到了 MICRESS 多相场法模拟软件。本实验是在优化完成的 Cr—Cu—Ni 三元系热力学和动力学数据库的基础上开展组织模拟的。学生在了解 MICRESS 软件脚本参数的基础上，输入不同初始条件的热力学和动力学数据，开展不同类型组织演化过程的模拟。在实验过程中通过计算热力学，扩散动力学和相场动力学三种方法的有效耦合，实现材料组织演化过程的预测。指导学生完成不同类型相变的界面参数和形核模型的定义，帮助学生理解凝固和固态相变的组织演化特征，相场模型中各参数对组织演化的影响。鼓励学生通过调整参数，设计材料制备工艺，预测材料的组织特征。

(4)Cr—Cu—Ni 三元合金成分—组织高通量集成计算

本实验的教学目标是通过高通量集成计算，开展 Cr—Cu—Ni 多成分和温度条件下的组织设计，帮助学生理解基于高通量材料数据信息的材料性能优化设计思路。本实验通过对三种软件脚本的优化修改，在一定程度上实现三种方法的高通量计算，分别针对 Cr—Cu—Ni 体系多成分和温度条件下，合金的溶解度、相组成、扩散系数、界面成分曲线和组织演化的高通量计算。最终通过数据筛选，实现材料成分—组织优化设计。

目前，由于计算材料学的软件还不成熟，大体系的材料多尺度集成计算需要较长的时间，设计实验时，也应当考虑教学过程的可操作性。在教学方法上应当采用理论教学和案例教学相结合、课堂讲授和上机实验相结合的方法，启发式和开放式的问题导向性模拟实验来培养学生的发散式思维和自主创新能力。

四、教学实践和体会

为了培养能接轨科技前沿培养创新型人才，实现教学资源的整合和改革创新，厦门大学材料科学与工程专业进行了卓有成效的计算材料学课程的改革实践探索。在教学过程中，采用专业计算机软件实现从微观原子或分子尺度的结构到宏观尺度上的材料性能的材料计算模拟。在教学改革与探索中的体会主要有以下几点：

(1)计算材料学的计算实验既能把材料学专业知识联系起来，又能把理论知识运用实验当中，增加了学生对理论知识理解的广度和深度。对于需要有多门基础课基础的计算材料学课程，学生往往避而远之，通过上机实验课，原本在教科书中理论和公式都可以在计算机上动态呈现，有效提升了学生学习的积极性，实验过程高效可控，教学环境良好，学生和实验室安全也能得到保证。

(2)设计开放性计算材料学上机实验，能够启发学生灵活运用材料科学的理论方法，开展相关的计算和模拟，独立完成一些材料计算设计案例，进一步训练和提高学生专业知识水平，锻炼学生动手能力和创新思维能力。

(3)计算材料学课程的考核方式既要注重考察学生的理论掌握情况，也应通过让学生完成研究型上机实验项目，考查学生运用理论和实验方法解决问题的能力，综合评价学生对课程内容的掌握情况。

(4)计算材料学上机实验不仅能够让学生了解从微观原子到宏观性能实现材料的计算模拟方法，也为学生学习和掌握一些重要的材料计算模拟软件提供平台，为其后续就业和学习打下扎实的基础。

五、结语

为了紧跟学科前沿的步伐，计算材料学的教学改革非常有必要，通过对教学理念和方法的创新，开展理论教学和上机实践详细结合的方法，能够有效提高学生学习兴趣以及新材料设计理念和思维的教学，也增加了学生对理论知识理解的广度和深度。实践表明，面向材料基因组的虚拟仿真实验教学改革是计算材料学改革的重点，必将促进材料学专业实验教学改革的进一步深化。

参考文献

[1]郦剑、张超、郑宏晔：《计算材料学的现状与发展前景》，《国外金属热处理》2000年第3期。

[2]刘梓葵：《关于材料基因组的基本观点及展望》，《科学通报》2013年第35期。

[3]张征、刘更、刘天祥、崔俊芝：《计算材料科学中桥域多尺度方法的若干进展》，《计

算力学学报》2006 年第 6 期。

[4]刘兴军、陈悦超、卢勇:《新型钴基高温合金多尺度设计的研究现状与展望》,《金属学报》2019 年第 56 期。

[5]赵继成:《材料基因组计划中的高通量实验方法》,《科学通报》2013 年第 58 期。

[6]G.R.E.N.John:《材料基因组与相图计算》,《科学通报》2013 年第 58 期。

[7]刘利民:《材料基因工程:材料设计与模拟》,《新型工业化》2015 年第 12 期。

[8]鲁晓刚、王卓、金展鹏:《计算热力学、计算动力学与材料设计》,《科学通报》2013 年第 35 期。

[9]李江、卢艳丽、王永欣:《虚拟仿真技术在材料学科实验教学中的应用探索》,《教育教学论坛》2017 年第 27 期。

[10]王卫国、胡今鸿、刘宏:《国外高校虚拟仿真实验教学现状与发展》,《实验室研究与探索》2015 年第 34 期第 5 卷。

[11]关永军、陈柳、王金三:《材料基因组技术内涵与发展趋势》,《航空材料学报》2016 年第 36 期。

[12]汪洪、项晓东、张澜庭:《数据+人工智能是材料基因工程的核心》,《科技导报》2018 年第 36 期。

[13] H. L. Lukas, S. G. Fries, B. Sundman, *Computational thermodynamics: the Calphad method*, Cambridge: Cambridge university press, 2007.

[14]J. Eiken, B. Böttger, I. Steinbach, Multiphase-field approach for multicomponent alloys with extrapolation scheme for numerical application, *Physical review E*, 2006, Vol.73, No.6, P.066122.

[15]赵旭山:《相场法在材料计算模拟中的应用》,《有色金属与稀土应用》2010 年第 2 期。

[16] J. O. Andersson, T. Helander, L. Höglund, et al. Thermo-Calc&DICTRA, computational tools for materials science, *Calphad*, 2002, Vol.26, No.2, p.273-312.

[17]A. T. Dinsdale, *SGTE data for pure elements*. Teddington, United Kingdom: National Physical Laboratory, 1989.

培养模式创新

面向工程认证的电子信息专业学位硕士教学改革研究*

杨律青　麻琳健　姚俊峰　林　凡　洪清启　李鼎昭**

摘　要：目前，工程认证主要用于本科生的教学改革中，如何结合工程硕士的培养要求和特点，将其核心思想用于研究生的教学改革和人才培养体系中，是一项大胆的尝试。本文从工程认证的核心理念入手，阐述了电子信息专业的专业学位硕士的人才培养特点，基于工程认证的研究生教学改革的总体思想、方法及工作重点，最后说明如何推广和应用。

关键词：工程认证；教学改革、电子信息专业学位；OBE

随着教育部新工科建设的提出，结合"互联网＋"、"中国制造 2025"等大环境，电子信息类人才的社会需求量将越来越大，互联网相关技术大范围地融入人才培养体系中，研究生教学[1]是高校教育的重点，随着专业学位硕士的规模和比例的逐年增加，电子信息专业的专业学位硕士教学改革[2,3]越来越重要。改革应着眼于 IT 行业的新需求，成为落实教育部新工科建设、厦门大学双一流建设和国家示范性软件学院的"培养工程能力、实践能力和创新能力的应用型人才"的宗旨的有力措施，它也是探索和推动新型"产学研"培养模式的重要内容[4,5]。

在互联网发展的新形态和新业态下，将移动互联网、云计算、大数据、人工智能、物联网等新一代信息技术与经济社会各领域紧密结合，培育基于新时代的新产品、新服务、新业态、新模式和新型人才，其中新型人才的培育是关键，也是高校进行新工科建设下的教

---

* 课程获厦门大学研究生优秀示范建设课程项目资助。

** 杨律青，厦门大学信息学院教授，软件工程系主任，研究方向为软件工程、物联网技术与应用。麻琳健，厦门大学信息学院工程师，研究生秘书，研究方向为软件工程、研究生教育。姚俊峰，厦门大学信息学院教授、副院长，研究方向为数字化真人研究、虚拟现实技术开发与应用。林凡，厦门大学信息学院副教授，研究方向为物联网、人工智能、教育大数据。洪清启，厦门大学信息学院副教授，研究方向为医学图像处理、机器学习、深度学习等。李鼎昭，厦门大学信息学院硕士研究生，研究方向为软件工程、物联网技术。

学改革的新动力。

结合新工科建设的背景[6]，本成果旨在深化电子信息专业硕士生的教学改革，培养和造就“大众创业、万众创新”的生力军。新工科环境下的创新型软件人才，应体现学科交叉，符合国际学术发展前沿，符合国家和区域重大需求，具有实用型、复合型、工程型的特点，且具有较强的国际竞争能力。

为达成上述的教学改革目标，本论文研究的几个着力点包括：

（1）构建和完善以“产业导向、能力培养”为核心的课程体系，在课程设置中充分体现新工科的特色和 IT 前沿技术课程。

（2）建立和完善以学生能力为导向的培养机制，厦门大学拥有各方向特色的，以学生产出为导向的“电子信息专业硕士”人才培养方案[7]、方案中包含合理的知识体系和完备的课程体系，注重实践性即动手能力的课程建设，激发学生综合素质和实践能力的提升。

（3）建立专业学位硕士生在互联网、电子特别是软件产业中的学习与合作的机制，为学生提供有效的成长空间和环境。通过企业实习实训，学生能学习到现实中更前沿、更实用的软件开发技术，并为学生就业提供更多的机会。

（4）把创新创业教育融入人才培养体系，通过多样化的教学模式，切实提高硕士生的创新精神、创业意识和创新创业能力。

本论文的研究和实践，推荐优化专业学位硕士核心课程的教学大纲和教学内容，也将不断完善和改进工程认证等教改项目的内容，同时为电子信息类的专业学位硕士的教学内容和课程体系改革项目、创新创业教育改革项目打下基础，在新工科背景下，对电子信息类硕士生的教育起到带头和示范性作用。

一、工程认证的思想

当前，国家推动创新驱动发展，实施“一带一路”“中国制造 2025”“互联网＋”等重大战略，以新技术、新业态、新模式、新产业为代表的新经济蓬勃发展，对工程科技人才提出了更高要求，迫切需要加快工程教育改革创新[8]。高等工程教育在我国高等教育中占有重要的地位。深化工程教育改革、建设工程教育强国，对服务和支撑我国经济转型升级意义重大。

《华盛顿协议》1989 年由美国、英国、加拿大、爱尔兰、澳大利亚、新西兰 6 个国家的民间工程专业团体发起和签署，该协议主要针对国际上本科工程学历（一般为四年）资格互认，确认由签约成员认证的工程学历基本相同，并建议毕业于任签约成员认证的人员均应被其他签约国（地区）视为已获得从事初级工程工作的学术资格。2016 年 6 月，中国被《华盛顿协议》组织接纳[9]为正式成员，成为第 18 个正式成员，我国工程教育专业认证体系实现国际实质等效，通过认证协会认证的工程专业，毕业生学位得到《华盛顿协议》其他组织的认可。

工程认证(也称为工程教育专业认证、工程教育认证、专业工程认证)的核心就是要确认工科专业毕业生达到行业认可的既定质量标准要求,是一种以培养目标和毕业出口要求为导向的合格性评价。工程教育专业认证要求专业课程体系设置、师资队伍配备、办学条件配置等都围绕学生毕业能力达成这一核心任务展开,并强调建立专业基于评价的持续改进机制,以保证和不断改进专业教育质量。专业认证三大重要理念:“以学生为中心”“目标导向”“持续改进”。

推行工程认证,主要目标是真正落实“基于学习产出的教育模式”(Outcomes-based Education,缩写为 OBE)的模式[10,11],OBE 最早出现于美国和澳大利亚的基础教育改革。在 OBE 教育模式中,学生学到了什么和是否成功远比怎样学习和什么时候学习重要。学习产出驱动整个课程活动和学生学习产出评价系统。在 OBE 教育系统中,教育者必须对学生毕业时应达到的能力及其水平有清楚的构想,然后寻求设计适宜的教育结构来保证学生达到这些预期目标。从这个意义上说,OBE 教育模式可被认为是一种教育范式的革新。

主导我国工程国际认证[12]的组织是认证中国工程教育专业认证协会,它成立于 2015 年 10 月,是由工程教育相关的机构和个人组成的全国性社会团体,主要负责我国工程教育认证工作的组织实施,由教育部主管。中国工程教育专业认证协会在各专业领域设立专业类认证委员会,由计算机类专业认证委员(设秘书处)在全国工程教育专业认证体系内开展计算机类相关专业(含软件工程专业)认证评估工作。中国工程教育专业认证协会官方网站为:http://www.ceeaa.org.cn/。

目前,工程国际认证主要用于本科生的教学改革中,如何将其核心思想用于研究生的教学改革和人才培养体系中,是一项大胆的尝试和教学改革。

二、电子信息专业学位硕士的培养体系

专业学位(Professional Degree),是相对于学术型学位(Academic Degree)而言的学位类型,其目的是培养具有扎实理论基础,并适应特定行业或职业实际工作需要的应用型高层次专门人才。专业学位与学术型学位处于同一层次。专业学位以专业实践为导向,重视实践和应用,培养在专业和专门技术上受到正规的、高水平训练的高层次的市场紧缺的应用型人才。

在新工科及专业学位硕士统一规划的背景下[13],国务院学位办已将计算机科学与技术、软件工程、数字媒体技术、电子科学与工程、人工智能等等电子信息类的专业学位硕士,统一为电子信息专业的工程硕士,即专业学位硕士,不同方向的电子信息专业的工程硕士的培养方案,有自己的特色,总体上看,工程硕士的培养方案更注重工程性、实践性和动手能力的培养,下面以软件工程方向的电子信息专业学位硕士的培养为例,说明电子信息专业学位硕士的培养体系。

电子信息专业学位硕士的培养体系的学制是全日制 3 年，在校时间累计不少于 1 年，培养年限最长不超过 5 年[14]。

软件工程领域的专业学位硕士的培养目标是，面向国民经济信息化建设和发展需要，培养具有优良的科学素养和团队合作精神，系统掌握软件工程理论、实践方法和技能，具有很强的发现问题、分析问题和解决问题的能力，具备强烈的工程意识和创新创意的思维能力的人才[15]。

课程设置[16]要求学生不仅要掌握本领域的基础知识、专业知识和解决问题的方法和手段，还要具有相关领域和学科的知识，特别是要具有现代管理知识和经济知识。因此，课程设置和课程内容坚持宽口径、复合型的原则，体现多学科相互交叉、渗透、融合与综合的特点。

必修课有外语（2 个学分）、中国特色社会主义理论与实践研究（1 个学分）、自然辩证法（1 个学分）、专业英语（2 个学分）、IT 项目管理（3 个学分）、工程数学（3 个学分）、网络编程与分布式计算（3 个学分）、软件体系结构（3 个学分）等。

选修课程包括高级软件工程、信息安全、高级计算机图形学、高等计算机体系结构、分布式编程技术、软件中间件与构件技术、大数据处理技术、数据挖掘与分析、物联网原理与云计算技术、软件平台技术、管理信息系统等课程（选修课均为 2 学分）。

其他实践环节包括学术讲座和学术报告（1 个学分）、实习实践（6 个学分）和学位论文等。

课程教学质量和持续改进机制：按照《厦门大学研究生课程教学基本规范》，优化课程体系，强化教学过程管理，提高课程质量；每门课程均让学生在网上进行满意度测评，评教结果及时反馈给任课教师；全部课程由副教授以上职称教师或具有博士学位的讲师担任。如表 1 所示。

表 1　全日制硕士专业学位的核心课程及主讲教师情况

课程类型	门数	学分	主讲教师数量	主讲教师数量占全院教师比例(%)	主讲教师职称构成		
					教授	副教授	助理教授
公共课	3	4	3	0	0	0	0
必修课(公共课外)	5	14	5	12.8	3	2	0
选修课	11	22	11	28.2	0	8	3
合计	19	40	19	41.0	3	10	3

本专业学位点的培养方案经过修订，新的方案从 2015 级研究生开始执行。科学性、合理性和系统性明显加强，突出“工程和应用”导向，强化了实践教学和学术讲座环节，今后将在课程教学内容、教学方式、教学方法、教学组织与实施以及考核方式等方面进行优化和完善。

三、基于工程认证的研究生教改总体思想和方法

在双一流建设和工程认证思想[17]的驱动下，针对第二节的电子信息专业学位硕士的培养体系，教学改革研究总体思路是，结合新工科建设和国际工程认证的要求，制订工作总体计划和详细计划，明确深化产教融合方面和提升服务方面的各项指标，确定每项任务的职责者，跟踪和检查各项任务和工作，以落实各项任务的达成。

总体方法是，在教学培养方案和课程体系的改革上，遵循“行业指导、校企合作、分类实施、形式多样”的建设思路，按照产业的专业标准的基本要求，结合厦门大学双一流办学理念以及人才培养定位，体现“行业企业深度参与培养过程、按通用标准和行业标准培养工程人才以及强化培养学生的工程能力和创新能力”的特点，在教学实践环节，通过与企业界的密切合作，提高学生综合素质、社会责任感。为服务国家的软件产业人才需求、开展科技创新提供有力的电子信息专业的硕士人才支撑。同时，全面收集教学效果的反馈信息，总结经验和改进成果的方案，通过执行好每一项教改项目、管好每一门课程和做好每一项实践，落实教学中的每一个问题。

针对第二节的电子信息专业学位硕士的培养体系，运用工程认证的思想和方法，以学生能力产出为中心，先优化培养方案，制定毕业要求指标，再根据毕业要求指标，完善每门课程的课程目标和支撑毕业要求的指标点。也就是说，专业学位硕士的每门课程内容和考核方式，支撑课程目标点达成；课程目标点达成，支撑毕业要求指标点的达成；毕业要求指标点，又支撑培养目标的达成，如下图1所示。同时，通过各种反馈渠道(评教、在校生、毕业生、用人单位等)的教学反馈，建立基于反馈的持续改进机制。

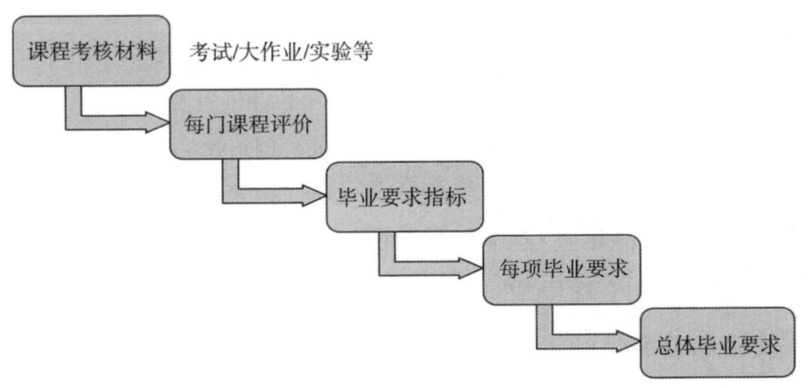

图1 课程对总体毕业要求的支撑关系图

四、工作重点

推行电子信息类的专业学位培养[18]的“工程认证”，是一项意义大、涉及面广、投入人力大的教学改革工作，重点包括以下工作：

1. 优化专业的教学培养目标和毕业要求

研究并建立了新工科和互联网＋背景下，电子信息专业的工程硕士的培养目标，为人才培养指明了方向，丰富培养目标的内涵，拓展人才培养的综合素质和开发能力的范围。电子信息专业毕业的工程硕士生，能胜任当代的日新月异的社会要求，胜任信息系统生命周期中各阶段的研发、管理和服务等工作，即从 IT 系统生命周期中系统分析、设计、开发、运行、维护和管理等系统化工程实践训练，具备参与大型软件项目及复杂软件工程管理方案的实施与运行的能力。按工程认证标准的指导，完成电子信息专业的毕业要求，分解其指标，得到达成毕业要求的各项指标体系。

2. 研究和对标工程认证

对标工程认证[贯彻落实《国务院办公厅关于深化高等学校创新创业教育改革的实施意见》(国办发〔2015〕36 号)]，主要包括：

(1)研究和建立电子信息专业的工程硕士的工程教育认证毕业要求。

(2)构建以工程教育认证为核心的模块化综合培养方案和课程体系。

(3)建设校企联合工程实训中心，强化电子信息专业的实践和工程能力。

(4)建立面向工程认证的专职和兼职结合的教师队伍。

3. 完善电子信息专业的工程硕士培养方案和课程体系

改善现有的培养方案(目前是 2018 年版本，并加入科技论文写作课程)。按照新工科的指导思想、产业的技术要求和电子信息专业的特点，对课程的教学大纲和培养方案进行作了一系列必要的和合理的调整，增添了物联网、大数据、云计算、社交网络平台、移动应用开发等相应新的课程内容[19]。

4. 促进教学培养模式多样化

逐步建立基于项目驱动的学生创新能力培养模式体系[20]，将实践类课程(如实践与实习、毕业设计等等)作为必修课，同时建立具有了国际视野的校企实训实践平台。推行和完善网络课程建设、MOOC 课程建设和翻转课程建设。

传统“听中学”的教学模式，学生只是听众，非真正参与者，改变成以“学生为中心(SC)”“问题为导向”(PBL)的教学模式，进行理论与实践一体的“做中学，学中做”，同时，引入翻转课堂、启发式教学、慕课等，鼓励双语教学和全英文教学。如图 2 所示。

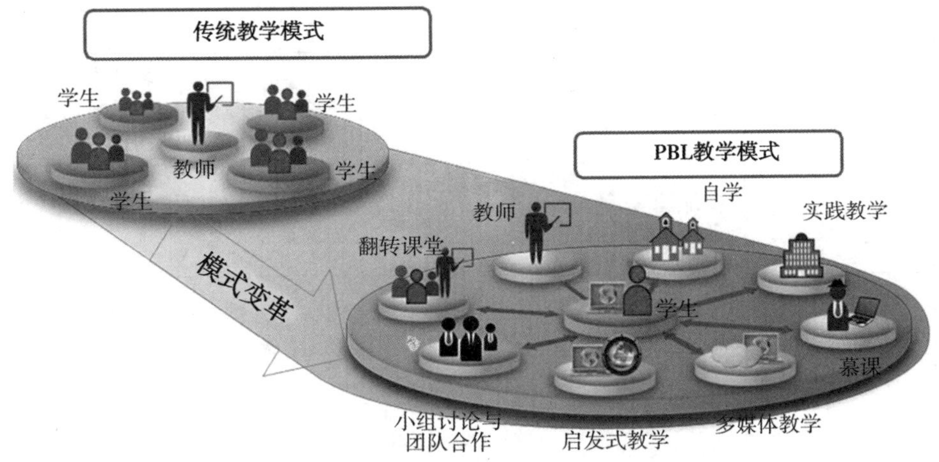

图 2　传统教学模式与 PBL 的教学模式示意图

5. 建立多维教学评价和持续改进体系

专业学位硕士的教学质量保障[21]的重要措施包括：建立了由学生评教、专家听课、领导听课、教师自评、毕业生调查、企业调查等组成的多维教学评价和持续改进体系。具体包括：

(1)建立教学过程监控网络，教学督导、教学管理人员、辅导员和学生参与；

(2)建立教师教学质量调查制度；

(3)坚持毕业生的素质评价；

(4)院系领导听课制度；

(5)建立基于反馈机制的教学过程改进机制。

工程认证的一个工作重点是，确保评价结果被用于专业持续改进的机制，推行这个改进机制，必须在学校、学院和专业三级管理形成了一个教学质量监控和保障体系，对推进课程建设、促进教学质量提高起到了非常重要的作用。教学质量评价反馈机制如表 2 所示。

表 2　电子信息专业工程硕士的评价反馈机制

序号	数据来源与收集方法	数据使用	评价内容	评价记录	结果使用说明
1	学生评教	教师、相关管理部门及人员	课堂教学	网上评价表、座谈会记录	教师自查、专业负责人约谈
2	教师自评	教师、相关管理部门及人员	课程学习	教学自评表	教师自查、教科组交流

续表

序号	数据来源与收集方法	数据使用	评价内容	评价记录	结果使用说明
3	校院督导组评价	教师、相关管理部门及人员	课堂教学	听课评价表	教师自查、督导教师指导、专业负责人约谈
4	毕业生评价	教师、相关管理部门及人员	培养目标与毕业要求、课程体系、专业学习	座谈会纪要、问卷调查表	教师自查、专业自查、专业负责人约谈
5	校友评价	教师、相关管理部门及人员	培养目标与毕业要求、课程体系、专业能力	座谈会纪要、问卷调查表	教师自查、专业自查、专业负责人谈话
6	用人单位评价	教师、相关管理部门及人员	培养目标与毕业要求、课程体系、专业能力	座谈会纪要、问卷调查表	教师自查、专业自查、专业负责人约谈

五、结语

综上，新工科适应新技术、新产业、新业态和新模式为特征的新经济要求，电子信息工程硕士的人才培养，须以工程认证的核心思想为指导，以学生能力培养为核心因素，坚持“高层次、工程型、应用型和国际化”的人才培养模式，从“应用复合型”的不同培养方向，设计多样、灵活和开放的课程体系。

在本论文的应用和推广方面，重点是优化培养方案的优化、制定科学的毕业要求、完善每门课的课程大纲，有计划地将工程论证整套思想方法应用到工程硕士的人才培养中。

参考文献

[1]何木芬、马垒、龙雪梅：《“互联网+”背景下高校研究生教育教学的创新与发展》，《创新创业理论研究与实践》2018 年第 24 期。

[2]张雁：《以实践和创新为导向的电子信息专业教学改革探索》，《智库时代》2019 年第 42 期。

[3]于雷、安玲玲：《地方高校工科专业课程体系优化研究——以电子信息工程专业为例》，《轻工科技》2019 年第 11 期。

[4]《厦门大学“十三五”发展规划》，厦门大学 2015 年版。

[5]《厦门大学软件工程专业培养方案》，厦门大学软件工程系 2015 年版。

[6]赵雪梅、冀晓雨、吴军：《“新工科”建设背景下的实践教学模式创新研究》，《创新创业理论研究与实践》2019 年第 11 期。

[7]《厦门大学软件工程专业针对自评报告评审意见中的培养目标修订内容》，厦门大

学 2013—2018 年版。

[8]胡波、冯辉、韩伟力:《加快新工科建设,推进工程教育改革创新——"综合性高校工程教育发展战略研讨会"综述》,《复旦教育论坛》2017 年第 2 期。

[9]华尔天、计伟荣、吴向明:《中国加入〈华盛顿协议〉背景下工程创新人才培养的探索与实践》,《中国高教研究》2017 年第 1 期。

[10]马全中:《基于学习产出教学模式的文献梳理与评析》,《河北广播电视大学学报》2017 年第 4 期。

[11]王蔚:《基于 OBE 的工程教育质量标准体系的构建》,合肥工业大学硕士学位论文,2016 年。

[12]方峥:《中国工程教育认证国际化之路——成为〈华盛顿协议〉预备成员之后》,《高等工程教育研究》2013 年第 6 期。

[13]陈熙维、陈伟、田雨波:《新工科背景下专业学位研究生培养体系研究》,《科教导刊》(中旬刊) 2019 年第 5 期。

[14]《厦门大学软件学院软件工程专业毕业要求制订记录(第 4 次)》,厦门大学 2013—2018 年版。

[15]《厦门大学软件工程专业培养方案(2018 年版)》,厦门大学软件工程系 2018 年版。

[16]《厦门大学软件工程专业课程体系修订(企业专家参与)》,厦门大学 2013—2018 年版。

[17]尹达、申大魁、YIND 等:《论高校"双一流"建设的思想理念》,《黑龙江高教研究》2016 第 8 期。

[18]华丽水、姚若河:《电子信息类全日制专业学位硕士培养模式探索》,《继续教育研究》2011 年第 2 期。

[19]《厦门大学软件学院软件工程系全部课程教学大纲》,厦门大学 2013—2018 年版。

[20]李艳:《基于项目驱动的研究生实践创新能力培养体系》,《南京理工大学学报》(社会科学版)2018 年第 6 期。

[21]杨维芬:《全日制专业学位研究生培养质量保障体系研究》,青岛大学硕士学位论文,2016 年。

"双一流"建设背景下推进以实践技能与创新能力为核心的药学研究生培养模式改革*

李福男 吴 振 朱 铉 陈 庆**

摘 要:"双一流"建设是增强国家核心竞争力,使我国迈入高等教育强国的必由之路。聚焦"双一流",人才培养是关键。如何在"双一流"建设背景下培养药学生的创新实践能力、拓展其综合素质是一个重要课题。在此背景下,本文着重论述了厦门大学药学院就这一核心问题在研究生教学方面做出的改革,旨在全面提高教学质量,为我校创建一流学科,打造特色专业奠定良好的基础。

关键词:双一流;药学研究生;教学改革;实践创新

国家对高等教育作出的"建设世界一流大学与一流学科"这一重大战略决策,是提升我国教育发展水平的必由之路,也是教育事业从业者的共同期望。近年来,习总书记反复强调建设世界科技强国与培养青年科技人才的重要性,提出要让有理想、有情怀、有责任、有担当的接班人永不断档。这充分说明了一流人才培养对于增强国家核心竞争力有着非同一般的意义,而研究生教育作为国民教育体系的顶端,影响更甚。优质的研究生教育是培养高层次人才和释放人才红利的主要途径,是国家人才竞争和科技竞争的重要支柱,是实施创新驱动发展战略和建设创新型国家的核心要素,是科技第一生产力、人才第一资源、创新第一动力的重要结合点。[1]同时,优质的研究生教育要靠高质量的课程教学来保障,课程质量是培育一流人才的核心之一,在研究生成长成才中起着全面、综合和基础性

* 基金项目:厦门大学研究生优秀示范建设课程项目;2018年福建省高校教育教学改革研究项目(FBJG20180101)。

** 李福男,厦门大学药学院副教授,研究方向为药物化学,主要从事创新药物分子的设计、合成及机制研究,药物合成工艺及产业化研究。吴振,厦门大学药学院教授,副院长,研究方向为天然药物化学,主要从事天然产物化合物的提取、分离及生物活性研究,基于靶点的创新药物分子的设计、合成及机制研究。朱铉,厦门大学药学院教授,实验教学中心主任,研究方向为药剂学,主要从事纳米药物诊疗一体化研究。陈庆,厦门大学药学院助理教授,研究方向为药物分析学,主要从事药物分析中的分子印迹技术研究,电化学在基因检测中的研究。

作用。[2]

厦门大学深入贯彻落实科学发展观，始终坚持把人才培养作为根本使命，以转变教育思想观念为先导，以教学工作为中心，不断增加研究生教学的经费投入，改善教学条件，为全面提高教学质量提供了强有力的保障。高等院校的教师也应该与时俱进，认识到教学不仅是简单传授书本上的理论知识，教学研究及改革在人才培养和深化教学改革中也具有重要作用，积极开展教学研究是促进素质教育和全面提高教学质量的重要保证。[3]随着"十三五"期间大健康产业一系列政策的提出，国家已经把药学人才培养提上重大区域战略和产业战略需要的重大日程。厦门大学药学院（以下简称药学院）在多年药学理论课程及实验课程教学过程中，鼓励教师针对药学学科特点，充分利用现代教学条件，科学选择教学内容，改进教学模式，积极发挥教师的主导作用，努力体现学生在课堂中的主体地位，建立起合理且全面的考核体系，并取得了良好的教学效果。其在教学过程中进行的改革与探索主要包括以下几方面。

一、当前药学研究生培养中可能存在的问题

1. 教学过程重科研、轻课程

当前在药学研究生甚至导师中存在一种认知误区：研究生无须重视课程学习，只需做好科研即可。这种思维会大大限制研究生的发展空间，无法满足研究生个人发展的需要。对于刚步入研究生生涯的新生来说，还未打好理论基础便上手实操，缺乏坚实的理论知识作指导，科研也只能事倍功半。

2. 教学模式固定化，缺乏创新性和探索性

药学类研究生课程教学目标多以培养经典基础理论知识为主，往往采用固定化课堂式的教学内容与教学形式，给学生一种"模式化教学"之感。这种课程模式通常难以满足研究生的认知需求，形式上缺乏创新性和探索性，内容上缺少针对性，不能引起学生的重视与兴趣，培养研究生独立思考、自主探究的能力更无从谈起。

3. 监督、考核制度不甚完善

目前的研究生考核制度多以课程成绩及毕业论文质量为主，而对研究生三年学习、科研的全过程则未投入过多的关注。虽说研究生是以自主学习、独立科研为主，但不完善的监督、考核机制无法充分发挥其反馈、激励和促进学生发展的作用，更不能说有助于创新性人才的培养和素质教育的发展。

二、研究生教学改革内容与实践

1. 完善课程体系设置

课堂教学是人才培养的“主战场”。“理论实践一体化,教学科研同步走”是我们此次改革的核心思想。理实一体化的教学过程,既是理论联系实际的主导环节,又是培养学生创新意识和实践能力的有效途径。药学院在教学改革中,主要通过以下几个方面实现课堂教学改革。

(1)合理安排课程学习时间

药学研究生课程涉及范围广、跨学科课程多,课程体系设置通常难以具有条理性。[4]除此之外,药学类研究生另一大突出特点是科研投入需求大。这两种特点使药学类研究生往往无法合理分配课程学习与科研探究的精力,造成学生学习压力过大、科研效率低下的后果。药学院针对这一问题进行改革,将课程体系时间设置合理化。借鉴国外成熟经验,将课程安排减少为第一学期课程集中学习,为初入学的研究生提供理论指导;适当削减不必要课程,以便帮助学生合理规划时间、分配精力,平衡课程学习与科研探究之间的关系。

(2)设置个性化课程内容

药学作为大类专业,其不同专业方向具有不同的特点。研究生所选专业方向不同,所需要的知识结构也不尽相同。同时,药学作为交叉学科,涉及包括生物、化学、材料、医学等多学科相关知识,如果我们要求每位研究生熟练掌握所有相关知识,显然不现实且收效甚微,这样的课程设置难以适应学科发展与研究生个人发展的需要。[4]药学院利用这一学科特点,强化培养应用型人才课程设置研究,进行药学及交叉学科相关课程建设,加深学科间的渗透、交叉与融合。在合理安排专业课程内容的同时,针对不同专业方向加强设置灵活多样的选修课程作为辅助,鼓励研究生根据自身专业的实际情况自主选择课程。这些选修课程多从专业角度出发,紧密结合专业课程,充分拓展了研究生的学科知识、能力,并提高专业素质。如所有研究生必修基础实用性课程“高等仪器分析”“科学素养与安全”等,而药物化学类研究生可自主选修化学相关课程“核磁共振波谱解析”、药物分析类研究生可选修“高等药物分析学”。

(3)更新多种课堂形式

传统的课堂教学形式多以教师“一讲到底”为主,在这种教学方式下,学生往往会失去在学习过程中的主体地位。药学院许多优秀教师打破了这一传统思维禁锢,抛开“教师为主”教学模式,开创了以培养学生主观能动性为目的的多种课堂教学新形式,旨在帮助研究生培养独立思考并解决问题的能力,以便今后能够独立展开科研工作。

以厦门大学优秀研究生示范课程“药学研究”课程为例——该课程专门针对药学研究

生开设，邀请来自不同专业领域的教师向研究生展现新药研发的全过程，教学过程中采用多种创新型教学方法；采用新型网络式教学方法，建立微信互动学习平台，充分调动学生学习的积极性；课前或课后布置作业，鼓励学生整理收集相关方向研究进展及热点，进行课内课后讨论学习，并以报告书写质量作为考核标准的一部分，以此锻炼学生的写作能力；鼓励学生将科研课题带入课堂展示、交流、互评，实现科研向教学的多方位转化。“科研成果进课堂”，一方面可以用鲜活的研究案例和成果更新来构建教学内容，引导学生积极思考，活跃课堂气氛，提高教学效果，另一方面，科研成果具有先进性、系统性、前瞻性和权威性，将其引入课堂教学，可以实现科研成果服务教学、服务人才培养的功能。[5]从知识层面来看，该课程完整呈现了新药研究的所有内容，帮助学生掌握新药研究的整体框架及深层次知识模块，培养学生独立研究能力，树立创新意识。从能力发展层面来看，该门课程对提高学生查阅文献整理能力、解决问题能力、分析总结能力和文字表达能力有较大的帮助。从价值观层面来看，该门课程培养了学生科学素养，具备严谨的科学态度。

2. 改进教学模式，让教学走出课堂

科学的教学改革远不能仅止步于课程改革。对研究生来说，课堂教学只是研究生学习阶段的一小部分内容，教学更重要的是要针对研究生的特点，采用多种方法，充分培养其实践技能与创新能力。此时，将教学渗透到课堂外的方方面面才是重中之重。

(1)走出教室，拓宽知识眼界

教师作为学生的引路人，在学生的成长成才过程中起着无可取代的作用。然而，教师并不是全能的，仅仅靠着一学期的理论学习、依赖有限数量教师的经验传授，远远难以满足研究生科研探究的需要，研究生还需要在教室之外的更加广阔的平台学习、探究。基于此，药学院为研究生们提供了多个提升自我能力的平台。药学院会不定期举办学术讲座，邀请药学各领域专家学者前来开设讲座，旨在拓宽研究生研究，使他们的知识面并不仅仅局限于课堂所学，可以通过了解全国各地本领域专家的研究方向来拓宽眼界，开阔心胸，激发创造思维。除科研领域的大咖分享，学院教师还会邀请行业领域相关专业技术人员为研究生们培训，提升研究生科研硬实力。培训内容广泛，涵盖了软件使用，仪器设备使用、管理、维护，实验技能操作技巧等等，覆盖面广、粗中有细。此外，学院多次为研究生们提供参加学术会议的机会，鼓励学生近距离接触行业顶尖学者，与优秀人才交流探讨，以从中得到启发。

(2)走出实验室，打破科研壁垒

纸上得来终觉浅，绝知此事要躬行。夯实基础知识是前提，而付诸实践也是科研探究必不可少的一环。药学院教师对于研究生实验技能方面的教学改革也颇下了一番苦功。实验的第一要义是安全，药学院尤其注重实验安全相关培训，如消防安全、药品使用安全、水电安全等。除定期培训，学院还定期组织实验室自查、督查，力求为师生创造一个绝对安全的实验环境。药学作为一个交叉学科，涵盖范围广，需求的实验技术多而复杂，尤其

随着各学科技术不断发展,学科交叉、学科融合不断深入,提高药学研究生综合知识水平和综合能力迫在眉睫,而仅靠专业导师的指导是远远无法跟上学科发展需要的。药学院鼓励研究生走出实验室,与本专业、同方向甚至其他专业(如化学、生命科学、医学等)研究生沟通、互助,通过不同专业的碰撞迸发出思维的火花。如药学院部分优秀教师会与材料、化工等其他专业领域的教师合作,鼓励药学研究生前往这些教师的实验室参观、学习,接触不同的实验方法、操作技能,取其精华,丰富知识网络,打破传统科研壁垒。

(3)走出校园,锻炼实践能力

高等院校药学专业毕业生主要从事药品生产、研发、生产质量保证、推广、合理用药等方面的工作,这就决定了药学人才必须兼具学习与实践能力。研究生培养应逐渐向培养实践型、创新型以及复合型人才不断转变。为此,药学院积极采取措施、制定政策,带领研究生走出校园。自药学院成立以来,学院领导非常重视开展"暑期社会实践活动",每年,学院都精心策划和组建硕博社会实践团队,实地走访各地优秀代表性药企、高校、研究所等,为研究生提供实践平台,同时与优秀高校、企业积极建立合作关系。以上举措显著提升了研究生的综合素质,增强了研究生的创新能力,培养适应创新型国家建设需要、适应各行各业发展需要的高素质人才迈出了坚实而有力的一步。除暑期社会实践,针对不同的专业方向,学院还提供各类实践机会。以天然药物化学专业为例,学院每年组织的武夷山采药实习活动、福建省植物普查活动中,都有药学院研究生热情参与的身影。

3. 建立合理的、全面的考核体系

建立合理而全面的考核机制是检验教学效果、强化学习动机的一种强有力的手段。药学院十分注重研究生三年学习过程中的考核,通过不断完善研究生考核制度、建立全面的考核体系来实现对研究生各学习阶段的督促,以助力研究生顺利成长。在第一学期时通过对课程的集中学习成效进行考核,确保所有研究生均已具备扎实的理论基础,拥有独立科研的科学素质与能力;第一学年末组建答辩委员会对学生进行开题报告考核,及时帮助学生确立正确的课题方向,指导研究生树立正确的科研观;第二学年末进行中期考核,掌握研究生的研究进展及课题进度,督促每位研究生按时完成目标进度,同时再次确保课题的可行性,给予建设性意见;第三学年末进行最终的毕业答辩,保证每位研究生都能保质保量完成所有课题项目。这四次考核能够建立良好的反馈机制,在各个学习阶段及时督促研究生保持稳定的科研进度,防止因出现懈怠、落后等情况导致无法按时毕业的后果。

三、教学改革效果及体会

1. 改革成果直观、显效

合理安排课程学习时间、设置个性化课程内容、更新课堂的形式使得研究生课程体系

进一步完善，在一系列措施的实施过程后，学生对课程整个体系的理论知识有更加深入的理解。尤其是创新的课堂形式，从教师的“一讲到底”逐步演变成学生成为课堂“主人翁”，学生通过结合课堂既定的主题，结合自身实际情况，以查阅文献，撰写综述，PPT 汇报展示等手段展示成果，在此流程中学生始终处于自主地位。传统的从课堂被动地接受知识到现在以探索、研究为基础的主动学习，整个课程强调以学生为主体，教师主导的合理教学模式，这样的氛围中不仅培养了学生在科研中的独立思考精神，同时提高了对知识的整体把握能力和创新能力，使学生的综合素质得到较大的提高。

2. 实施了质量工程，加强内涵建设

质量工程是以提高研究生教学质量为目标，以推进改革和实现优质资源共享为手段，按照“分类指导、鼓励特色、重在改革”的原则，加强内涵建设，全面提升药物学科教育的质量和整体实力。[6] 质量工程从专业、教材、师资、实验室等各环节入手，加快专业结构调整，重视资源共享，加快精品课程和网络课程等建设，全方位推动药学研究生教学改革已初见成效。

3. 促进校企对接，提高产学研转化

教学与科研是现代高校教师两项密不可分的基本职能，而科研的最终归宿是服务于社会。教学改革中提倡改进教学模式，让教学走出课堂。学院每年精心策划和组建硕博社会实践团队，在赴各地优秀校企的实践中，学生能够近距离了解行业的需求，认清理论与实际之间的差距，学生后续的选题以及科研工作的开展能够立足实际，脚踏实地。走出小小的实验室进行实践活动，更能帮助学生对自身的职业选择有更全面的认知，对今后的发展方向也有了更明确的规划。

4. 教学改革不足点及措施

(1)课程考核标准仍需完善

课程体系的改革与完善，虽在一定程度上发挥了学生的主观能动性，激发了学生的创造性。但教学过程中，多数理论课程考核形式单一，一般以“一锤定音”为主，缺乏学习过程性考察。

(2)教学细节急需落实

虽然目前的课程改革已经极大地改善了教学模式的单一性，但在新型教学方法的实施过程中仍然存在一些细节问题，需要教师在实际教学过程中去发现并解决。例如，在学生自主展示这一新形式课堂中，需要教师去划定范围、选择主题，唯有选择适合大多数学生知识层面的主题才能真正使学生主观参与，而非被动完成任务式敷衍。

(3)培训环节应成体系

目前增加的培训环节能够在一定程度上解决研究生学习过程中的部分问题，但从整

体来看,还远远不够。每一个专业都有一套成熟规范的实验操作流程和技巧,对于刚步入实验室的研究生新生来说,这些操作流程和技巧仅仅靠一两次的培训或是师兄师姐的碎片式传授是无法在短期内全部吸收消化的,更好的做法是对于相同专业的研究生统一开设系统性/针对性的培训,以助力研究生更高效、系统地学习。

(4)培养方式应更具针对性

研究生虽是以科研为主体,但在培养过程中,仍需要方方面面考虑周全。药学研究生并不一定仅仅为新药研发服务,还应考虑到其服务于社会各行各业的可能性。在培养研究生时,根据每位研究生的能力表现、自主就业意愿以及长期考察结果对其进行分流是必要的,制定个性化的培养方案相比于采取"一刀切"式培养,对于发展研究生个人特质来说是更上乘的选择。

四、结语

我国医药行业的蓬勃发展与药学高端人才的高质量息息相关,而高端人才应由一流高校不断输送。对优秀药学研究生的培养,药学院予以了万分重视。学院将更大地调动学生的主动性和积极性,突出厦门大学特色,以全面提高药学研究生的实践技能与创新能力为核心,坚持推进研究生教学改革,在以后的教学中不断实施改革,培养学生的创新意识和科学思维,争取早日实现建设一流学科的目标。

参考文献

[1]陈云:《基于双一流建设和医药行业需求的药学类研究生课程改革的实践探索与思考》,《科教文汇》(下旬刊)2018 年第 12 期。

[2]《教育部关于改进和加强研究生课程建设的意见》,http://www.moe.gov.cn/srcsite/A22/s7065/201412/t20141205_182992.html,访问日期:2019 年 12 月 5 日。

[3]乔艳辉、滕俊江、张庆等:《精细有机合成化学及工艺学课程教学改革与实践》,《化工高等教育》2010 年第 5 期。

[4]刘彩红:《加强课程教学改革,提高药学类研究生教育质量》,《赤峰学院学报》(自然科学版)2016 年第 21 期。

[5]陈萍、袁广林、秦晓燕等:《实战化背景下计算机课程科研成果进课堂教学方法初探》,《计算机教育》2016 年第 2 期。

新文科背景下人文科学科研意识的培养*

李　天**

摘　要：新文科对于通融性、协同性以及创新性的强调，给人文学科研究生培养带来了新的挑战。本文基于新文科与传统人文科学研究的差异，从经典阅读与现实考察、团队意识与教学方式的多样化等方面，对新文科背景下的人文学科研究生的培养方式进行探讨，以期对新时代条件下的研究生教学有所启发。

关键词：新文科；人文科学；科研意识；数字人文

一、从人文科学到新文科

2018年10月，教育部决定实施“六卓越一拔尖”计划2.0，其中的基础学科拔尖学生培养计划在原先数学、物理学等基础上，首次增加了心理学、哲学、中国语言文学、历史学等人文学科，这是新文科概念的前奏。2019年，教育部、科技部等13个部门联合启动“六卓越一拔尖”计划2.0，全面推进新工科、新医科、新农科、新文科建设，一时间“新文科”的概念成为新时代下高校文科建设的关键词。

新文科的概念由希拉姆学院于2017年首先提出[1]。所谓“新文科”，指对传统文科进行学科重组和文理交叉，即把新技术融入哲学、文学、语言等诸如此类的课程中，为学生提供综合性的跨学科学习。在传统学科分类中，humanity（人文）与science（科学）相对的，大概在20世纪90年代，“人文科学”在学界成为通行术语。人文科学虽然也可以被称之为science（科学），但在一般的表述中，人文学科往往会与根源性、历史性、综合性、超越性、经典性、非实用性等特征关联起来，以区别于自然科学与社会科学。人文学科的价值在于培养人文素养、提供正确的价值观念和导向，在旨趣上具有强烈的价值观色彩。而根

* 厦门大学研究生优秀示范建设课程项目和教育部人文社会科学研究规划基金（19YJCZH086）资助。

** 李天，厦门大学人文学院助理教授，主要研究方向包括数字人文、当代美学、新媒体艺术等，在《文学评论》《新美术》《厦门大学学报》等刊物发表论文多篇，出版专著《CG影像艺术——虚拟与现实的界限》等。

据《光明日报》2019 年 5 月 20 日的表述，新文科的特征体现在多学科协同、融入信息技术，以及变革人才培养模式，其宗旨在于培养超越现有专业局限与学科局限，专业素养高、学术能力精、综合实力强、有创造视野的新人才[2]。新文科的“融通”是学科之间的交叉通融，但与此同时，不能遮蔽“文”的本质；文理交汇后，须更加重视和凸显“文”的特质。

宏观的学科建设是新文科的基石与整体指导方针，但最后仍然要落实于研究生的具体培养方式中，落实于具体的教学工作之中，即如何在教学过程中培养研究生的“新文科”科研意识。

“新文科”之新，在于突破传统人文科学的藩篱，在不同学科的交叉中寻求新的研究对象与方法。传统的人文科学研究的独特性在于，其一，它并非要解决某个现实世界中存在的问题，比之应用型学科的目标性与现实性，人文科学更像是通过研究者的深思形成的有关于既定对象的阐释。其二，人文学者对于研究对象的阐释与描述往往带有价值批评色彩，而不是纯粹客观的、理性的描述。但在新文科的视野下，人文学科有必要尝试结合社会科学甚至自然科学的方法（如数字人文方法），将传统人文的阐释性[3]与社会科学的实证性进行结合，采用社会科学与自然科学的分析、归纳与调查统计的方法，在主观性与个体性中渗入客观性与普遍性，不仅注重阐释与论述本身逻辑性的完整与严密，也注重事实给予的确定性和可重复性。人文学科的研究对象不仅是人造物，也是自然物，目前艺术创作领域中发生的与生物、信息等学科的结合，已经逐步形成特定的趋势，产生了不少成熟的艺术作品，而人文学科的理论探索正亟待开发。由于对新的研究对象和方法的期待，新文科对研究生的培养提出了新的挑战，本文主要从问题意识的培养和教学方式的革新两方面进行探讨。

二、问题意识：经典阅读与现实考察

人文研究中的问题意识主要存在于两个方面，其一来自学术史的发现，其二来自社会现实，即不断变化的文化现象。前者向内求索，后者向外发掘。前者侧重理论，后者重视理论与实践的结合。学术史的发现来自对传统经典的研读与思考，发现研究的突破口，往往以某个经典作品或学者为对象，或以学术史上的重要概念、现象或争论为对象。以美学研究为例，学术史角度的研究可以以康德、海德格尔等著名美学家的某个方面为对象，也可以以美学史上的重要概念，如模仿、表现等为对象。研究生阅读这些经典作品，在其中检阅某些重要概念的流变时，所需要参考的是其他研究者在这方面的研究文献，研究生在研读过程中会有不同程度的个人发现，无论是发现以往研究者的不足，还是对于某个重要概念的独特见解，这些都属于学术史内部的问题意识。正因为以经典以及相关文献作为研读对象，因此从内涵上来说，学术史的发现与社会现实的关联性并不大，它更多的存在于学术领域内部，是一种带有浓厚象牙塔性质的传统研究方式。

传统的人文科学研究偏重阐释，强调对经典的研读与再发现，甚至认为“人文学者的学术研究，就是叩问经典的学术历程"[4]，强调"论从史出"。经典是人文科学的出发点，自然是毋庸置疑的，但如果将经典研究作为人文学者的终极目标，未免太过极端。关于这一点，我们可以从经典理论产生的背景来一窥究竟，理论的初衷并不是用来阐释另一种理论，而是用来阐释现实，或者说为现实提供不一样的观点，任何经典的理论无不与当时的社会现实有着紧密关联。同科学技术一样，它们是对时代问题的回应，只不过人文学科的回应方式不同，它以一种反思式的方式提供了对于现实问题的深度解读，拨开现实表象的迷雾，凸显其本质，最后为实践提供指导。如孔子对礼乐的阐释，来自对礼崩乐坏的现实的反思；乐辨有无的玄学，是对波谲乱世的回音；马克思主义理论，来自马克思、恩格斯对19世纪工业革命的宏阔图景的反思与回应；20世纪海德格尔对于技术与艺术的本质探讨，正是对新的工业技术与社会现实的回应。在后工业社会背景下，媒介即信息、仿真与模拟、块茎论、知识型、速度学等诸多成为经典的理论，无不是对时代做出的深刻反思与强有力的回应，这些经典理论，具有对人性、对人的本质的思考，但其产生的社会现实土壤，现实性与永恒性的关联，却也是不容忽视的。

因此，虽然说人文科学的"文化"特性让它具有了某些"无用"性，但从科学的本质上来说，它并没有远离"学以致用"的核心命题，只是此"用"，并不在于能即时产生效应的，具有生产力的显性"用"，而在于一种长远的，具有浸入性的，改变思考方式的隐形的"用"。

正因为这种隐形的"用"，在人文学科研究生的指导与培养中，指导学生在活的文化现象中发现问题，显得非常重要。我们需要重视研究既定的经典理论，夯实研究基础，但在经典研习过程中，应该指导学生对经典理论的现实性进行挖掘，对于正在发生的文化现象进行积极的关注与回应，引导他们从自身的兴趣来关注文化现象，既包括经典文本的当代呈现，也包括新媒介条件下的文化图景。每一个看似微小的外观，如同莱布尼茨的单子，都是当下整个经济、技术、政治、文化背景的一种折射，并非只有严肃的、宏观的问题才能被作为研究对象，研究者所观察、所体验的不同面相的文化与社会现象，才是最富于现实性的研究课题。一个时代、一个社会的不同的面相，需要不同的观察者进行不断的探索，才能做出对这个社会全面的、科学性的研究呈现。在本雅明等现代性的研究者们看来，个体的经验是进行研究最切实的入口，以小见大，从个体的经验出发进行不断的反思、发掘，才能为确立真正的研究对象进行学术积累，并培养良好的研究习惯。

对于现实问题的回应，不仅符合新文科的人才培养需要，也有利于研究生创新与能力的培养，人文学科并非研究"无用"的理论，也并非只是用来提升人文素质，它还应当提供给人们对于当下发生现象的一种思考方式，既要在象牙塔里争辩，也需要走出象牙塔面对社会现实，或许，这就是人文学科的"用"。

因此，对于新文科背景下的人文研究，思考学术史上的不足或者问题，这种传统的方式固然重要，但是否应更为开放，以更为积极的态度拥抱极具变化的社会现实呢？正如林文勋所说："当今世界面对的百年未有之大变局带来了新的时代命题，要求人文社会科学做出新的回答。人文社会科学的发展，扎根于时代的脉络之中，以勇于探索的精神回答新时代的重大理论和现实问题,以国家重大战略需求和前沿性研究引领学科发展。只有紧跟时代步伐,回应时代关切,发出时代声音,才能更好指导社会实践,进一步彰显人文社会科学的价值与意义,使其不断焕发生机与活力。"[5]"在剧烈变化的时代,科学技术相对于人文学科的存在感更加明显。这在一定程度上是由学科特点决定的。但基于反思的立场,人文学科应该以更积极的态度面对被科学技术改变的世界,关心变化的中国与世界"(王博)[6]。

这里所提到的反思,就是人文科学区别于自然科学最核心的特征之一,人文科学的重要性在于其思想性。对于人文学者来说,思想的产生要比具体的知识生产重要得多,思想的发明是人文学科的根本追求。人文学科并不提供实用性的知识,也并不指导生产显性的物质产品,但是它提出的思想可能会改变人们对世界的看法。因为人们对世界看法的不同,他们面对和改造世界的方法也就有所不同,结果世界也随着改变了。

具体到人文学科研究生的培养,就在于研究生理论思维的建构。理论思维主要体现在观点或者研究论点的形成与阐释过程中,如果问题意识是一个开始,那么如何将这个问题演化为研究者自己的观点,形成论述过程,即是研究过程的开展。而是否具有良好的理论思维,是观点与论述能否形成的决定性因素。

理论思维不同于感悟,论文不同于读后感或者观后感,论文是一个感悟上升到理性思考的过程,一方面,经典理论的研读与熟知,是理论思维形成的基石,也为面对研究对象,需要以何种方式进行理论阐释提供了看问题的角度。另一方面,如何将理论与对问题的分析相结合,如何用理论思维观照新的文化现象,是人文科学研究生所必需的基本科研能力,在教学过程中,这一过程理应得到良好的训练。如在讲述大众文化理论中的神话概念之时,可引导学生利用该理论对当下广告进行分析,讲述精神分析理论时,可选择若干文本或艺术作品,引导学生用精神分析法分析实例,这种训练虽然可能不会在短时间内形成系统性的论文,但却在锻炼学生们对于文化现象的思考能力上,取得了较好的效果。

三、团队意识与教学方式的多样化

与自然科学和社会科学以研究团队为基础不同,人文科学研究往往更多强调研究者以独立思考的方式展开研究工作,它强调个体的发现,带有强烈的个人色彩,但在新文科的语境下,独立研究将不再是唯一的研究方式,研究对象的转变在很大程度上影响了研究者的结构组成。如数字人文方法下的文学研究,它所需要的跨学科背景,包括文学、计算机科学,以及地理学、历史学等数门学科,这些跨学科的专业技能就并不是以往单个学者所能具备的。

周志强认为,"新文科其实是对一直以来的知识精细化、专业化和学科化分布的一次反拨。"[7]学科的交汇与通融是新文科一再强调的核心点,一方面,学科的细分有利于某个特定领域的深度拓展,另一方面,剧烈变化的社会现实又迫切需要学科之间的联合。文献学等领域早已通过数据库、检索等方式融入了信息技术，而一些新的文科专业和方向，如社会计算、金融科技、空间计量经济学、技术哲学、计算语言学等，都已经呈现跨学科的典型例证。正如马费成所说，“当代信息技术高度发展和广泛应用带来了全新研究场景，全新的研究工具和研究方法的应用，使整个文科的研究方式正在发生深刻变化，使得过去许多不能开展的人文社会问题都有了新的研究手段”[2]。

因此，对于新文科建设来说，不仅要打通人文科学与社会科学之间的界限，还要打破文科与理科之间的界限，具体到研究生培养问题上，一方面要加强学生的较为全面的知识结构培养，即金字塔底端基石。另一方面也不能忽视专业的差异，不能为了通融而放弃专业性，而应该培养不同专业之间的合作，将团队意识带入到人文科学研究中去。学科的联合需要团队意识的培育，不仅在于跨学科之间的合作，也在于人文科学内部的交流。

讨论一直是研究生教学中常用的团队方式，传统的讨论方式往往就某一个特定的问题，成员各自发表不同的观点，由教师最后进行总结。这样的方式有利于观点的交流，也有利于学生们的阐释表达能力，但却谈不上真正的学术合作，更类似于一种学术交流上的刺激，即通过不同个体的观点表达对研究者的思维进行触发，但最后的研究工作仍然是学生独立完成。而团队合作需要有分工，根据成员自身的特征完成不同部分的工作，传统观点认为，人文科学的研究以思考的形式得以呈现，而真正的思考应该是以慎独的方式进行。随着人文科学研究方法的革新，团队合作变得越来越有可能，并且更为迫切。以前文所述数字人文背景下的文学研究为例，数字人文将数字技术应用于文学研究之中，是典型的跨学科研究，在它所涉及的广泛的学科门类之中，除了文学，最主要的两类学科是计算机技术与统计学。这两门学科都不属于传统的人文学科，在传统的文学研究中并不占据重要位置，如果要求一位人文学者既具有深厚的文学研究能力，又熟练掌握统计方法，还能进行顺利的编程工作，在目前学科细分已成熟多时的情况之下，一方面存在较大难度，另一方面却也不是太必要的。需要注意的是，数字人文下的文学研究之所以不同于传统的文学研究，在于其研究过程可以不是一个完全的独立思考的过程，它的过程可以进行分割、组合，并统一。以数字人文研究的代表机构——斯坦福文学实验室的研究工作为例，在他们所发表的全部小册子中，其大部分文章都是合作完成的，很少有独立署名，整体思路的确立，数据的采集，数据的统计与分析，结论的形成，都可以分成不同的部分来进行，最后的结论形成部分由讨论完成。这样一种新的研究方式，为文学研究增添了传统文学研究不可能获得的研究成果。

因此，在教学过程中，教师除了在自身的科研工作中进行跨学科方法的实践，可适当在教学过程中引入如数字人文这样的跨学科研究方式，让学生们参与这类研究活动中，并鼓励学生们与其他学科的同学进行合作式研究。对于人文学者来说，传统的小组讨论方式仍然极为重要，但在传统的讨论之外，可以适当进行互相批评，每一个独立的研究者都会有自身的思维局限，而不论自身多么客观理性，要跳出局限都并非易事，如果能在研究过程中，例如选题确立、大纲撰写、文献搜集等过程中，将每一部分所撰写的阶段性结论互为批阅，是笔者在实践中被证明较为有效的方式。

此外，传统的人文学科教学方式主要集中于讲授与讨论，对于文学、哲学、艺术等人文学科来说尤其如此，而随着数字人文的兴起，人文学科的研究发生了很大变化，实证与量化也开始成为重要的研究方法。随之而来的是采用了新媒体技术的教学方式，如线上课程、慕课、翻转课堂等新形式。近几年对于新文科的提法与建设，使得多元化的教学方式再度成为热点，但新媒介形式下的教学无论如何多元化，最终仍要以人文性为最终旨归。

参考文献

[1]麦可思、王慧：《一场新文科的尝试》，《北京日报》2018 年 9 月 19 日第 19 版。

[2]陈鹏：《“新文科”要培养什么样的人才》，《光明日报》2019 年 5 月 20 日第 8 版。

[3]肖明华：《思维方式·问题阐释·人文批判——当代人文学科的研究方法论》，《前沿》2011 年第 5 期。

[4]陈文忠：《论人文学科的学术方法》，《安徽师范大学学报》（人文社会科学版）2016 年第 2 期。

[5]林文勋：《“魁阁时代”对新文科建设的启示》，《中国教育报》2019 年 10 月 28 日第 5 版。

[6]《新文科“新”在哪儿？并非“科技＋人文”那么简单》，《光明日报》2019 年 7 月 23 日第 8 版。

[7]王之康：《新文科：一场学科融合的盛宴》，《中国科学报》2019 年 5 月 8 日第 1 版。

“双一流”背景下“高分子材料设计及功能化应用”福建省研究生导师团队建设的探索与实践*

许一婷 袁丛辉 曾碧榕 戴李宗**

摘　要:在“双一流”学科建设与“新工科”教育背景下,以及社会科技经济发展的不断变革,如何有效培养高素质、具备良好综合创新能力、契合社会发展需求的研究生是我国高校必须面对的问题。高分子材料学科应用领域广、学科交叉明显,行业具备良好的发展潜力和巨大的就业前景。推行研究生导师团队培养模式是新时期研究生培养的客观需求,厦门大学对建设“高分子材料设计及功能化应用”省级研究生导师团队进行了探索和实践,着重培养研究生的学术素养、学术能力与创新实践能力,提升培养研究生综合素质。

关键词:高分子学科;研究生导师;团队建设

---

* 基金项目:2018 年福建省研究生导师团队(闽教高〔2018〕57 号);福建省本科高校教育教学改革研究项目(FBJG20170274);厦门大学第六批优质硕士学位课程建设项目;厦门大学高等学校教学改革研究项目(JG20150119);福建省精品在线开放课程建设(福课联盟〔2017〕4 号)。

** 许一婷,女,厦门大学材料学院教授,主要从事功能高分子材料、涂层材料方向的研究。主要研究成果:先后主持十余项国家与省部级等科研项目,包括国家自然科学基金、福建省科技重大专项等。在 *Journal of Power Sources*、*ACS Applied Material Interface*、*Synthetic Metals* 学术刊物上发表学术论文 70 余篇,获授权国家发明专利 130 余件,获包括中国专利奖优秀奖、福建省科技进步奖一等奖等 10 余项科技奖励。袁丛辉,男,厦门大学材料学院副教授,主要从事刺激响应高分子、水凝胶、聚合物/无机杂化材料研究。主要研究成果:以第一或通讯联系人作者身份在 *J.Am.Chem.Soc.*、*Angew.Chem.Int.Ed.*、*Chem.Sci.*、*J.Mater.Chem.A* 等国际知名刊物发表学术研究论文 27 篇,授权国家发明专利 4 件;先后主持国家自然科学基金面上项目、青年科学基金项目,福建省自然科学基金面上项目等多项课题;作为第一完成人或参与人获省部级科学技术进步奖 4 项。曾碧榕,女,厦门大学材料学院副教授,主要从事功能性有机无机杂化材料的研究。主要研究成果:主持过包括国家自然科学基金面上项目、青年基金项目,福建省基金项目和厦门市科技计划项目。发表 30 余篇学术论文,第一发明人授权专利 8 件。戴李宗,男,厦门大学材料学院教授,主要从事阻燃防火材料、功能涂层材料方向的研究。主要研究成果:先后主持国家自然科学基金重点(海峡基金)和面上项目、973 研究专项、省市科研项目项 30 余项,在 *Angew.Chem.Int.Ed.*、*JACS*、*Chem.Sci.*、*J.Mater.Chem.*等国际一流学术刊物发表研究论文 100 余篇;授权国家发明专利 200 余件,美国发明专利 3 件;获得国家专利奖优秀奖(3 项)、福建省科学技术进步奖一等奖(3 项)、厦门市科技重大贡献奖等科技奖励 20 余项(第一完成人)。获福建省高校教育教学成果奖一等奖。

随着科技进步与社会经济的快速发展，我国对高素质创新人才的需求与日俱增不断在增大。硕士、博士这两类群体是国家科技创新的主体，研究生教育的重要性越发凸显。"治国经邦，人才为急"，培养全面发展的创新人才已经成为国家提升综合创新能力的迫切需要。因此研究生教育要根据新的社会发展需求，培养掌握前沿科学技术知识、具备创新思维与理念的高素质人才。2017年9月，教育部、财政部、国家发展改革委员会发布《关于公布世界一流大学和一流学科建设高校及建设学科名单的通知》，标志着国家"双一流"建设正式启动。加快高校一流学科建设成为"双一流"建设的关键所在。厦门大学材料科学与工程是"211"、"985"和"双一流"重点建设学科，高分子材料学科是其重要组成部分。"十三五"国家战略性新兴产业发展规划中，高分子材料被列入国家重点专项规划，成为引领高新材料产业转型升级的重要指引。高分子材料行业具有良好的发展潜力和巨大的就业前景，随着电气、电子、信息、汽车、航空、航天的发展与创新，更是在不断向高功能化、高性能化发展，并取得了重大突破。

《国家教育事业发展"十三五"规划》提出推动研究生培养机制改革，也强调了联合培养基地建设、开放式培养模式以及导师团队联合培养机制对培养高层次复合型人才的重要性。在此形式下，建设了"高分子材料设计及功能化应用"硕士生导师团队，以科研平台与基地建设为载体，科研实践与产学协同为驱动，解决科学问题为导向，特色鲜明的导师团队为主体，形成具有厦门大学办学特色与高分子材料学科优势的研究生导师团队，着重培养研究生的学术素养、学术能力与创新实践能力。

一、建设研究生导师团队的重要性

培养知识结构多样化、能力多元化的高素质拔尖创新人才，成为国际研究生教育改革与发展的重要趋势。在发展"新工科"的教育背景下，建立学科交叉、知识互补、科研能力互补、资源共享的"导师团队"，有望提高研究生创新实践能力的多元化培养，培养高质量研究生人才。1997年美国国家科学基金会启动了"研究生教育与科研训练一体化项目"，美国哈佛大学、宾夕法尼亚州立大学、日本筑波大学、德国柏林工大等国外一流大学采取多种模式研究生学科交叉培养，并取得显著成效，"导师组团队指导制"即是其中重要内容之一，也充分证明了：学科交叉、团队协作已经成为培养创新复合型人才的主要渠道。[1,2]推行研究生导师团队培养模式是新时期研究生培养的客观需求，厦门大学建设了"高分子材料设计及功能化应用"导师团队，顺应这种发展模式，也取得明显成效。

建设研究生导师团队着重体现在"导师团队协同育人，学生之间协作研究"：(1)导师团队成员由同一学科中不同学术背景、年龄梯度的导师组成，或者由不同学科同一大项目中的导师组成，且每位导师在研究视角、研究思路、研究方法、科研资源均存在差异，通过相互补充、协作和促进，从知识、能力、创新等多角度全方位共同提高研究生培养质量。(2)现代科学的发展，越来越需要多学科交叉融合去解决实际问题。研究生培养主要是以科研问题为导向，导师团队模式在把握科技前沿，解决科技问题更具优势。通过建立跨学科的研究平台，促进导师研究方向的交叉融合，实现学科交叉，提升学生综合素质。[3]导师团队模式的应用能够让学生摆脱以往单一导师负责制导致的思维定式，在多维化的环境中获得更好的培养，有利于综合集成思维方式、理论、方法，通过学科互动和交叉研究形成协同创新效应。[4]

二、厦门大学“高分子材料设计及功能化应用”研究生导师团队建设进程

导师团队科研背景是影响研究生创新能力培养的重要因素。厦门大学材料学院建设的“高分子材料设计及功能化应用”研究生导师团队已入选 2018 年福建省级研究生导师团队，固定导师成员有教授 3 人，副教授 3 名。团队已形成了以下研究方向：(1)多元素有机/无机杂化材料及自组装纳米功能材料；(2)导电高分子复合材料及其在能源材料的应用；(3)高端聚合物基复合材料的开发；(4)防火阻燃材料开发与产业化；(5)面向工程与装备制造业的功能涂层材料研发与产业化。这几个方向也是学校双一流“材料基因与表面工程”学科方向的重要组成部分，鲜明的学科特色是扩宽研究生研究视野，培养研究生科研能力、创新能力的重要基础。基于这些领域的研究，团队在 *J.Am.Chem.Soc.*、*Chem.Sci.*、*J.Power Sources*、*Angew.Chem.Int.Ed.* 等国际重点刊物发表研究论文 200 余篇，拥有授权国家发明专利 200 余件。长期开展产学研合作，与企业合作硕果累累，获 2014、2015、2016、2018 年度福建省科技进步奖一等奖，2017、2018 年度厦门市科技进步一等奖，以及中国专利奖 3 项。团队 2017 年被福建省委认定为“福建省阻燃与防火材料技术人才高地”。

充分发挥团队中的学科交叉和相互协作，探索更为有效的研究生创新能力的梯级培养模式。[5]目前在各高校，“双导师制”在实践教学中广泛的应用与实践，在高校探索“产、学、研、用”培养机制上上迈出了重要一步。我们在学校固定导师团队的基础上，基于长期稳定的校企合作基础，依托“产学协同”，引进有实际项目经验的企业人才和专家兼任导师，为研究生培养提供更丰富的实践机会。特别是在专业硕士培养上，实行双导师制度，理论知识深厚、指导经验丰富的校内指导教师结合实践经验丰富的企业导师，让研究生直接到企业参与科研实践，对提升学生实践与创新能力具有明显的促进作用。团队导师综合知识结构、学术实力和科研资源相较单一导师都具有明显的提升和扩展；综合团队中导师成员年龄层次、专业及学科背景的差异以及研究生专业、年级的差异，有助于发挥每位导师的学术专长，取长补短，优势互补，丰富研究生专业知识，使研究生能从团队中接触科技最前沿知识，开阔研究生的学术视野，构建较为广博的知识体系。

三、以研发平台为人才培养载体，建设研究生导师团队集体培养模式

以研发平台为依托，产学研合作促进研究生培养基地建设，丰富校企合作模式。[6] 团队建设了 7 个省部级平台，包括福建省固体表面涂层材料技术开发基地、福建省防火阻燃材料重点实验室、福建省聚合物阻燃与防火材料产业技术重大研发平台、厦门大学省高分子新材料服务型制造公共服务平台。在“产学研”合作企业建设了 11 个校企合作平台以及 6 个产业技术创新联盟。更为重要的是由厦门大学牵头，福建师范大学、台湾高雄中山大学以及 15 家石化与新材料行业产业龙头企业为参加单位，共同构建的(3＋15)产学研协同创新体系“石化下游原材料和新材料产业协同创新中心”于 2019 年由福建省教育厅立项培育。厦门大学全面负责协同创新中心组建及其运转。福建师范大学和台湾高雄中山大学配合厦门大学做好重大科技与产业关键问题的凝练、石化下游原材料与新材料行业共性关键技术的研发工作及技术成果转化任务。石化材料相关行业龙头企业如福建石化集团湄洲湾氯碱工业有限公司作为石化下游原料生产单位，海斯福、福建三农作为氟化工特色原料生产单位，其他企业作为下游原料和新材料的需求和应用单位，协同牵头单位进行关键技术转化、中试、产业化和市场运营，构建完整的石化上下游原材料与新材料产业链，实现“顶层设计—对接需求—创新驱动—推广应用—产业提升”的目标。

上述平台、基地都成为高分子材料专业研究生创新培养的载体。依托上述省部级研发平台，在企业建设了 13 个学生实习基地，同时在政府科技部门批准与扶持下，在江苏常盛管业有限公司、厦门建霖工业有限公司、厦门万新橡胶有限公司建设了研究生工作站。“产学研模式下教学平台建设促进高分子材料创新人才培养的实践”曾获第七届福建省高等教育教学成果奖一等奖。

四、项目驱动，确保研究生学术与实践培养的成效

团队承担了大量的科研项目，包括科技部 973 前期研究专项、国家自然科学基金重点、面上、青年项目，福建省科技重大、重点项目等，指导的研究生深度参与多层次研发项目，综合创新能力显著提高。近五年来承担国家级、省部级科研项目近 40 项，承担企业委托项目 80 余项。以学术型研究生为实施主体参与到基础研究中，着重培养学生学术素养；并取得了突出的研究成果，发表了 JCR1 区文章 30 余篇，2 名研究生毕业论文入选“福建省优秀学位论文”。同时根据学生的职业规划，让专业型研究生直接参与企业项目研发第一线。研究生深度参与上述工程型“产学研”项目实践，提升学生发现并解决应用型技术难题的能力，并获得具有自主知识产权的创新成果。9 位研究生参与的 13 项发明专利实施许可转让给企业，另有 13 个专利成果在企业转化，产生良好的经济社会效益。通过

这种“项目驱动”的实践培养模式，达到实用型、复合型和创新型人才培养的目的。

团队长期的产学研合作基础成为改革和优化研究生实践教学体系的沃土，特别是在专业学位研究生的培养上优势更加明显，可满足新经济形势下，特别是在“中国制造2025”以及“一带一路”倡议的背景下，急需一大批专门服务于产业升级需求的，具有扎实的理论基础、较强的科研实践能力以及创新创业能力的高层次应用型卓越人才的需求，这对于服务国家和地方经济建设具有重要的意义。

五、创新培养模式，形成特色鲜明的师资队伍与培养体系

团队还积极开展培养模式创新，承担了一系列省级、校级课程教改项目，建设“高分子加工工艺”精品课程以及国家级教学实验仿真课程。通过教学手段、课题指导模式等的一系列改革，目标在于培养学生具备系统的知识体系，以及终生学习能力、研究能力与创新能力。

加强对团队研究生的管理，形成团队指导体系，如制定实验室安全、卫生管理规范、仪器药品使用规范、仪器使用安全负责制，设立研究生奖惩制度，充分利用各种资源和方案提高团队凝聚力和积极性。在具体指导模式上，形成了例会制指导模式，每2周举行一次的导师团队大组会，每学期每位研究生汇报1～2次研究进展与文献交流。要求学生以双语方式汇报工作进展，其他同学发表看法开展讨论，并将其作为一项综合考核指标。所有导师均需参加的组会、讨论会，从不同角度指导，进一步提升了研讨的深度和广度。同时将团队指导的研究生根据研究方向分成几个小组，每周一次的小组会上每个研究生轮流汇报研究进展。同时团队定期举行学术交流活动，邀请专家、学者来做学术报告，例如我们2018、2019年分别举办了第二、三届“海峡两岸三校学术论坛暨两岸高分子高峰研讨会”，邀请了高分子领域知名专家学者，包括多位长江学者、杰青，以及台湾高雄中山大学、广州中山大学的部分高分子专业研究生来参会。也为研究生外出参加全国性或国际高水平学术会议提供条件，每年均选派学生参加高分子年会、高分子材料学科与工程研讨会、材料阻燃论坛等学术会议。多层次的研讨会形式促进学生间的交流，对开阔研究生的学术视野、培养创新思维具有积极的意义。对于一年级新生，良莠不齐，知识背景也存在比较大差异，团队针对新生开设科研技能专题培训，如文献检索、论文写作、专利撰写、数据图表处理规范、贵重仪器使用等，让学生以规范的方式进入科研状态，减少不必要的无效工作。

团队导师均有留学经历，具备良好的国际视野，与法国国立应用科学院、美国马萨诸塞州大学阿莫斯特分校、美国佛罗里达大学、美国加州大学伯克利分校、美国佐治亚理工学院、荷兰格罗宁根大学、德国美因茨大学、澳大利亚墨尔本大学等国际著名大学形成了良好的合作关系。团队利用已形成的国际合作基础实施国际化师资、人才培养推动计划，建立拔尖人才培养模式。通过邀请国际知名教授学者授课和讲座、选派年轻教师和学生

赴境外高校院所交流、举办国际会议等方式，提高教师和学生的国际交流水平和拓宽国际视野。

在团队建设实践中，导师在各方面也得到成长，特别是对青年导师的培养，形成了一批道德高尚、学识渊博的研究生导师。团队成员获得多项荣誉称号，如“宝钢”优秀教师奖、厦门大学教学名师、福建省新世纪优秀人才、厦门市双百计划人才、福建省青年拔尖创新人才、福建省紫金科技创新奖等，“高分子材料设计及功能化应用”团队获第六届中国侨界贡献(创新团队)奖。

六、结语

研究生团队培养模式能够让不同研究背景的导师更好进行集体指导和交叉指导，切实提高研究生培养的质量，老师与学生的创新能力均能得以提升。本文以厦门大学建设“高分子材料设计及功能化应用”省级研究生导师团队为例，对研究生导师团队培养模式进行探索和实践，结合“双一流”学科建设及“新工科”形式下产业技术需求，摸索出了具有一定特色的研究生培养模式，有效提升研究生的知识水平及能力结构，使其成为契合社会需求的复合型创新人才。

参考文献

[1]高磊、王彦彦：《美国宾夕法尼亚州立大学学科交叉研究生培养模式及成效》，《世界教育信息》2015 年第 22 期。

[2]许海云、尹春晓、郭婷、谭晓、方曙：《学科交叉研究综述》，《图书情报工作》2015 年第 5 期。

[3]宋运忠：《学术定向激励下的导师组研讨班模式探讨》，《河南教育》(高教)2007 年第 10 期。

[4]江国健、徐家跃、申慧、田甜、杜永：《基于导师团队的材料专业学位研究生集体培养模式探索与实践》，《科教文汇》(中旬刊)2018 年第 11 期。

[5]杨坤、赵同彬、谭涛、邱月、房凯、尹延春：《基于导师团队协作模式的研究生创新能力梯级培养》，《科教文汇》(上旬刊)2018 年第 7 期。

[6]李颖：《材料工程研究生教育创新培养基地建设与实践》，《河南化工》2019 年第 1 期。

关于内科学专业硕士研究生“四证合一”培养模式的思考

林民强　刘长勤*

摘　要：国务院学位委员会2015年制定和公布了《临床医学硕士专业学位研究生指导性培养方案》。本文结合目前内科临床专业硕士研究生培养的现状，提出通过调整轮转科室时间分配方案、重视出科考核提高专业学位研究生临床实践能力，同时通过加强专业外语训练、掌握统计学工具、加强师生沟通等途径提高临床科研能力。

关键词：“四证合一”模式；内科学；专业硕士研究生

为不断完善我国临床医学人才培养体系建设，积极推进临床医学专业学位研究生教育改革，建立适应临床医学特点的人才培养制度，促进临床医学专业学位研究生教育与住院医师规范化培训制度衔接，更好地服务医药卫生体制改革和事业发展，国务院学位委员会2015年制定和公布了《临床医学硕士专业学位研究生指导性培养方案》(以下简称“《培养方案》”)，该方案包括培养目标与要求、招生对象与入学方式、学习年限与培养原则、课程学习与考核、临床能力训练和考核、科研与教学培训、学位论文与答辩。临床专业型硕士(简称“专硕”)毕业时可以实现“四证合一”：研究生获得毕业证、学位证、执业医师资格证、住院医师规范化培训合格证。本文就内科学专硕研究生的培养模式及问题进行探讨。

一、《培养方案》中“四证”的考核达标及存在的问题探讨

根据《培养方案》，一个合格专硕研究生在毕业时，如果考核合格，可以拿到四证：国家执业医师资格证书、规培结业证书、硕士研究生毕业证、硕士研究生学位证。

在临床培养过程中，内科学专硕研究生在入学第一年开始准备并进行执业医师的培

* 林民强，厦门大学附属第一医院科研部副研究员，副主任，主要从事医院科研教学管理。刘长勤，厦门大学附属第一医院副教授，主任医师，内分泌糖尿病科副主任，主要从事糖尿病和肥胖的临床及基础研究。

训和考试。从实践过程中看，执业医师资格证书是最容易考核通过的。执业医师资格考试，要先进行实践技能考试，然后再进行医学综合笔试，也就是俗称的面试和笔试。实践技能考试，考察的是一些基础知识，包括临床内科常见的基础疾病的诊断和医技科室的化验单、心电图、放射线片诊断等。新入学的应届专硕研究生已经通过了本科 5 年级的实习阶段，且现在信息网络发达，有很多规范化的视频操作指导，故实习认真的学生，经过相关的系统培训，一般都能通过这个实践技能操作考试。对于医学综合笔试，很多科目与研究生入学考试时的科目有重叠，其他生理、生化、病理、妇产科医学、儿科以及医学伦理等，经过近一年的复习和准备，也比较容易通过。另外，专硕研究生培养需要 3 年的时间，即使第一批考试没有通过，此后还有时间进行弥补。所以，对内科学专硕研究生来说，在毕业前所有的研究生可以获得国家执业医师资格证书。

第二个证书规培结业证书反而是近年来需要关注的重点。规培结业证书是专硕研究生经过近 33 个月的系统培训后，进行实际临床疾病诊治能力的体现。据笔者了解，近 3 年来厦门大学医学院每年都会有数人因为没有通过规培结业考试，而不能顺利拿到学位证书，致使毕业时只能拿到“国家执业医师资格证书和毕业证书”这两证而不能顺利毕业。目前就业市场仍然存在激烈竞争，具备“四证”是目前就业单位（如各市级及以上三甲医院）的基本入职条件之一。此外，由于规培结业考试在专硕培养第三年进行，只有一次机会，考核过程严格，且大部分考生是异地考核，考核实行一定比例的末位淘汰制度，这就要求内科专业研究生在培养过程中，严格遵循《培养方案》要求，认真实践，掌握临床思维，才能够通过考核并顺利过渡成为一名合格的医师。

如果第一、二个证书培养和考核的目标是内科专硕研究生的临床思维和临床实践能力，那么第三个证书（硕士研究生毕业证）和第四个证书（硕士研究生学位证）则是在前述两个证书基础上侧重于一定程度的临床科研思维能力的培养。科研能力是一个人在其所从事的专业中，以科学的思维和研究方法，对未知领域进行科学探索的能力，是反映其发现问题、认识问题和解决问题的能力[1]。目前已经有专家和学者[2-5]开始重视专硕研究生科研能力培养的思考，例如，曾雯等报道[6]，四川大学华西临床医学院 2016—2018 级临床医学专业学位硕士研究生按 70% 比例抽取调查样本进行职业压力调查，结果显示：63.46%的专硕研究生认为自身的压力主要来源于“科研”。此外，在培养过程中，临床科研训练少可能是潜在原因，有小样本调查[7]发现仅 39.8%的专硕研究生在毕业前完成文献综述。此外也有专家开始探索如何提高专硕研究生科研素质，一些学者[3]结合“大数据”医学的现状，认为“专硕”可以通过生物信息学的方法提出、探索并解决临床科学问题，在此过程中逐渐形成基本的科研思维能力。因此，在重视临床技能基础上，专硕研究生的科研能力培养的加强是将来的必然要求。

二、结合实际,提高内科学专硕研究生的临床实践能力

1. 关于轮转科室及时间安排的思考

内科学临床专硕研究生的临床实践能力的培养,是按照我国住院医师规范化培训制度进行的,采用的体制是通科与专科培训相结合的方式,在培训期间专硕研究生不仅需要参加科室轮转,还要通过跟导师门诊增加所学专业的培训时间,从而不仅达到全内科培训的目的,还要掌握本专业常见疾病诊治的能力。因为科室轮转占据了大部分时间,专硕研究生跟随导师临床实践学习的时间以及从事基本临床科研的时间相对不足,所以一些硕士研究生导师更倾向于招收科研型研究生。故如何协调临床轮转时间以及本专业实践时间有待商榷。例如,很多医院内科专硕研究生必须轮转科室及分配时间均为每个科室连续轮转 2～4 月,举例如下:心血管内科(含心电图室)4 个月,呼吸内科 3 个月,消化内科 3 个月,肾脏内科 2 个月,血液内科 2 个月,内分泌科 2 个月,重症监护病房(ICU)2 个月,风湿免疫科 2 个月,感染科 2 个月,神经内科 2 个月,急诊科 3 个月,内科门诊(专硕可排导师科室)2 个月,已经达到 29 个月。此外还有如下可选择轮转科室:放射科 1 个月,超声影像科 1 个月,核医学科 1 个月,肿瘤内科 1 个月,放疗科 1 个月,皮肤科 1 个月,干部保健科 1 个月。科室轮转时间几乎占据了 3 年培养时间的近 95%以上的时间。此外,在轮转时间上,一般是安排每个研究生在各个科室连续轮转 2～3 个月,往往研究生轮转后面相关临床科室时,前面科室的轮转内容很快生疏了,最后在规培考核时又从头开始复习。总之大量的科室轮转时间,占据了内科专硕研究生主要的时间和精力,大大减少了本专业的学习时间以及从事本专业临床科研的时间。这在一些院校的规培实践培训质量调查中也发现了同样的问题,被调查研究生主要反映的问题[8],包括:①应该轮转的科室没有轮转;②科室轮转时,实质性的操作、学习机会不多;③本专业科室轮转时间太少。故如何协调临床轮转时间以及本专业实践时间有待商榷。

结合本课题组培养专硕研究生的经验,在《临床医学硕士专业学位研究生指导性培养方案》规定的允许范围内,可否压缩专硕研究生非本专业轮转科室的时间,增加本专业科室的轮转时间?举例说明,以内分泌专硕研究生为例,压缩非本专业后的时间安排举例如下:心血管内科 2 个月,呼吸内科 2 个月,消化内科 2 个月,肾脏内科 2 个月,血液内科 2 个月,重症监护病房(ICU)2 个月,风湿免疫科 2 个月,感染科 2 个月,神经内科 2 个月,急诊科 2 个月,放射科 1 个月,超声影像科 1 个月,累计 22 个月;剩余的 13 个月为内分泌专业学习。在轮转安排上,以内分泌专硕研究生为例,分为 3 轮:第一轮:入学后第一年,轮转上述各个相关科室,每个科室轮转 1 个月或半个月。其目的是让专硕研究生尽快熟悉各个专业,由于本阶段内科专硕研究生都还没有通过国家执业医师考试,没有执业医师证书,不能作为住院医师独立值班和临床实践操作,而且很多专硕研究生是应届本科生,临

床实习和临床规培在内容和考核要求上不同,需要给予这些专硕研究生一定的适应时间。每个科室轮转1个月或半个月,可以让这些应届考入的专硕研究生尽快适应所在医院和科室的环境,融入日常诊疗中去。第二轮:内分泌科室轮转,可以安排10～12个月的轮转时间。这样不仅可以对其进行常见内分泌疾病诊治的系统性的临床实践培训,而且由于时间相对集中,还可以较好地和导师及时进行沟通,在导师的指导下,进行科研素养能力的培训,顺利完成其硕士毕业所需要的课题任务。第三轮,再次进行各临床相关科室的轮转培训,时间与顺序与第一轮相同。进行第三轮培训时,内科专硕研究生已经拿到国家执业医师证书,有资格独立进行临床诊疗实践,而且已经较熟悉本专业及相关专业常见疾病的诊疗常规。此外,在科研素质培养方面,也已经基本完成其毕业课题任务,所以,在此阶段,内科专硕研究生能够全身心地投入临床实践中去。本轮的培训也为内科专硕研究生毕业前进行的规培结业考试做了比较充分的准备。

2. 内科学专硕研究生临床实践培训方法的思考

内科学专硕研究生实践培训质量受多方面的影响,不可否认的是各个专业科室的培训质量最终会影响整个研究生群体的培养质量。某医科大学临床医学专业学位1327名在读研究生为样本,采用网络问卷,进行实践培训环节中带教老师质量、科室培训质量和出科考核质量三大方面的评价[8],结果发现:临床能力训练的指导频率上本科室的非常满意率为40.03%,其他轮转科室仅为15.88%;临床能力训练的带教质量,本科室非常满意率为38.01%,其他轮转科室为16.21%。另一所国内著名的医科大学也对规培培养过程中存在的问题进行了调研[9],结果发现轮转方案欠合理、培养过程不规范、临床能力考核机制和管理不完善等问题。

那么如何提高内科学专硕研究生的临床实践培训能力呢?笔者认为,首先医院和内科临床科室要“舍得放手”。医学是一门实践科学,内科学实践能力的培养,不仅要重视临床理论知识的系统培训,更要重视专硕研究生融入日常的临床诊疗过程中。据笔者观察,一些临床科室比较重视知识的培训,例如科室小讲、定期培训等“填鸭式”培养,而没有放手让具有执业医师资格的专硕研究生作为独立的住院医师对患者进行管理和诊治,而是跟在本科室的住院医师后面“看”。所以,从实际效果上看,研究生学到了很多理论知识,但独立处理病情的能力尚待加强。在医疗安全方面,医院可以通过设置专职带教老师、科室住院总医师等多种形式,对内科学专硕研究生的临床实践进行医疗质量和安全把关。其次,要加强出科考核。笔者认为,需要引入第三方考核,而不是所在科室的出科考核。有时候,带教老师碍于情面,或者科室不重视出科考核等多方面因素,造成内科学专硕研究生“易入易出”各个相关临床科室。第三方考核可以是附属医院的教务管理部门,根据《培养方案》既往的题库中进行随机抽题进行理论知识考核,并组织非轮转科室临床教师进行临床实践技能考核。考核质量的把控,是内科学专硕研究生进行认真临床实践的重要保障手段之一。

三、如何提高内科学专硕研究生的科研素质能力

基于《临床医学硕士专业学位研究生指导性培养方案》，对专硕研究生和住院规培双轨合一后的培养模式明确要求专硕研究生在3年的培养期间内完成至少33个月的临床科室轮转任务，这种培养模式决定了专硕研究生以临床技能培训为主，科研能力的培养和训练时间受到压缩，忽略了科研素养方面的培养，由传统的"重科研，轻临床"模式转变为"重临床，轻科研"模式，因此如何提高专硕研究生科研素质能力，是医学院及各位研究生导师面临的新问题。一项安徽省四所医学院校以临床专硕研究生为调查对象的研究[10]，在调查项目"在临床医学专业学位培养过程中，你觉得自己属于哪种培养类型"中，学生选择"重临床，轻科研"选项的达到350人(78.03%)，同时有310名(69.2%)专硕研究生表明学习中最大的问题是"临床工作繁忙，无心科研"，86名(19.2%)学生觉得"实践机会少，且实践时间短"，因此临床工作的繁忙和占有的大比例时间影响专硕研究生科研能力的培养。

那么如何在不违背《临床医学硕士专业学位研究生指导性培养方案》的情况下，尽量加强专硕研究生科研素质能力的提高呢？笔者从对专硕研究生导师的要求、专硕研究生本专业轮转时间的保障、临床科研工具的掌握等方面进行阐述。首先，对专硕研究生导师的资格方面，实际上是要求更严格了。专硕研究生的导师既要懂临床更要懂临床科研。专硕研究生导师一定需要有丰富的临床经验，这样可以更好地对研究生进行言传身教。而且，专硕研究生在临床实践中遇到的实际困难也能得到更好的解决。但假如只是从事临床诊疗不从事相关临床科研，笔者认为作为专硕研究生导师是不合格的。笔者在读书期间，笔者的导师一直教育我们"给临床插上科研的翅膀"，现在笔者也在教育所培养的专硕研究生同样的思想。结合《临床医学硕士专业学位研究生指导性培养方案》，专硕研究生科研能力的培训，需要通过临床相关的科研，如随机对照研究(RCT)、回顾性队列研究、病例—对照研究、描述性研究等，也可以进行系统评价与meta分析等二次研究，其中，随机对照研究(RCT)最好。通过这些临床研究，才能培养专硕研究生"从临床中发现问题，思考问题，解决问题"能力，可以刺激学生对科研探索的兴趣，从而促进其临床诊疗水平与技术手段的提高[1]。

其次，需要保障专硕研究生本专业的轮转时间。这一方面在此前的章节中已经提到。结合笔者的经验，低年级专硕研究生需要近一年的时间逐渐适应所在教学医院及其专业的学习环境，而且在培养的第一年他们主要专注于国家执业医师资格考试的准备，没有多余的精力从事临床科研。进入第二年学习后，学习环境的熟悉、师生之间的顺利沟通等内外部因素促使学生能专注于本专业的临床实践和临床科研。故建议专硕研究生本专业的轮转时间集中放在学生学习的第二年，时间10个月以上为宜。从事临床科研，一方面需要花更多的时间与患者进行沟通，热心对待患者，培养其临床医学职业素养；另一方面专

硕研究生可以通过跟随其导师的门诊、管理住院患者等多种形式完成临床病例资料的收集和整理，课题期间遇到的问题可以及时进行解决。在实践中，本课题组每2周召开专硕研究生的临床课题汇报会，对每位专硕研究生的临床课题的进展、遇到的问题进行一一讨论和解决，取得了不错的效果。

最后，对专硕研究生掌握临床科研工具能力的培养。第一，临床科研无论是回顾性队列研究、病例—对照研究及随机对照干预研究，还是meta分析等研究，都涉及一项非常重要的工具是统计学知识和实际应用能力。笔者有较深的体会，有些专硕研究生对临床资料的收集非常有热情，但资料收集完整后，对着“金山”不知如何下手，究其原因是虽然学习了统计学理论知识，但不会熟练利用统计学工具对这些临床资料进行整理和分析。所以，本课题组通过邀请统计学老师做系列统计学讲座，及学习SPSS教学视频等方式，要求每位专硕研究生进行统计工具学习，并对他们遇到的统计学问题进行及时指导。第二，专业外语读写能力的培养。发现新方法、新热点，紧跟本专业的学术前沿，课题是否新颖和创新都需要进行大量的文献检索和阅读。因此，笔者要求专硕研究生必须具备英语的听、说、读、写四大基本能力，其中读写尤为重要。在培训专硕研究生阅读专业文献方面，本课题组要求本学科的专硕研究生每2周开展“文献导读”，每位学生导读的文献要结合其自身的课题，以临床科研方面的文章为主，自行检索和下载全文。每篇文章导读时要求讲清楚其研究背景、研究方法、统计学方法、主要的研究结果、主要的研究缺陷。在专业文章写作方面，要进行个体化指导，结合每位研究生的课题进展、外语的写作能力进行相应的要求，力争每位专硕研究生在毕业前能有一篇SCI论著。

当然，对专硕研究生科研能力的培养，导师要注重通过当面讨论、微信群、E-mail等多种形式进行有效的师生沟通，要正面引导学生在重视临床实践重要性的同时，也不放松对科研能力的培养，避免只有在实验室才是做科研的认识误区。

总之，笔者按照目前《临床医学硕士专业学位研究生指导性培养方案》“四证合一”内科学专业硕士的培养特点和要求，结合专硕研究生培养过程中存在的问题，以及笔者自身教学经验，对当前培养模式下内科学专硕研究生临床实践能力和科研能力培养进行了思考，并提出一些建议，希望能有助于培养出临床思维和科研思维均衡的优秀医学人才。

参考文献

[1]彭东红、黄英、舒畅：《临床医学专业学位硕士研究生科研能力的培养》，《重庆医学》2017年第15期。

[2]严军英、周国雄：《“四证合一”背景下临床型医学硕士生临床研究能力培养策略初探》，《教育现代化》2017年第36期。

[3]马瑾璐、蔡梦娇、龚柳云等：《学专业型研究生临床科研思维培养模式探索—生物信息学的综合运用》，《医学教育研究与实践》2019年第4期。

[4]张淑群、杨倩、赵茜茜等：《规范化培训制度下临床专业学位研究生科研能力培养

的教学研究》,《医学教育研究与实践》2019 年第 1 期。

[5]刘亮、张艳:《“双轨合一”模式下临床医学专业学位硕士研究生科研能力培养探析》,《卫生职业教育》2017 年第 20 期。

[6]曾雯、孙彤、王星月:《临床医学专业学位硕士研究生职业压力与倦怠的调查与思考》,《中国循证医学杂志》2019 年第 8 期。

[7]卢东兵、范恒伟、周建美:《临床医学专业学位硕士研究生临床培养调查及对策》,《蚌埠医学院学报》2013 年第 11 期。

[8]刘棋胜、李情:《临床医学专业学位研究生实践培训质量影响因素分析》,《中国卫生事业管理》2019 年第 5 期。

[9]方诗琳、高唱、卢冠霖等:《“四证合一”医学专业学位研究生培养模式的探索》,《中国继续医学教育》2018 年第 35 期。

[10]胡曼曼、钱志刚、司菲:《临床医学专业学位硕士研究生培养现状调查——以安徽省四所医学院校为研究对象》,《医学教育研究与实践》2017 年第 6 期。

从本科工程教育认证的素质要求到工程专业学位硕士的伦理教育*

张建国 王东东**

摘 要：本科工程教育专业认证旨在为相关工程技术人才进入工业界从业提供预备教育质量保证，其核心是确认工科专业毕业生达到行业认可的既定质量标准要求，学生的工程素质是质量标准中的重要组成部分。工程专业学位硕士侧重于工程应用，为行业培养应用型、复合式高层次工程技术和工程管理人才，学生的工程伦理素养教育具有强烈的重要性和迫切性。两者培养对象的学历层次不同，对素质要求或伦理教育的表述也存在差异，但其内涵却具有一致性。本文首先对两者在工程素质或工程伦理上的总体要求进行了归纳和分类，随后比较了两者在表述方式、施教手段和要求深广度等方面的异同点，可供工程学科相关人员和相关课程授课教师参考。

关键词：工程教育认证；专业学位硕士；工程素质；工程伦理；土木工程

一、引言

2016 年 6 月，中国成为《华盛顿协议》的正式成员，高校的工程教育需要从基于产出 OBE(Outcome-based Education)的理念出发，在深入理解毕业要求内涵的基础上，建立合理的持续改进机制，构建科学的人才培养方案，制定完整的课程教学体系，培养符合行业要求的工程技术人才。

工程教育专业认证可以促进我国工程教育质量的进一步提高，在我国建立起与注册工程师制度相衔接的工程教育体系，进一步密切工业界与高校的联系，促进我国工程教育

* 项目支持：福建省本科高校教育教学改革研究项目（FBJG20180185）；2019 年厦门大学教学改革项目（研究生教育）。

** 张建国，男，湖北长阳人，厦门大学土木工程系副教授，副系主任，从事工程力学与结构防灾减灾方面的研究。王东东，男，河南三门峡人，厦门大学土木工程系教授，副院长，从事计算力学与结构工程方面的研究。

参与国际交流。其最终目的是为相关工程技术人才进入工业界从业提供预备教育质量保证，确认工科专业毕业生达到行业认可的既定质量标准要求。

在工程教育专业认证的通用标准中，“毕业要求”部分对学生的工程素质培养提出了较多的要求，包括了可持续发展观念、职业规范、团队意识、沟通和学习能力等多方面的内容，这些内容需要学生在大学四年期间通过课程学习、工程实践和科创竞赛等环节一一获得教育。如若哪一个方面的要求不能保证达成，则认证不能通过[1]。

2011 年，教育部将硕士研究生教育从以培养“学术型人才”为主向以培养“应用型人才”为主进行转变，工程专业学位硕士研究生的在校人数随之急剧增加。2018 年，工程专业学位类别被调整为 8 个专业学位类别，优化了学科设置。工程研究生教育成为培养未来高层次工程科技人才的重要渠道，其质量关系到我国未来工程建设的水平。切实做好工程研究生的教育工作，就显得十分重要和迫切。

工程伦理教育是工程研究生教育的重要组成部分，直接关系到工程科技人才的价值取向。在掌握现代科学技术知识的同时，培养工程专业硕士研究生的社会责任感，增强其遵循伦理规范的自觉性，提升其应对工程伦理问题的解决能力，是学生在步入社会之前就必须具备的重要素质。

2018 年 5 月，“工程伦理”课程被正式纳入工程专业学位硕士研究生的公共必修课范畴，这意味着在研究生的学习课程中，工程伦理课程成为继思政课程、专业课程、实践课程后的第四类必修课程。深入理解“工程伦理”课程教学的意义和内涵，并能结合工程实际，深入浅出地讲授好这门课程，是每个授课教师面临的较大挑战。

本文首先对本科工程教育专业认证中工程素质的要求和工程专业学位硕士工程伦理问题分别进行了归纳和分类，阐述了各自培养教育的方法手段，随后比较了两者在表述方式、要求深广度以及施教方法等方面的异同点，可供工程学科相关人员和相关课程授课教师参考。

二、本科工程教育认证的素质要求

如本文引言所述，通过工程教育认证的工科专业，其学生的毕业要求必须覆盖 12 个方面的内容，这是每个学生在毕业时都必须达到的最基本的要求。毕业要求的具体表述如表 1 所示。

表 1　工程教育认证的毕业要求内容

序号	1	2	3	4	5	6	7	8	9	10	11	12
要求	工程知识	问题分析	解决方案	研究能力	使用工具	工程与社会	可持续发展	职业规范	个人和团队	沟通能力	项目管理	终身学习

可将表 1 中的 12 项内容分为三个方面：工程知识(1)、工程能力(2、3、4、5)和工程素

质(6、7、8、9、10、11、12)。可以看出,工程素质的培养,在工程教育认证的毕业要求中占据着重要的地位。学生必须在课程学习、工程实践、科创竞赛、社会工作、文体活动等多种环节中通过学习、参与和考核,逐步获得各种能力的培养,最终达到毕业要求的水平。

以传统的工科专业——“土木工程”专业为例[2],在学生四年的课程学习过程中,多门理论课程与工程素质培养密切相关,如“新生研讨课”和“土木工程概论”课程,对各类土木工程的建设流程、工程师素养、项目管理、工程与社会责任等内容进行了详细的介绍;“环境保护概论”和“土木工程防灾”课程,强调了工程技术人才的可持续发展意识,增强学生对社会和人类的责任感;“大学生心理健康”和“创业基础教育”等课程对学生的心理素质、团体协作、学习和沟通等能力进行了培养;“建设法规”和“建设项目管理”等课程则培养学生的职业规范和管理能力等[3]。

实践环节是工程专业本科生课程的重要组成部分,仍以“土木工程”专业为例,学生在学习大学物理、大学化学、工程测量、工程地质、建筑材料、材料力学、土力学、混凝土结构原理等课程时,实验环节是必不可少的内容,学生在学完相应理论内容后,需要通过实验进行验证,加深对知识点的理解。学生通常需要自行学习实验仪器的用法、团队合作完成实验、撰写实验报告、得到可信的结论。在实验过程中锻炼了自学能力、团队协作能力、沟通能力等。另外,认识实习、生产实习和毕业实习也是本专业本科生的必修环节,学生需要走向工地和社会,直接和工程技术人员、现场施工工人以及项目管理人员打交道,了解本行业的发展现状和前景,参与工程建设实践,在锻炼学生的理论联系实际、沟通能力和团队意识的同时,也直接为毕业后进入各种建筑行业从业打下良好的基础。

在课程学习和实践环节之外,第二课堂是提高工程专业本科生工程素质和人文素质的另一个重要手段。学生主持和参与的“大学生创新创业项目”和各类科创竞赛在培养学生的组织能力、团队意识、沟通能力以及终身学习能力等方面起着重要的作用。如每年一度的结构设计大赛,学生自行组织校级选拔、队长负责组织参与省级和国家级竞赛,参与人数众多,可达到提高学生综合素质的目的。

总之,工程教育专业认证希望各院校专业通过理论课程的学习、工程实践环节的参与以及第二课堂的延伸来增强工科专业学生的工程素质、人文素质和社会责任感,从而保证毕业要求的达成。

三、工程专业学位硕士的伦理教育

实际的工程是一个非常复杂的过程,往往涉及技术、经济、社会、自然和伦理等要素,其中伦理要素指的是工程的主体——工程师在工程建设中需要具有正确处理各种事件的能力。李正风教授等在国家级规划教材[4]中将工程伦理问题归纳为四个方面的问题,具体如表 2 所示。

表 2 工程伦理问题的分类与内涵

序号	伦理问题	内涵
1	技术伦理	技术离不开道德的评判和干预，道德评价是工程技术活动的基本标准之一
2	利益伦理	工程活动需公平地协调不同利益群体的诉求，应兼顾效益和公平两个方面
3	责任伦理	工程师不仅需要终于雇主，更需要对整个社会负有普遍的“社会责任”
4	环境伦理	协调保护环境与促进经济发展之间的关系，实现经济的可持续发展

由表 2 可以看出，工程伦理教育对未来的高级别工程师——工程专业学位硕士研究生提出了更高的要求，要求学生透彻理解工程活动与道德、公平、责任、可持续发展等方面的关系，建立正确的工程伦理观，并能在以后的工作中正确贯彻运用。

工程专业学位硕士研究生的课程较少，且课程也以思政课和专业课为主，上课以外的时间需要分配到“工程实践”和撰写论文上。与本科生的生产实践不同，工程专业学位硕士研究生的工程实践时长要求为 1 年，工程实践的内容必须与工程紧密结合，且与最终的毕业论文具有较强的关联度。工程专业学位硕士研究生在长达一年时间的工程实践中，可能会遇到表 2 中一至两个甚至全部的工程伦理问题，在企业导师和富有工程实践经验工程师的指导下，学会正确处理各种伦理问题，是加深伦理观念、遵循伦理规范的最迅速的捷径。

除了上述的“工程实践”环节，工程专业学位硕士的“工程伦理”课程从理论上对工程伦理的概念、工程与伦理的关系、工程伦理问题的类别等方面进行了全面的阐述。多数授课教师都是富有工程实践经验的“双师型”人才，通过丰富的工程案例和实际经验，可向学生传授解决各种工程伦理的思路和技巧。

案例教学是“工程伦理”课程最有效果的教学方法和手段。以“土木水利”专业学位硕士为例，教师在课堂上可采用的案例数不胜数。如关于技术伦理问题，可以“美国总统特朗普修建美墨边界墙”为例，组织学生讨论该事件是否违背技术伦理，可让学生展开辩论，加深理解。在利益伦理问题方面，可以“三门峡水电站的存废之争”为例，让学生了解三门峡水电站在获取了巨大经济利益的同时，也牺牲了库区和渭河流域人民的巨大利益，让学生们辩论该水电站是否应该废止。在责任伦理方面，可以“无锡高架立交桥坍塌”为例，让学生从技术上、职业规范上探讨该事件是否是桥梁设计师或建造师的责任，是否是“豆腐渣工程”？在关乎民生安全和社会稳定等方面，工程师到底应该负有哪些责任？在环境伦理方面，可以“都江堰工程”为例，说明环境保护和经济发展是可以和谐共处的，另外，土木工程领域中废水的重复利用、固体废弃物制作成再生建筑材料、建造绿色建筑等，都可以用来阐述人们在处理环境伦理问题方面上所做的努力。

总之，针对工程专业学位硕士研究生而言，工程伦理的教育主要是通过“工程伦理”课程的案例教学和长达一年的工程实践环节来实现的，学生将课程知识和工程实践相结合，从而理论联系实际、培养灵活处理工程伦理问题的能力。

四、两者的异同点

从本文第二、第三部分可以看出，工程教育认证对本科生的素质要求与工程专业学位硕士的伦理教育虽然在表述上稍有差别，但其要求和内涵却具有一致性，都是对即将步入工业界的从业人员提供素质伦理教育，保证这些未来的工程师能达到行业认可的质量标准，从而达到“技术为人服务、利益兼顾公平、人类自然和谐共处”的目的。

比较两者的异同点，可以得到以下结论：

1. 两者的教育对象均是工程专业的学生，都具有良好的工程专业素养，都具有进行素质伦理教育的紧迫性，但两者的学历层次不同，工程教育专业认证教育的对象为本科生，而工程专业学位教育的对象为硕士研究生。

2. 两者内容的表述方式不同，工程教育专业认证在“毕业要求”中对学生的素质要求分为了7个方面，分别为“工程与社会”“可持续发展”“职业规范”“个人与团队”“沟通能力”“管理能力”“自学能力”，内容表述简单易懂，为认证的自我评估和专家检查提供了清晰的依据。工程专业学位则将“工程伦理”作为一个体系来进行讲解，对工程伦理的概念、发展、哲学内涵以及伦理问题分类进行了较为详细的介绍，引导学生进行更深层次的理解和思考。

3. 两者的施教方式不同，工程教育专业认证要求学生在大学期间完成相应的课程和实践活动，进行相应素质的提高和培养，从而达到规定的毕业要求。工程专业学位硕士的工程伦理教育除了工程实践环节外，主要是通过系统学习“工程伦理”课程来进行教育的，要求学生在有限的课时里，通过案例学习、课堂辩论等方式提高工程伦理水平。

4. 两者的学习深度不同，工程教育专业认证要求学生达到毕业要求中的各种素质，对于是否达到，学校专业需要通过各种方式自证、专家审核通过，并没有对各种素质的达成程度进行严格的考核。而工程专业学位硕士的工程伦理是一门课程，在课程的考核环节中，教师可以通过综合作业、课堂辩论表现、案例分析、期末考试等方式来对学生进行考核，如果不能达到相应的要求，学生则不能取得相应的学分。

5. 两者的具体内容上有差别，工程专业学位硕士中的工程伦理教育的内容主要侧重于社会责任、环保责任、公平正义等工程技术管理人员必须具备的道德品质和责任感；而针对本科层次的工程教育专业认证主要侧重于工程专业人员的个人素质，如沟通能力、自学能力、团队意识等内容在工程专业学位硕士的工程伦理教育中并没有涉及。

五、结论

针对本科层次的工程教育专业认证和针对硕士研究生层次的工程专业学位教育都对学生的工程素养和伦理责任提出了一定的要求，并在各自的学习期间采取了多种方式进行素质伦理教育，这为推动我国工程的现代化、协调工程与社会、自然的关系做好了教育准备。本文针对工程教育认证和工程专业学位硕士教育对伦理素质教育的要求进行了分析和归纳总结，指出了两者在内容要求、施教方式、要求深广度等方面的异同点，可为相关院校工程专业的教育工作者和相关课程的授课教师提供一定的参考。

参考文献

[1]中国工程教育专业认证协会:《中国工程教育专业认证通用标准(2015 版)》，中国工程教育专业认证协会 2015 年版，第 1～10 页。

[2]住房和城乡建设部高等教育土木工程专业评估委员会:《全国高等学校土木工程专业评估(认证)文件(2017 版)》，住房和城乡建设部 2017 年版，第 1～31 页。

[3]张建国:《土木工程专业可持续理念教育的教学实践》，《厦门大学学报》(哲社版)，2017 年增刊。

[4]李正风、丛杭青、王前等:《工程伦理》，清华大学出版社 2019 年版，第 5～34 页。

美国住院医师培训体系对我国临床医学专业型研究生教育改革的启示*

朱宏伟 郑 燕 谢永丹 王占祥**

摘 要：美国住院医师培训制度是世界上先进医学教育的典范，对于我国正在探索的临床医学专业研究生的培养模式具有重要的借鉴意义。本文聚焦于中美住院医师培养模式的差异，从临床思维训练，临床技能操作和临床科研训练进行对比。希望借鉴适合我国国情的教学经验，探索出符合中国国情的医学临床专业研究生教育模式。

关键词：医学教育；住院医师培训；专业型研究生；培养模式

美国医学教育历经一个多世纪的发展，目前已是世界先进医学教育的典型代表，研究和了解美国医学教育的现状及模式，更新教育理念，对于我国医学教育改革发展具有重要价值。尤其对我国高层次研究生医学生的培养，更具有重要的借鉴意义[1]。

一、美国住院医师培养模式

美国现代医学专业教育的关键目标为：传播知识，传授技能，并灌输专业的价值观。其住院医师培训的目标是在培训结束后不需要上级医师指导，达到独立行医的水平。这就决定了美国医学教育的模式：一切课程的设置都是为临床学习服务。笔者曾经在加州大学洛杉矶分校(UCLA)和旧金山医学中心(UCSF)进行学习访问，得以近距离观察美国的医学教育。

美国医生的培养过程包括4年的医学院学习和3～7年的住院医师培训两大部分。医学院学习分两阶段进行：第一阶段，2年的临床前学习阶段，学习方式为“器官—系统”

---

* 国家留学基金委青年骨干教师出国研修项目。

** 朱宏伟，厦门大学附属第一医院神经外科主任医师，助理教授，研究方向为颅脑解剖及临床应用。郑燕，集美大学体育学院讲师，研究方向为高等教育教学法。谢永丹，厦门大学附属第一医院主任医师，教学科科长，研究方向为中西医结合。王占祥，厦门大学附属第一医院院长，主任医师，教授，研究方向为内镜颅底外科。

整合课程结合 PBL(Problem-based Learning)教学,该阶段学生完成整个医学基础课程的学习并进行初步临床技能训练;第二阶段,2 年的临床轮转见习阶段,由临床医生带教,进行临床实践训练。还有一种 MD/PHD 双学位培养模式,其目的是培养既可以完成医疗工作,又有生物医学研究能力的医学科学家(Medical Scientist)。采用更为严格的遴选机制,入选者除要求成绩优秀,须有在生物医学相关科研实验室工作学习经历。MD/PHD 招生人数很少,如 UCLA 每年仅招收 15 名双学位学生。培养方式除了标准的 MD 训练外,在第一阶段的 2 年医学科课程学习结束后,学生进入科研实验室,完成为期 3~4 年的 PHD 训练,并要求发表高水平研究论文,然后再进入第二阶段的临床学习。考核通过后,可获得 MD/PHD 双学位。

医学生在获得医师资格证前,医学生需通过 3 个阶段的医师资格考试(United States Medical Licensing Examination,USMLE)。医学生通常在医学院校二年级参加 USMLE 的第一阶段考试(Step 1),四年级参加第二部分考试(Step 2),通过 Step 2 考试方能从医学院毕业。在住院医师培训期间参加第三部分考试(Step 3),从而获得执业资格。

二、我国专业型研究生培养模式

我国医学教育曾经只有学术型研究生,为了适应国情的需要,自 1991 年开始实行专业教育制度。2009 年学位硕士首次面向应届本科生招生,国家每年将硕士生招生计划的增量主要用于专业学位,并将存量部分中的学术学位计划按不少于 5%的比例调减。近年来专业学位硕士招生人数已经超过了学术学位硕士,成为医学研究生中主流,培养方向为临床型医学人才。与此同时还有住院医师规范化培训的推进,“即 5+3”模式,“5”指的是医学类本科生需要完成 5 年医学院校的教育,“3”指的是医学专业本科生以住院医师身份,在规定的培训基地(医院),接受 3 年以提高临床实践能力为主、分专业(如内科、外科、全科等)进行的医学实践训练。培训对象以应届毕业生为重点,培训结业考核通过后,颁发全国统一的“住院医师规范化培训合格证书”。2014 年 11 月,由教育部、国家卫生计生委等 6 部门联合印发的《关于医教协同深化临床医学人才培养改革的意见》提出:2015 年新招收的临床医学硕士专业学位研究生,其学历教育与住院医师规范化培训并轨进行,学生毕业后通过相关考核,即可同时获得硕士研究生学历证书、专业学位证书、执业医师资格证书和住院医师规范化培训合格证书,即所谓的“四证合一”。因此如果同美国的医学教育进行对比,实际上我国的专业研究生培养相当于美国 MD 的住院医师规范化培训,学术型研究生相当于美国的 PhD。

三、美国住院医师和我国专业性研究生培养的差异

美国住院医师席位申请(Match Program)远较中国困难,通过 USMLE 前两步考试,

医学院毕业后，学生要进入到住院医师培训阶段，需根据自己的兴趣爱好和成绩报名各大医院的相关学科，并申请面试。某校毕业生能在全国著名医院竞争到多少住院医师席位是衡量该学校医学教育质量的重要指标。

美国住院医师培训地点多选择在有条件的大医院中进行，全美有1700所医院接受住院医师培训。在美国住院医师的培养不提倡过早专科化，几乎所有医学毕业生都要接受至少三年的住院医师培训，某些专业长达7年，如神经外科。第一年为实习医师，完成第一年的教育后参加USMLE的第三阶段考试。拿到州政府的医师执照并可开始行医，其后可根据本人意愿与专业需要继续进行住院医师培训。美国住院医师培训号称魔鬼式训练。高强度的工作对住院医的体力，脑力以及心理都是严峻的考验。在美国住院医生自杀或出现精神障碍的事情每年都有发生，还有的住院医生因为达不到考核标准而被开除或自己不能胜任而主动辞职。直到最后能够坚持下来的住院医生，才够资格成为美国所需要的医疗人才。

我国因为体制的不同，在住院医师培训的目标方面与美国不尽相同。美国住院医师培训结束后晋升为主治医师，能够带组独立行医，而我国的主治医师还需要晋升为副主任医师或主任医师才能够独当一面。因此，在培训强度和要求方面，明显低于美国。笔者愿意从临床思维锻炼，临床技能操作以及临床科研训练几方面比较美国住院医师和我国专业型研究生培养的差异。

1. 临床思维训练

美国医学院阶段完成从医学理论到实践的转换。其中PBL教学是从医学理论到临床实践的重要联系。这种教学模式在美国乃至世界医学教育中具有划时代和里程碑意义，一般在医学院第二年开设PBL课程。PBL的目的：第一，获得医学基础知识；第二，学会将基础知识应用于临床；第三，掌握正确的学习态度，良好的习惯和学习技能[2]。PBL教学以学生为主导，强调医学理论与临床实践的结合，通过病例分析，建立正确的临床思维，主要是疾病诊断和鉴别诊断的过程。PBL案例编写一般由临床及基础的老师共同来完成，这样既兼顾了案例的真实合理性，又能保证学生在故事情节中学习一些基础医学知识。PBL课堂指导教师都是来自附属教学医院的临床医生，具有丰富的实践经验，在PBL中更多的时候只是起到一个观察和引导的作用，使学生的讨论不至于偏离主题，适当的时候对重要知识点进行强调。指导教师看似讲的少，其实整个课堂都在他的控制下。一个临床病例分为两天进行，共7～10个部分，从现病史、既往史、体格检查到实验室，影像学检查逐步展开。医学生从最初提供的病人症状，先进行发散性思维，将可能想到的诊断进行罗列，随着更多病例信息的提供，再将不符合的诊断删除，这中间可能继续添加新的诊断，直到最后排除其他诊断，得出正确唯一的诊断。一个病例安排在周一和周五两天进行，周一将讨论中遇到的问题进行汇总，每个学生分配至少一个问题，课后查找相关资料。周五时学生轮流发言，将查找到的问题答案同大家分享，进行讨论，指导教师对关键知识点进行强调和总结。除了讨论医学问题，除了讨论医学问题，PBL 中还对涉及的社会问题进行讨论。比如在呼吸系统阻塞性通气障碍病例中对吸烟的社会问题进行讨论，还有对目前美国的医疗保险制度进行讨论，使同学们在学习医学知识的同时也学会关注医学社会问题。

目前，我国医学教育体系整体上仍然是以教师为主导的单向授课方式，学生处于被动位置，老师怎么讲就怎么记。应该确立以学生为导向的临床思维培养模式，引导学生围绕医学问题进行主动的探索和交流，提高医学生的兴趣，培养自主学习，并增加学习的主观能动性。目前，国内很多院校已经开展 PBL 教学，但指导教师多是基础医学院老师，而不像美国担任指导教师的是临床一线医生，这样造成的问题就是基础医学院老师不熟悉临床知识，不能更好带领医学生从具体病例分析的角度去融合各方面的基础知识。

2. 临床操作技能

美国医学教育体系十分重视实践操作技能，大部分医学院设有一个临床模拟中心，提供仿真模型给住院医师或实习医师进行实践操作，比如注射、气管插管、插胃管、B 超等操作。例如模拟一个危重病人急诊处理，一组医学生各自分配任务，进行气管插管、输血、导尿、床旁 B 超等操作。这种模拟方式不仅训练了学生们的临床应变和操作能力，还培养了学生们的合作沟通意识。而在住院医师培训阶段，更是通过高强度的训练使得住院医生掌握所必需的技能和。以神经外科为例，临床手术操作是培训的重要组成部分，高年资的住院医生已经能够完成大部分的神经外科手术操作。在 UCSF，通常情况下，住院医生完成开颅操作后，主治医生会来到手术室提问住院医生下一步如何进行，在进行复杂或高风险的操作步骤时，主治医生会亲在上台演示，并将注意要点解释给住院医生。当进行到一般步骤时，主治医生会重新让住院医生操作，这样的情况在一台手术中可能会多次出现。除了手术实际操作，多数医院还设有临床技能训练中心，全天 24 小时开放，设备一应俱全，完全模拟手术室，包括内镜操作系统、手术导航系统、术中超声等。中心还配备智能评价系统，比如当进行完一次内镜训练后，评价系统会从完成时间，周围组织损伤程度，目标完成情况等多方面进行评价打分，并且提出改进计划，帮助住院医师进行针对性的提高。

由于我国国情和相关规章制度的限制，目前我国专业研究生技能培训存在的客观实际是年轻医师实践机会较少。加上神经外科解剖的复杂和手术的高风险性，能够进行上台操作的机会更少。台下也缺乏有效的模拟训练条件，导致我国专业研究生的临床技能水平成长较慢。同时由于带教制度的缺失和长期的历史原因，老师的带教意识薄弱，不能做到手把手地传授技能。

3. 临床科研训练

虽然是 MD，美国医生住院医生培训阶段同样接受科研训练，科研不只是待在实验室做实验，临床研究同样是科研工作重要的组成部分。以 UCSF 为例，每周四的住院医学习日都有科研讲座，讲者有来自世界各地著名大学的教授，也有来自刚开始科研工作的研究生，讲座内容涵盖基础与临床研究，住院医师从中吸取知识及获得灵感。住院医生培训期间需要完成相应的科研任务，大部分研究课题都紧密联系临床工作。完成后以报告的形式进行全科汇报，教授点评提问，最后评选年度最佳论文，并进行颁奖。如果是 MD/PhD 的培养模式，还需要脱产临床，接受 3～4 年的更为严格的生物科研训练。

在主流的神经外科杂志上，我们通常看到 MD 也能发表很多高质量的文章。这些文章或总结某一类疾病的诊治经验，或对相关的手术入路进行对比分析，或将某一手术入路的解剖与手术相结合，极大推动了临床诊治技术的进步，也为住院医师自主学习提供了很好的素材。有些主治医生还拥有自己的实验室，住院医生可以选择自己感兴趣的课题进行研究。因此美国住院医师培训结束后，都已经在临床研究方面积累了相当多的经验，能够独立开展医学研究，并在专业期刊上发表了多篇文章。

目前，我国大多数医学院校对专业研究生的毕业要求是完成一篇与临床相关的课题研究，发表与否不做硬性规定。相对于科研型研究生，专业性研究生的科研能力不受重视，也很少安排相应的课程指导临床研究生如何进行与临床相关的科研活动。这导致了专业型研究生毕业参加工作后临床科研能力不足，在申请基金及科研写作方面困难重重。

四、对我国医学专业研究生培养的建议

笔者认为在专业研究生的培养上有以下几点可以借鉴：

第一，医学教育在观念上以学生为导向。其核心理念是以学生为中心，引导学生围绕医学问题进行主动的探索和交流，提高医学生的兴趣，培养自主学习，并增加学习的主观能动性。在 PBL 教学中，指导教师在整个过程中应该主要起引导和限制讨论范围作用，不过多参与讨论。让学生自己在分析和解决问题的过程中学习和掌握专业知识，同时养成良好的学习态度和习惯，这对于以后解决临床工作中的实际问题也有很大帮助[3]。

第二，整合教学。整合教学包括两方面：一是多种教学方法相结合，如将理论课，实验课和临床模拟训练按比例分配，除了动脑，还要动手，达到知行合一的目的。例如，神经外科是一门实践学科，操作和手术占有重要的比例。利用现代高科技手段，如利用相关软件建立 3D 解剖模型，有助于研究生理解颅脑深部复杂解剖，结合 3D 打印和虚拟现实技术，建立临床模拟实验室，可以提供模拟手术实践的机会，一方面是对临床实践的一个有益补充，另一方面也有利于培养研究生学习的兴趣，提高学习效率。二是将各种知识整合，树立整体观念，养成整合思维习惯。在临床病例分析中，这其中可能包含生理，病理，解剖，诊断，鉴别诊断，治疗等各个方面。学生从所给出的病例资料中对可能的诊断提出问题，自己通过思考和查找资料，对其中的相关知识点进行学习，对可能的诊断进行逐一分析排除，最后得出诊断，并选择适当的治疗方法。相当于学生自己模拟的一次临床诊断治疗。

学生之间通过讨论对各个知识点加深了理解，对神经外科的疾病的相关基础方面进行了整合分析。让医学生学会怎样从已知的信息中进行诊断，鉴别诊断以及治疗。

第三，医学教育中可以引入医学伦理学、社会学、医学人文等知识，使得医学不再只是冷冰冰的手术刀和药片，而是一种充满人性关怀的传递。同时了解复杂的社会环境，结合相应的大环境和病人的具体情况，为病人提供最好的医疗技术。用真实的临床事例来感染学生，树立正确的世界观、人生观和价值观，并且对即将从事的职业充满自豪感。要让医学研究生明确定位，想成为一名优秀的医生，首先必须具有高度责任心，与此同时应具备无私奉献的精神。学习医学知识是为了救死扶伤，为人民服务，而不是为了谋取金钱利益，只有在具备了一定的医德的前提下，才能在不断学习医学知识的同时成为一名优秀的医学生，经过临床经验的积累最终成为合格的医务工作者。

第四，转变临床医生对医学临床教学的重视程度，强化带教责任。建立有效的教学评估制度，将带教研究生作为考评临床医生工作的重要组成部分，以此来引起临床医生对教学的重视。建立教学激励机制，完善教学评价体系。美国将教学质量作为学校发展的整体目标和发展方略，教学评价被置于主要的地位，教学评价不良可以在人事决策方面起到一票否定的结果，促进临床医生对教学的重视。国内大学附属医院在职称评审中注重科研，轻视教学导致教学热情不高。建立通畅的学生反馈渠道，重视学生的意见和建议，及时对存在的教学问题进行整改，保证教学质量。笔者曾经亲历，在加州大火蔓延到洛杉矶时，UCLA 临时通知停课，但授课教师在不确定是否有学生到教室的情况下仍坚持按时上课，偌大的教室只有零星几个学生和课程负责教授，授课教师仍然认认真真地上完了两个学时的伦理课。

第五，加强网络、新媒体、自媒体、网络教学平台在教学中的运用。在信息技术高速发展的今天，网络慕课、手机 APP、微信公众号等新兴的网络教学、自媒体和新媒体的使用日益频繁。这些新手段、新技术可以让学生随时随地学习，更好地利用碎片化时间，让学习方式更加灵活多样。设有专门的师生、学生学习小组交流平台，为学生与学生之间、师生之间、管理者与教师之间的信息沟通提供了极大方便。笔者认为今后可借鉴网络平台模式，搭建教学的网络平台，让学生充分利用网络平台，使他们的学习时间更灵活、学习内容更丰富。

近年来，国内一些医学院也在探索适合我国国情的专业研究生培养模式，希望能够借鉴国外医学整合的经验，同时积累我们自己的医学教育经验，扎实推进医学教育改革，探索出符合中国国情的医学教育模式，培养出高素质的医学人才。

参考文献

[1]李培根：《转变习惯思维模式，拓展学科发展视野》，《中国高等教育》2010 年第 13 期。

[2]Demiroren M, Turan S, Oztuna D., Medical students' self-efficacy in problem-

based learning and its relationship with self-regulated learning, *Med Educ Online*, 2016, 21, 30049, ecollection.

[3]Alan J N., Problem-Based Learning and Medical Education Forty Years On -A Review of Its Effects on Knowledge and Clinical Performance, *Med Princ Pract*.2009, 18 (1), pp.1-9.

基于校企合作的高校创新创业教育生态系统研究*

陈国福 唐炎钊 周子程 刘 婷**

摘 要:中美贸易摩擦、科技和人才竞争的不断加剧,再次引起国家和社会对于科技创新和人才培养的重视。高校和企业作为创新创业人才培养和实践的主要基地,承担着科技创新和人才培养的重任,创新创业教育生态发展问题也成为亟待研究的重大课题。首先,本文对创新创业教育生态系统的已有研究进行文献梳理。其次,基于生态系统理论构建高校创新创业教育各模块联动流程图、创新创业教育链条滚动机制。最后,构建基于校企合作的高校创新创业教育生态系统,并分析创新创业教育生态系统各要素、模块以及各个要素的功能和各模块间的滚动机制。通过对基于校企合作的创新创业教育生态系统进行研究,以期为创新创业教育研究作出贡献。

关键词:校企合作;创新创业教育;创新创业教育链条滚动机制;创新创业教育生态系统

一、引言

2018 年 3 月,教育部办公厅发布《关于做好 2018 年深化创新创业教育改革示范高校建设工作的通知》,要求全国高等院校深化创新创业教育改革,在更高层次、更深程度、更关键环节上深入推进创新创业教育改革。国家间日趋严重的科技竞争和人才竞争迫使我

* 项目基金:中国高校创新创业教育改革研究基金项目(2020CCJG003)、中国儿童少年基金会青春启航计划——老牛兄妹大学生创新创业公益项目"基于校企合作的高校创新创业教育研究"、福建省社会科学规划项目"新时代政府科技资助与企业创新效率研究"(FJ2018MGCZ010)、福建省社会科学规划项目"新常态下公司政治演化机制研究"(FJ2016B109)、福建省中青年教师教育科研基金"创业者关系对企业商务模式影响机制研究"(JAS160390)资助成果之一。

** 陈国福,男,安徽淮南人,厦门大学博士研究生,研究领域是创新与创业、创业管理研究;唐炎钊,男,湖北人,厦门大学中科创业学院常委副院长,厦门大学管理学院教授,博士生导师,研究领域是创新创业研究、科技管理;周子程,男,山东人,厦门大学企业管理研究生,研究领域是创新创业研究;刘婷,男,湖北人,厦门大学企业管理研究生,研究领域是创新创业研究。

国高校快速找到一条有效、稳健、可持续的科技创新和人才培养之路,我国高等院校正是科技创新和人才培养的摇篮,需要承担起培养创新创业型人才的重任。然而,很多高校在创新创业教育过程中发现,由于创新创业教育的特殊性,自身的经验、资金和技术不足,无法满足创新创业教育的需求,需要借助更多的资源才能更好地实施创新创业教育。很多学者也提出创新创业教育不仅需要高等院校的努力还需要其他组织的参与和支持。[1]高校创新创业人才教育应通过"多元协同"的机制来培养。[2]而企业作为创新创业实践和发展基地,正好可以连接高校,发挥科技创新和人才培养的作用。学校通过与企业等合作协同建设教师队伍,实现高校创新创业人才的培养。高校也可以借助企业的资金、技术和经验等资源,构建创新创业教育平台,推动创新创业人才培养。[3]

"双创"背景下,创新创业教育的实践发现,高校创新创业型人才培养需要企业的支持和参与。[4]创新创业是理论与实践的结合,创新创业的人才培养不仅需要高校知识教育,也需要企业等平台的实践和检验。在创新创业型人才培养过程中,企业提供实践基地、实习岗位和技术、经验支持等,为学生提供良好的社会实践环境。而学校可以为企业提供优秀的创新型人才,减少企业的培养成本。[5]因此,校企合作的创新创业教育可以形成互补、互助、互通的发展模式,也更有利于我国人才发展战略的实施。目前,基于我国基于校企合作的创新创业教育还处于探索发展阶段,在发展过程中不可避免地出现一些问题,这些问题严重阻碍着我国创新创业教育事业的发展。[6]高校和企业都希望能够相互合作、共同参与创新创业人才培养。然而,由于无法兼顾校企双方的需求和利益,找不到合作有效的发展模式,校企合作的人才培养模式受到阻碍。因此,基于校企合作的创新创业教育生态系统成为可能解决上述问题的有效途径。有研究表明,创新创业生态系统可以将各关联主体纳入进来,增加系统内部的人力资源、资本资源以及其他资源,提升创新创业教育人才培训质量和创新创业成功概率。[7]实践证明,创新创业教育生态系统的研究具有很大的理论和实践价值。基于以上问题和分析,本文希望结合国内外先进案例和发展模式,[8]从校企合作的角度入手,着眼于创新创业教育发展模式,探索我国高校基于校企合作的创新创业教育的生态系统,明确生态系统中学校与企业的功能和作用,完善创新创业教育培养体系,以期为校企合作的创新创业教育提供参考。

二、理论基础及文献综述

(一)生态系统理论

1935 年,英国植物学家 A.G.Tansley 提出"生态系统"的概念,创业理论与生态学理论联系紧密,创业活动研究能够充分应用自然生态学的理论,"创业生态系统"的概念得以发展。根据教育生态学的观点,创业教育本身就是一个生态系统,是教育系统中的有机组成部分,它与其他社会各方面的子系统相互密切联系,共同协调发展。[9]在 20 世纪 90 年代中期,美国著名社会学家亨利·埃茨科威兹和罗伊特·雷德斯多夫教授提出了基于三螺旋理论的官、产、学模式,为研究创新创业教育提供了新的范式,奠定了创业教育生态系统开放性的基础。基于上述分析,创业教育生态系统的研究主要是运用生态学的概念、模型和方法研究创业环境与创业教育之间的相互影响关系。

(二)创新创业教育文献综述

1. 创新创业教育方面的研究

创业教育的研究始于20世纪80年代。1984年,Sexton和Bowman提出关于创业学内涵以及创业者特质等问题[10],随后部分学者投入到创业教育的研究中来。1987年,Zeithaml和Rice第一次在创业教育领域使用调查法以美国的高校为研究对象进行研究,研究者认为创业教育应加强创业教育教学方法改进。[11]随后,关于创业教育领域的实证研究数量逐渐增多,尤其是传统教育研究领域所使用的实验法研究持续增加。[12][13]创新创业教育应遵循以“创业”为起点、“教育”为重点的两个规定性认识,遵循“原创知识生成—创新激发与扩散—市场化路径依赖—创造性地解决现实问题”的创新创业价值链,体现创新创业教育生态系统的开放互联与内生成长两个关键特征。因此,学者们开始更加关注创新创业生态系统的研究。

2. 创新创业生态系统研究

目前,关于创新创业教育生态系统的研究主要有以下方面:(1)基于国外高校创业新创业教育研究的经验与启示;主要分析欧美等国进行创新创业教育研究的成果和模式,分析其成功原因并希望通过剖析成功案例获取经验为我国高校创新创业教育生态系统的构建提供帮助。[14](2)基于不同理论或视角研究我国高校创新创业教育生态系统;这类研究希望以生态、教育、管理等学科理论为基础,以科技创新等视角将现有成熟案例经验应用到我国高校的创新创业教育生态系统研究中。[15](3)聚焦创新创业教育生态系统内外部要素关系进行分析;探索各个元素的功能和作用,涉及创新创业教育生态系统内涵、创业文化和环境以及创业政策支持等。整体而言,我国高校创新创业教育生态系统建设呈现出阶段性特征,逐渐从单个的生态因子转移到生态系统上来。

3. 基于校企合作的高校创新创业教育研究

我国高校具有差异性,高职专科院校与研究型大学在创新创业教育方面的资源和环境可能存在一定的差异。校企合作的跨部门、跨领域问题需要多方共同合作才能解决,国家应该统筹校企合作政策,明确参与各方的权利和责任,完善人才培养的基本制度。[16][17]高校应以政府主导与市场作用相结合为导向构建“产教融合”的教育体系,建立专业教育与创新创业教育课程一体化融合机制。地方高校应将兼顾培养大学生创新意识和地方发展要求作为目标，从活动、环境、实践等三个方面开展创新创业课程，保障创新创业课程的师资队伍建设及相关政策的顺利实施。高校通过整合多方资源，将创新创业教育真正融入整个教育教学体系之中，构建多方合作的创新创业教育生态系统，为学生项目提供全方位服务。[18]

三、创新创业教育生态系统模型

1. 校企合作的创新创业教育生态系统要素

在创新创业教育生态系统研究中，一些学者提出了校企合作"双主体"理念和校企合作模式，主要针对创新创业教育的人才培养、科学研究等方面。如赵彦普基于校企合作划分了三种人才培养模式，即浅层次企业配合模式、中层次校企联合培养模式和深层次校企实体合作型模式。王骏飞基于校企合作研究高校的科研成果转化，提出了技术转让、技术合作等 5 种校企合作模式。李衔在关于高职院校校企合作模式的研究提出专业建设、课程开发、师资建设等 9 个方面的单项合作。然而，现阶段基于校企合作的创新创业教育研究比较简单，很难解决校企合作中存在的许多问题。

基于校企合作的创新创业教育模式是为了实现高校和企业共同的创新创业教育目标而形成的方法体系，是一个资源整合、要素联动、结构稳定的生态系统。Ibrahim 等分析了高校与外部社区所存在的网络关系，提出创业教育生态系统的三个维度：创业课程教育、课外创业项目拓展以及辅助性的基础设施。[19]Larso 等提出应以市场、文化、人力资本等六要素为外围、以创业课程体系为核心、以培养科技型企业家为导向的创业教育生态系统架构。[20]Brush 认为创业教育生态系统以大学为基础，包括个人、组织等多个要素，其核心是内部创业活动、创业课程和合作课程以及创业研究活动，外围则由创业文化、资源、股东、基础设施等构成。[21]卓泽林等针对我国创业教育中师资、课程、支持机制等存在的问题，构建理论联系实践的跨学科课程体系，连接行业和企业等外部动力，促进生态系统要素互动。[22]本文结合已有学者研究，认为创新创业教学、创新创业活动以及创新创业孵化是创新创业教育生态系统的主要模块，各个主体和要素围绕这三个模块进行作用和循环。创新创业教育模块联动流程如图 1 所示。

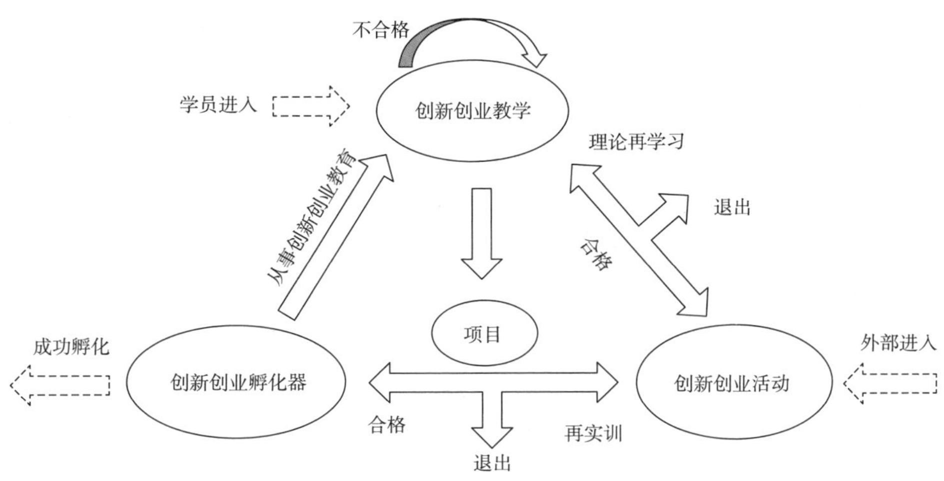

图 1　创新创业教育模块联动流程图

研究创新创业教育生态系统，首先要分析创新创业的政策导向和市场需求，进行系统化思考并准确定位。然后以系统化、层次化教育为着眼点进行课程设置问题分析，探索提升创新创业教育专业化师资队伍的有效路径。通过教育系统实现内部资源循环，建立完善的组织保障机制，保证创新创业教育的正常运作。通过营造浓郁的创新创业氛围，构建多维度支撑平台。各个高校根据自身的条件和资源，设计创新创业教育培养目标和教学方法，合理制定考核机制，并寻找企业进行合作，共同推进校企合作的创新创业教育的实施，找到适合自身的创新创业教育滚动机制和生态链条。创新创业教育滚动链条如图 2 所示。

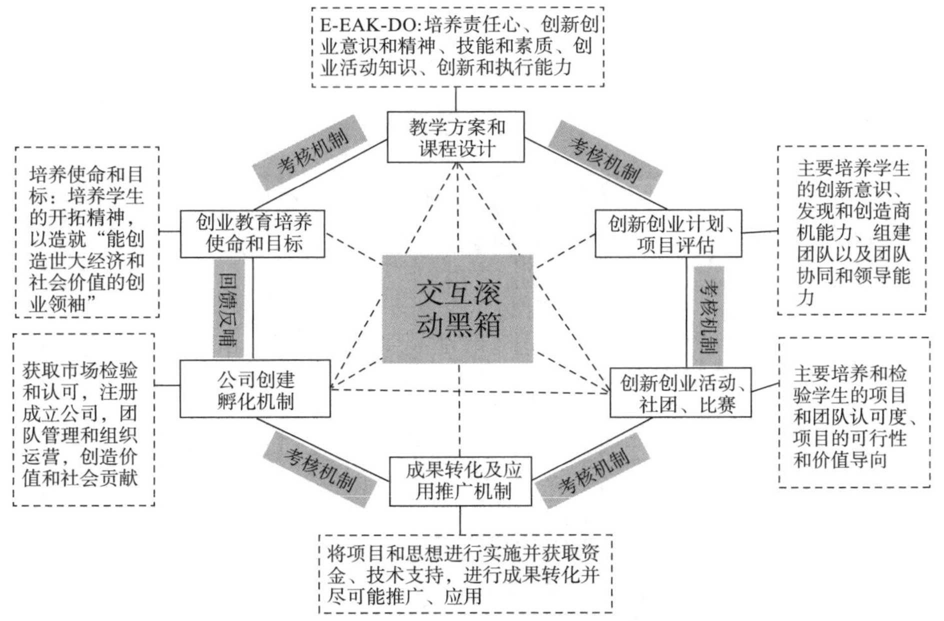

图 2　高校创新创业教育链条滚动机制

2. 创新创业教育生态系统的构建

基于上述分析，本文构建创新创业教育生态系统各个模块滚动机制模型如图 3 所示。作者认为创新创业教育有三个重要模块：创新创业教学模块、创新创业活动模块、创新创业孵化模块。其中，在创新创业教学模块，主要包括课程设计、教学实施以及教学研究，这个阶段主要教授学生创新创业基础知识。学生通过学习考核合格后进入创新创业活动阶段。在创新创业活动阶段，通过进行创新创业沙龙、讲座等获取经验，并通过实训和竞赛活动检验创新创业知识的学习成果。此时学校和企业发挥各自优势，提供资金、技术等支持，成立创业项目参加创新创业活动，通过项目评估进入创新创业孵化器进行孵化。此时，学校功能和作用退化，企业功能和作用加强，企业利用成熟规范的管理模式和理念，指导创业项目运营。

创新创业教育是一项复杂的系统工程，需要高校、企业、政府等组织的协同配合。[23] 本文认为，创新创业教育生态系统应由国家提供政策和财政支持，由企业提供场地和资金支持，由高校提供平台、师资、技术等支持，由社会提供环境和认知支持进行创新创业教育的实施。各个生态系统要素以时间轴，信息轴和资源轴为发展，以国家政策和市场需求为导向，以点到面、逐层推进，分步骤、分阶段、分模块配合和实施，最终实现"意识构造—知识生产—成果推广—价值创造—回馈反哺"的稳定、健康、可持续的创新创业教育生态系统。

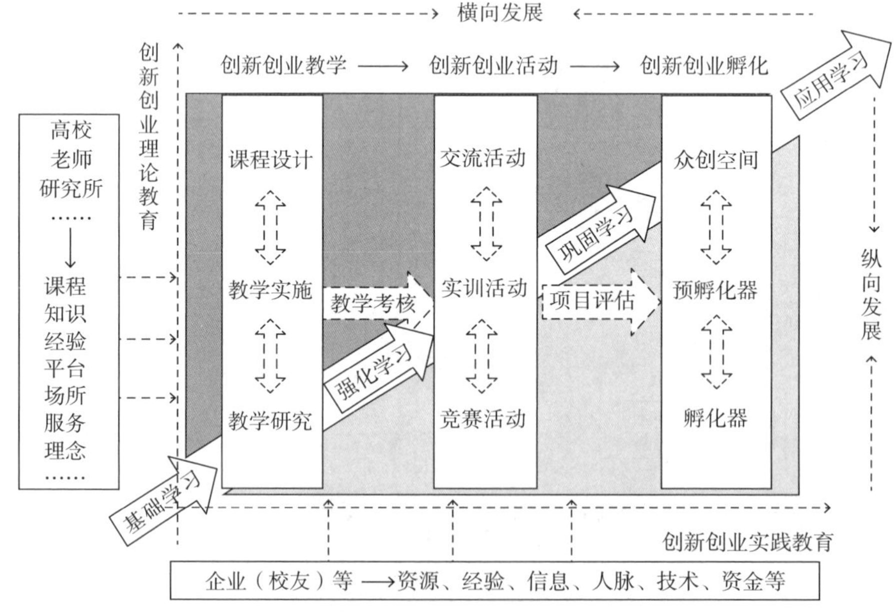

图 3 创新创业教育生态系统各个模块滚动机制模型

3. 创新创业教育生态系统内各个模块的功能

(1)创新创业教学模块的功能

创新创业教学是创新创业教育的起点。高校应从基础研究和学科建设两条线出发,发展创新创业教学工作。目前,创新创业教学的主要思路是以学生能力培养为目标,以课程内容为载体,以创业过程为路径,按时间顺序进行人才培养。本文将创新创业教学分为创新意识—创新能力—创业能力培养三个层次。创新意识是理解创新意义的能力,创新能力是将创造性的想法和创新应用于实际的能力,而创业能力是将创造性的想法和创新商业化创造出经济价值和社会价值的能力。在创新创业教学的各个层次,高校和企业通过各自优势资源,通过资源匹配形成资源互补,建立起长期稳定的合作关系。基于校企合作的创新创业教学模块如图 4 所示。

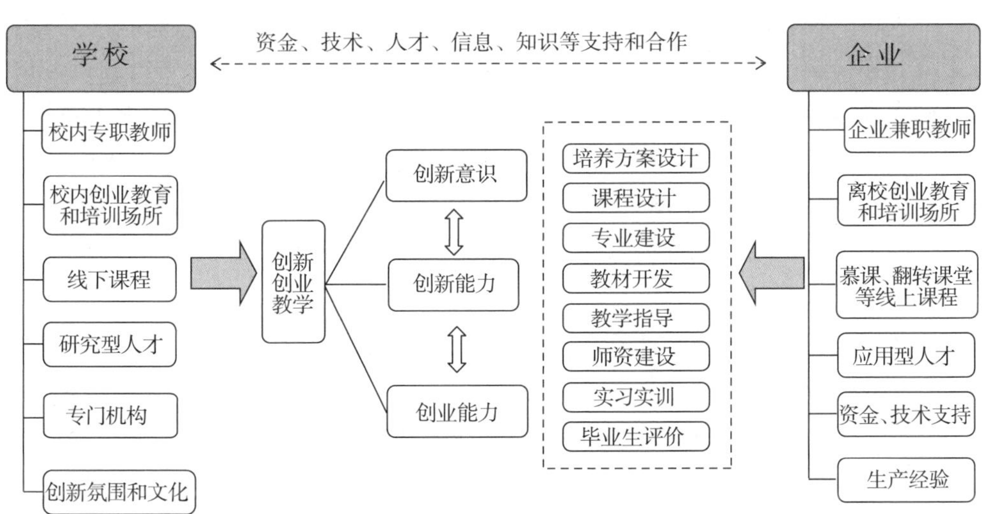

图 4 基于校企合作的创新创业教学模块

通过学校和企业的共同努力,创新创业教学模块可以达到以下功能:第一,以能力培养为基础,构建多层次创新创业教育课程体系。在构建基于校企合作的创新创业教育课程体系时,应体现层次性和阶段性,明确不同阶段的学习内容和培养目标。第二,校企合作促进科研技术成果转化。高校利用企业带来的创业资源推动科技成果商业化、产业化科技成果所产生的经济价值,将继续投入创新创业教育和科研中,形成良性的循环。企业借助高校的科研实力,获得企业创新所需要的人才、技术和知识等,缩短企业技术创新周期,为企业持续发展提供不竭的动力。第三,建立"双导师"机制,优化教学评价体系。采用"双导师制",建立高校专职教师与企业兼职教师的合作机制,将校企合作作为重要内容纳入教师的教学质量评价制度和职称聘任制度,鼓励高校和企业共同参与到创新创业教育师资队伍建设的事业中去,发挥"双导师"和"双重能力"优势和价值。

(2)创新创业活动模块的功能

目前,已有很多知名高校进行创新创业活动的开展和实施。根据已有学校(如斯坦福大学、百森商学院等)和企业等组织开展的创新创业活动为基础,我们将创新创业活动归纳为创新创业竞赛活动、交流活动和实训活动。[24][25]其中,竞赛活动指关于创新创业方面的比赛活动,包含商业计划大赛、创业挑战大赛、创新创业比赛等。创新创业比赛可以分为国家级(如"互联网+创新创业大赛"等)、省部级、市校级等举办的活动。交流活动指关于创新创业思维、信息等方面的沟通指导活动,包括创业俱乐部、创新创业联盟等活动。实训活动指对创新思维和项目进行模拟和实训的活动,包括创业沙盘模拟、风险投资模拟等。

针对创新创业不同类型的活动,学校和企业发挥不同的功能:第一,提供创新创业场所和服务环境,引导和培养学生兴趣。通过提供良好的服务环境,激发学生的兴趣和爱好。学生可以在特定的场所进行交流和合作,组建创业团队。第二,搭建合作平台,促进各方交流合作。学校通过搭建交流平台,组织创新创业活动并对创业项目进行评估。企业可以提供技术和资金支持,进行经验分享和交流。第三,培养创新创业能力,扩大资源关系网络。创新创业活动可以帮助学生增加知识储备和容量,扩大实践主体的社会关系网络,获取更多的创业资源。学生通过交流和学习加深合作,获取有效的人脉关系网络,并对项目的上下游链条有充分的认识,有利于下一阶段的项目实践。

(3)创新创业孵化器的功能

由于我国创新创业教育普及程度不足,缺乏相关的经验。因此,创新创业教育的人才培养需要高校与企业共同搭建创新创业孵化器,更好地为学生的创新创业项目提供场地、咨询与培训。另外,创新创业孵化器能筛选出优秀的创业项目,降低投资风险。创新创业孵化器则具有以下功能:第一,创新创业孵化器的保护功能。当动荡的外部冲击出现时,孵化器可以及时将被孵化项目与不利因素隔离,使得外部的冲击无法直接触及项目。创新创业孵化器营造一个良好的保护环境,通过向学生项目输入资源(办公场所、资金、培训和咨询等)来避免其对外界环境的依赖。第二,创新创业孵化器的网络关系功能。在校企平台下的创新创业孵化器通过搭建网络关系来帮助孵化项目获得更多的社会资本、人脉和资源,减少信息不对称和资源不匹配问题。[26]

四、研究结论及展望

为了研究基于校企合作的高校创新创业生态系统,本文首先梳理了创新创业教育以及创新创业教育生态系统的现有研究,对"双创"背景下,校企合作的问题进行分析,构建校企合作创新创业教育各模块的联动流程图和创新创业教育链条滚动机制。本文认为创新创业教育主要有三个模块即创新创业教学、创新创业活动以及创新创业孵化模块,学生依次通过学习、考核、再学习等实现不同模块的教育,通过建立三者的考评和进出流动机制，加强各个模块的配合和联动，进一步明确了创新创业教育的流程，保障了学生的创新创业能力和人才教育质量。其次，本文构建基于校企合作的创新创业教育生态系统的动态模型，并明确校企双方在不同时间和不同维度的功能。创新创业教育是一个长久的、发展的、循环的过程，如何协调和平衡各个阶段的功能，是创新创业教育的重要内容。从知识教育/投入—知识实施/转化—知识产出/应用的思路出发，创新创业教育是知识的闭环动态系统。从资源投入、创造、产出过程来看，创新创业教育生态系统又是一个开放的系统，涉及时间、资源和信息的传递和流通，只有保持主体稳定、可持续的循环发展，才能源源不断的为国家和社会输送人才，只有不断创新和引入资源才能进一步丰富、优化创新创业教育生态系统，保障其健康、可持续的实施和发展。

高校作为创新创业人才教育的主要基地，不仅承担着培养人才的责任，更要找到与企业合作的利益契合点，有效利用校内外资源。校企合作是创新创业教育的一种模式，生态系统指导高校和企业在不同时期的功能和作用，双方应努力找到合作的利益共同点，共同推进创新创业教育的蓬勃发展。创新创业教育生态系统是创新创业生态系统的子系统，系统中的要素众多，关系复杂。本文主要研究校企合作基础上我国高校创新创业教育生态系统的要素、模块以及各要素的功能和模块间的滚动机制，为了突出主要要素功能，而弱化了政府、社会等其他主体的功能和作用。同时，对于动态的生态系统各个时期的作用关系需要进一步探索和研究，这也是作者以后继续研究的方向。

参考文献

[1]徐小洲、倪好:《面向2050:创新创业教育生态系统建设的愿景与策略》,《中国高教研究》2018年第1期。

[2]马永红、陈丹:《企业参与校企合作教育动力机制研究——基于经济利益与社会责任视角》,《高教探索》2018年第3期。

[3]郑永进、吕林海:《国家示范(骨干)高职院校校企合作现状调查——来自全国1400余家合作企业的调查》,《中国高教研究》2017年第9期。

[4]和震、柯梦琳:《职业教育视角下的专长与校企合作重构》,《清华大学教育研究》2017年第4期。

[5]甘宜涛、雷庆:《企业社会责任理论视角下的校企合作"壁炉现象"》,《中国高教研究》2017年第10期。

[6]刘峥:《地方应用型本科院校校企合作人才培养模式探索——以物流管理专业为例》,《高教探索》2017年第3期。

[7][14]许涛、严骊:《国际高等教育领域创新创业教育的生态系统模型和要素研究——以美国麻省理工学院为例》,《远程教育杂志》2017年第4期。

[8]郑刚、郭艳婷:《世界一流大学如何打造创业教育生态系统——斯坦福大学的经验与启示》,《比较教育研究》2014年第9期。

[9]A.G.Tansley,The use and abuse of vegetational concepts and terms,*Ecology*,1935,Vol.16,No.3,p.284-307.

[10] D. L. Sexton, N. B. Bowman, Entrepreneurship education: suggestions for increasing effectiveness,*Journal of Small Business Management*,1984,Vol.22,No.2,p.18-25.

[11] C. P. Zeithaml, G. H. Rice Jr, Entrepreneurship/small business education in American universities,*Journal of small business management*,1987,Vol.25,No.1,p.44-50.

[12]T.Volery,S.Müller,F.Oser,et al,The impact of entrepreneurship education on human capital at upper - secondary level,*Journal of Small Business Management*,2013,Vol.51,No.3,p.429-446.

[13]B.C.Martin,J.J.Mcnally,M.J.Kay,Examining the formation of human capital in entrepreneurship:a meta-analysis of entrepreneurship education outcomes.*Journal of Business Venturing*,2013,Vol.28,No.2,p.211-224.

[15]张震、王本亮:《基于校企合作的高职院校人才培养模式创新探究》,《中国高教研究》2017 年第 12 期。

[16]丁金昌、童卫军:《关于高职教育推进"校企合作、工学结合"的再认识》,《高等教育研究》2008 年第 6 期。

[17]和震:《职业教育校企合作中的问题与促进政策分析》,《中国高教研究》2013 年第 1 期。

[18]易高峰:《构建地方本科院校创新创业教育生态系统》,《中国高等教育》2017 年第 17 期。

[19] N. Ibrahim, D. A. Kirby, Entrepreneurial Education and the Entrepreneurial University:The Challenge of Creating an Institutional Entrepreneurship Ecosystem in a Factor Driven Economy,*Technology Transfer & Entrepreneurship*,2017,Vol.4,No.1,p.38-46.

[20] D. Larso, D. Saphiranti, A. Wulansari. *Educating technology-based entrepreneurs: The development of an MBA Program in Creative and Cultural Entrepreneurship, portland international conference on management of engineering and technology*,2012,p.879-884.

[21] C. G. Brush, Exploring the Concept of an Entrepreneurship Education Ecosystem, Advances in the Study of Entrepreneurship, *Innovation and Economic Growth*,2014,Vol.24,p.25-39.

[22]卓泽林、赵中建:《高水平大学创新创业教育生态系统建设及启示》,《教育发展研究》2016 年第 3 期。

[23]严毛新:《从社会创业生态系统角度看高校创业教育的发展》,《教育研究》2015年第5期。

[24]郑娟、孔钢城:《利益相关者视角下的MIT创业生态系统研究》,《高等工程教育研究》2017年第5期。

[25]H.Bergmann, M.Geissler, C.Hundt, et al. The climate for entrepreneurship at higher education institutions, *Research Policy*, 2018, Vol.47, No.4, p.700-716.

[26] S. Lin, Z. Xu, Y. C. Wu, The Factors that Influence the Development of Entrepreneurship Education: Based on the Case of China, *Management Decision*, 2017, Vol.55, No.7, p.1351-1370.